W0257171
T··Mobile···
T··Online···
T··Com···
T··Systems···
„T ist unsere Farbe,
weil wir gemeinsam die Zukunft gestalten."
Die Deutsche Telekom ist eines der größten integrierten Kommunikationsunternehmen und für Millionen von Kunden der Garant, der Freunde, Partner und die Zukunft verbindet. Auch Sie können sich mit der Zukunft verbinden. Wenn Sie engagiert und hoch- motiviert sind, bieten sich Ihnen Perspektiven als Praktikant und Diplomand. Knüpfen Sie Kontakt unter www.telekom.de/karriere
Alles, was uns verbindet   T··

Andreas Gadatsch
Detlev Frick

SAP®-gestütztes Rechnungswesen

Methodische Grundlagen und Fallbeispiele mit mySAP ERP® und SAP-BI®

Mit 298 Abbildungen

2., überarbeitete und erweiterte Auflage

Bibliografische Information Der Deutschen Nationalbibliothek
Die Deutsche Nationalbibliothek verzeichnet diese Publikation in der Deutschen Nationalbibliografie;
detaillierte bibliografische Daten sind im Internet über <http://dnb.d-nb.de> abrufbar.

1. Auflage 2001
Diese Auflage erschien unter dem Titel „Finanzbuchhaltung und Gemeinkosten-Controlling mit SAP®"
2., überarbeitete und erweiterte Auflage Juni 2005

Umschlaggestaltung: Ulrike Weigel, www.CorporateDesignGroup.de

Gedruckt auf säurefreiem und chlorfrei gebleichtem Papier.

ISBN 978-3-528-15775-3   ISBN 978-3-8348-9166-2 (eBook)
DOI 10.1007/978-3-8348-9166-2

1 Einsatz betriebswirtschaftlicher Standardsoftware

Das IT-gestützte betriebliche Rechnungswesen ist seit Jahren von einem vergleichsweise stillen Wandel geprägt. In den ersten Versionen des SAP-Systems stand vor allem die Aufzeichnung von Geschäftsprozessen im Vordergrund. Mittlerweile wurden vor allem die analytischen Fähigkeiten des Systems stark weiter entwickelt.

Aus diesem Grund haben sich die Autoren entschlossen, in der zweiten Auflage dieses Buches nicht nur die durch mySAP ERP abgedeckten operativen Prozesse in der Finanzbuchhaltung und Kostenrechnung bzw. Controlling zu beschreiben. Zusätzlich aufgenommen wurde ein Kapitel zu dem analyseorientierten Informationssystem der SAP AG, dem SAP BW. Mit einer Fallstudie wird dieser Aspekt aus dem SAP BI vorgestellt.

Gleichzeitig wurde die erste Auflage auf den Stand der Version R/3 Enterprise gebracht und ist damit noch einmal vollständig überarbeitet worden. Damit sollten hoffentlich die in der 1. Auflage enthaltenen Fehler beseitigt sein.

Wir hoffen, den anwendungsorientierten Lesern einen möglichst umfassenden, aber dennoch sehr kompakten Einstieg in die Welt des SAP-gestützten Rechnungswesens zu liefern.

Sie finden unter der Internetadresse www.wis.fh-brs.de/gadatsch bzw. www08.mg.hs-niederrhein.de/wi/dozenten/frick einen aktuellen Onlineservice zum Buch mit weiterführenden Informationen. Für Anregungen zur Weiterentwicklung des Buches sind wir jederzeit sehr dankbar.

Duisburg und Niederkassel im Mai 2005

Detlev Frick und Andreas Gadatsch

Warenzeichen

Die in diesem Buch verwendeten Begriffe SAP®, SAP® Logo®, R/2®, R/3®, SAP® ArchiveLink®, SAP® Business Workflow®, WebFlow®, SAP® EarlyWatch®, BAPI®, SAPPHIRE®, Management Cockpit®, mySAP®, mySAP.com®, BW®, WAS®, ABAP® und Netweaver® und weitere im Text erwähnte SAP®-Produkte und -Dienstleistungen sowie die entsprechenden Logos sind Marken oder eingetragene Marken der SAP Aktiengesellschaft Systeme, Anwendungen, Produkte in der Datenverarbeitung, Neurottstraße 16, D-69190 Walldorf. Der Herausgeber bedankt sich für die freundliche Genehmigung der SAP Aktiengesellschaft, das Warenzeichen im Rahmen des vorliegenden Titels verwenden zu dürfen. Die SAP AG ist jedoch nicht Autorin des vorliegenden Titels oder sonst dafür presserechtlich verantwortlich.

Java®, Java-Script® und J2EE® sind eingetragene Warenzeichen von Sun Microsystems Inc.

HTML, DHTML, XML, XHTML sind Marken oder eingetragene Warenzeichen des W3C® (World Wide Web Consortium) des Massachusetts Institute of Technology.

Microsoft®, WINDOWS®, NT®, EXCEL®, Word®, PowerPoint® und SQL Server® sind eingetragene Marken der Microsoft Corporation.

IBM®, DB2®, OS/2®, DB2/6000®, Parallel Sysplex®, MVS/ESA®, RS/6000®, AIX®, S/390®, AS/400®, OS/390® und OS/400® sind eingetragene Marken der IBM Corporation.

ORACLE® ist eine eingetragene Marke der ORACLE Corporation.

INFORMIX®-OnLine for SAP und Informix® Dynamic ServerTM sind eingetragene Marken der Informix Software Incorporated.

UNIX®, X/Open®, OSF/1® und Motif® sind eingetragene Marken der Open Group.

Alle anderen Namen von Produkten und Dienstleistungen sind Marken der jeweiligen Firmen.

Aufgrund der besseren Lesbarkeit wurde auf eine Kennzeichnung der zahlreichen Textstellen mit diesen Wörtern mit dem entsprechenden Symbol (®) verzichtet.

Inhaltsverzeichnis

5 Anwendung von SAP R/3-Enterprise im Controlling 113

Abbildungsverzeichnis

1

Einsatz betriebswirtschaftlicher Standardsoftware

1.1   Betriebswirtschaftliche Standardsoftware

Betriebswirtschaftliche Standardsoftware besteht aus Applikationen, die entweder aus einzelnen Softwarepaketen oder integrierten Komplettpaketen bestehen.

Büro-Applikationen dienen der arbeitsplatzunabhängigen Bereitstellung von Grundfunktionen, wie sie typischerweise für Büroarbeitsplätze notwendig sind (z. B. Textverarbeitung).

Business-Applikationen dienen der Funktionsorientierten Unterstützung spezifischer Arbeitsplatztypen (z. B. Applikation „Vertriebsabwicklung" für Sachbearbeiter im Vertrieb).

Kommunikations-Applikationen dienen der Unterstützung von arbeitsplatzübergreifenden Tätigkeiten durch die Bereitstellung von Kommunikationsfunktionen (z. B. E-Mail).

Branchen-Applikationen unterstützen die Prozesse ausgewählter Branchen.

1.2   Enterprise Resource Planning Systeme

Enterprise Ressource Planning (ERP)-Systeme unterstützen auf Basis einer gemeinsamen Datenbasis betriebswirtschaftliche Prozesse. Typische Beispiele sind Prozesse im Finanzwesen und Controlling, der Produktionsplanung- und Steuerung, des Einkaufs und der Logistik, dem Vertrieb und Versand sowie der Personalwirtschaft.

Daten-integration

Ein wesentliches Merkmal integrierter Standardanwendungssoftware ist die gemeinsame Verwendung von Daten.

BEISPIEL: VERTRIEBSDATEN

Kundenstammsätze werden durch Mitarbeiter im Vertrieb angelegt. Der Debitorenbuchhalter kann die im ERP-System verfügbaren Informationen (Anschrift, usw.) aufgreifen und um spezifische Informationen der Buchhaltung erweitern (z. B. Kreditlimit, Kontonummer, Zahlungsmodalitäten). Beide Mitarbeiter greifen auf dieselben Daten zu.

Die Datenintegration macht sich vor allem in der „Durchbuchung" von Geschäftsvorfällen in allen aktivierten Komponenten der Standardanwendungssoftware bemerkbar. Verwendet ein Unternehmen beispielsweise ein integriertes Anwendungssystem mit den Teilfunktionen Logistik/Materialwirtschaft, Produktionsplanung und Buchhaltung, so bewirkt eine Wareneingangsbuchung eines für die Produktionssteuerung notwendigen Rohmaterials folgende Aktivitäten:

- Fortschreibung der mengenmäßigen Lagerbestände in der Logistik und Materialwirtschaft

- Auslösung eines Produktionsauftrages, der auf dieses Material wartet,

- Erhöhung der Lagerwerte in der Buchhaltung.

Prozess-integration

Nur eine durchgängige Verbindung mehrerer Anwendungsbausteine zu einem Geschäftsprozess erlaubt es, auf Schnittstellen weitgehend zu verzichten und Daten nur einmal, am Entstehungsort, zu erfassen und in allen Komponenten weiterzuverarbeiten. Integrierte Datenbanken erfordern die Plausibilitätsprüfung aller Daten schon bei der Eingabe in das System. So müssen auch bei einer mengenmäßigen Wareneingangsbuchung die buchhaltungsrelevanten Datenfelder erfasst und geprüft werden. Es muss z. B. festgestellt werden, ob eine mit dem Wareneingang zu belastende Kostenstelle überhaupt existiert. Ebenso müssen in einem solchen Beispiel die Daten des Geschäftsvorfalls in alle betroffenen Anwendungsbausteine weitergereicht, d.h. „durchgebucht" werden.

Operative Funktionalität

ERP-Systeme unterstützten Funktionen, die zur operativen Bearbeitung der regelmäßig anfallenden Geschäftsvorfälle eines Unternehmens notwendig sind. Beispiele sind die Erfassung von Bestellungen, Aufträgen, Durchführung der Lohn- und Gehaltsabrechnung usw. Sie grenzen sich hierdurch von Managementinformationssystemen ab, welche für die Unterstützung der Analyse von Daten eingesetzt werden können, z. B. für Kundenumsatzanalysen.

Einheitliches Entwicklungs-konzept

Integrierte Standardsoftwaresysteme basieren auf einem einheitlichen Entwicklungskonzept. Einzelne unabhängig voneinander konzipierte Teilfunktionen lassen sich nicht zu einem Gesamtsystem integrierten. Das einheitliche Entwicklungskonzept ist in

Form eines Schichtenmodells angelegt. Auf einer unteren Ebene wird ein Basissystem mit übergreifenden, für alle Teil-Funktionen notwendigen „Services" konzipiert. Das SAP-System verfügt z. B. über die herstellerspezifische Programmiersprache ABAP/4, einer Programmiersprache der 4. Generation und ein von allen Softwaremodulen gemeinsam genutztes Data Dictionary. Daneben werden bei integrierten Systemen einheitliche Standards eingesetzt, so z. B. ein einheitliches Bildschirm- und Druck-Layout, verwendete Datenbanksysteme bzw. Datenbanksystemschnittstellen und Verwendung offener Schnittstellen (z. B. TCP/IP).

Schichtenarchitektur

ERP-Systeme sind keine Einplatz-Systeme, wie z. B. ein Textverarbeitungsprogramm, das auf einem einzelnen Arbeitsplatz vollständig installiert und genutzt wird. Sie unterstützen betriebswirtschaftliche Funktionen, die in der Regel von mehreren Mitarbeitern in verschiedenen Abteilungen und auch an unterschiedlichen Standorten benötigt werden. Aus diesem Grund ist eine Schichtenarchitektur notwendig, die meist in Form des Client/-Server-Prinzips mit einer Trennung der Präsentation, Verarbeitung und Datenhaltung realisiert wird.

Transaktions-orientierung

Die Unterstützung operativer Geschäftsvorfälle erfordert die Veränderung von Daten mit Hilfe von Online-Transaktionen. ERP-Systemen arbeiten transaktionsorientiert, d.h. sie stellen eine Reihe von Transaktion zur Unterstützung der Geschäftsprozesse zur Verfügung (z. B. Transaktion zum Anlegen eines Kundenauftrags, zur Erfassung einer Bestellung, zum Ändern eines Mitarbeiterstammsatzes u. a.). Transaktionen sind logisch abgeschlossene Vorgänge, die aus einzelnen Aktionen bestehen. Diese Aktionen sind stets vollständig oder gar nicht durchzuführen. Damit wird sichergestellt, dass die zugrunde liegende Datenbank immer von einem konsistenten Zustand in einen anderen konsistenten Zustand überführt wird.

1.3   Einführung von ERP-Systemen

Strategien

Die Einführung einer betriebswirtschaftlichen Standardanwendungssoftware stellt häufig nicht gekannte Anforderungen an die Mitarbeiter in den betroffenen Unternehmen. Neben fachlich-betriebswirtschaftlichen Fragestellungen werden auch völlig neue Anforderungen an die Zusammenarbeit der Mitarbeiter innerhalb und zwischen den betroffenen Bereichen des Unternehmens gestellt, da integrierte Softwaresysteme keine Abteilungsgrenzen kennen. Die Einführung einer betriebswirtschaftlichen Standardanwendungssoftware, insbesondere von klassischen ERP-

Systemen, stellt einen massiven Eingriff in ein Ordnungssystem dar, der ohne Konflikte nicht zu bewältigen ist (vgl. Maucher, 2001, S. 23). Aus diesem Grund ist die Wahl der geeigneten Grundstrategie eine besonders sensible und für den weiteren Projektverlauf wichtige Aufgabe, die nur mit Unterstützung der Unternehmensführung erfolgen kann.

Zur Einführung einer betriebswirtschaftlichen Standardanwendungssoftware gibt es zwei Grundstrategien: Die „Big-Bang-Strategie", d.h. den stichtagsbezogenen Austausch des Systems in einem Zug oder die „Sukzessiv-Strategie", d.h. die schrittweise Verlagerung von Prozessen in ein neues System (vgl. ausführlich Gadatsch 2004).

Big-Bang oder Sukzessiv- Strategie?

Beim Big-Bang besteht die Möglichkeit diesen für das Gesamtunternehmen oder, im Falle einer dezentralen Organisationsform, sukzessive nach der Festlegung eines Mastersystems, für dezentrale Einheiten (z. B. Länder oder regionale Niederlassungen) als so genannten Roll-Out durchzuführen.

Bei der Sukzessiv-Strategie sind Kriterien für die Definition der Schrittfolge zu definieren, üblicherweise unterscheidet man die abteilungsbezogene bzw. funktionsorientierte Umstellung und die marktorientierte bzw. prozessbezogene Umstellung des Systems.

2   Überblick über die SAP-Software-Komponenten

2.1   Kurze Historie der SAP AG

Die Firma SAP (SAP = Software, Anwendungen und Produkte in der Datenverarbeitung) wurde 1972 von fünf ehemaligen IBM-Mitarbeitern, Dietmar Hopp, Hans-Werner Hector, Hasso Plattner, Klaus Tschira, and Claus Wellenreuther mit dem Ziel gegründet, eine betriebswirtschaftliche Standardanwendungssoftware zu entwickeln.

SAP R/1   Im Jahr 1973 ist die Entwicklung der ersten Standardsoftware für den Bereich Finanzbuchhaltung abgeschlossen. Sie bildet die Basis für das SAP R/1-System. Der Buchstabe R steht für Real Time-Datenverarbeitung.

SAP R/2   Das Nachfolgeprodukt erlangt als erstes ERP-System breite Marktakzeptanz. Das System SAP R/2 muss aber noch auf Großrechnern betrieben werden. Im Jahre 1988 geht SAP an die Börse.

SAP R/3   Mit dem nächsten Versionssprung im Jahre 1992 wird ein völlig überarbeitetes Produkt dem Markt vorgestellt. SAP R/3 basiert auf einer Client/Server-Architektur, unterstützt das relationale Datenbankkonzept und kann auf der Hardware von verschiedenen Herstellern mit unterschiedlichen Betriebssystemen betrieben werden. Mit diesem System hat SAP weltweit die Marktführerschaft im Bereich der Standardanwendungssoftware erreicht. Seit 1998 wird die SAP AG auch an der New Yorker Börse (NYSE) notiert. Das letzte SAP R/3-Release wird 2009 aus der Wartung genommen.

R/3 Enterprise   Im Jahre 2002 hat SAP den nächsten Technologiesprung unternommen und das System SAP R/3 Enterprise dem Markt vorgestellt. Das bisherige Basissystem wurde durch den SAP Web Application Server abgelöst. Funktional sollte damit keine Veränderung erfolgen. Allerdings sind die Teilmodule neu geordnet worden und bereits einige Erweiterungen möglich.

mySAP Business Suite   Seit 2004 ist die neu geordnete Produktlandschaft mit dem zentralen Produktpaket mySAP Business Suite am Markt verfügbar. Die Technologiekomponenten wurden getrennt von den Anwendungskomponenten unter dem Sammelbegriff Netweaver zusammengefasst.

2.2 ERP-Software-Markt

ERP-Software-Markt

Der ERP-Software-Markt hat trotz allgemeiner Wachstumsschwächen bisher eine kontinuierliche Steigerung gezeigt. Nach einer IDC-Prognose wird im Jahr 2004 ein weltweiter Umsatz von 26,7 Mrd. US-$ erreicht. Dies entspricht einer Steigerung von 7% gegenüber 2003. Bis zum Jahr 2008 soll das ERP-Marktvolumen bis auf 37 Mrd. US-$ steigen.

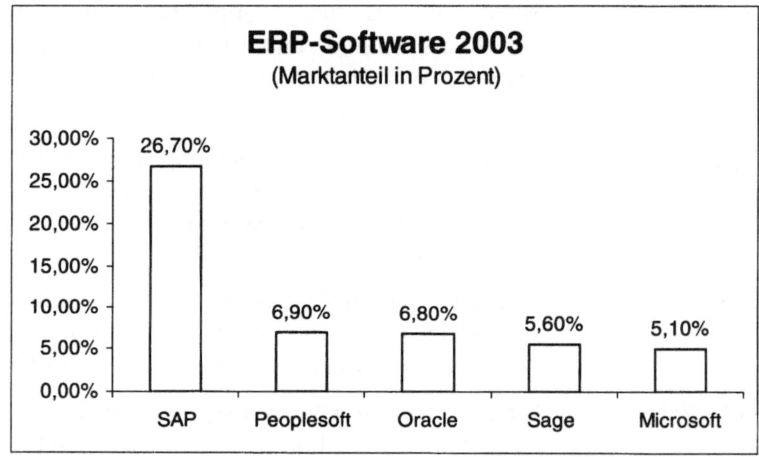

Abbildung 1: Marktanteile ERP-Software (weltweit)

Bei den Großunternehmen (Unternehmen mit mehr als 1000 Mitarbeitern) in Deutschland hat SAP einen Marktanteil von über 80%, d.h. in allen großen Unternehmen wird in den betriebswirtschaftlichen Abteilungen SAP benutzt.

Eckdaten

Einige Eckdaten zur SAP AG:

- 30.166 Mitarbeiter (März 2004)
- 7 Mrd. Euro Jahresumsatz (2003)
- 76.100 Installationen (März 2004)
- 22.600 Kunden (März 2004)
- 12 Mio. Anwender in 120 Ländern (März 2004)

2.3   SAP-Produktlandschaft

betriebswirt-
schaftliche
Komplettlösung

Die SAP-Produktlandschaft stellt eine betriebswirtschaftliche Komplettlösung für sämtliche unternehmensinternen Funktionsbereiche, aber auch für alle unternehmensübergreifenden Prozesse bereit. Dabei gehen die Produktkomponenten teilweise weit über den klassischen ERP-Ansatz hinaus. Die nachfolgende Abbildung zeigt die Produktlandschaft im Überblick.

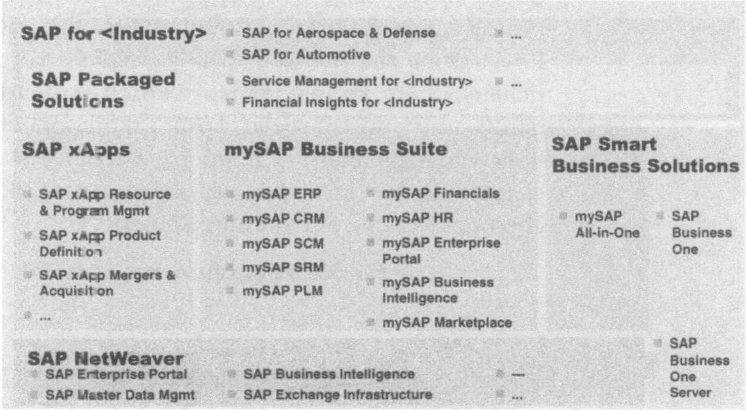

Abbildung 2: SAP-Produktlandschaft

technologischen
Produktkompo-
nenten

Die Produktlandschaft ist vertikal in drei Bereiche aufgeteilt. Auf der unteren Ebene finden sich die technologischen Produktkomponenten unter dem Sammelbegriff SAP Netweaver. Auf diese Komponenten wird im nächsten Abschnitt noch näher eingegangen.

betriebswirt-
schaftlichen
Produktkompo-
nenten

Auf der mittleren Ebene finden sich die betriebswirtschaftlichen Produktkomponenten. Diese Ebene ist horizontal in drei Bereiche unterteilt. Unter dem Begriff xApps (Extented Applications) finden sich komponentenübergreifende betriebswirtschaftliche Lösungen. Diese Lösungen verbinden also die übrigen Komponenten mit Hilfe von xApps, um komplette betriebswirtschaftliche Prozesse abbilden zu können, die mehrere Komponenten umfassen. xApps setzen allerdings den Einsatz von SAP Enterprise Portal voraus. In der Mitte ist die mySAP Business Suite angesiedelt, die sämtliche betriebswirtschaftlichen Produktkomponenten enthält. Vervollständigt wird diese Ebene durch die SAP Smart Business Solutions. Hier sind die Produkte angesiedelt, die auf mittelständische und kleinere mittelständische Unternehmen abzielen. Hier findet man neben dem Produkt SAP All-in-One (eine vorkonfigurierte Lösung für die mittelständische Industrie) noch das eigenständige Produkt SAP Business One (eine Lösung für kleinere mittelständische Unternehmen).

Industrie-lösungen

Auf der obersten Ebene sind die Industrielösungen angesiedelt. Darunter werden spezielle Zusatzlösungen verstanden, die nur in einer bestimmten Branche benötigt werden. SAP hat für 23 Branchen solche angepassten Lösungen vorbereitet. Die nachfolgende Abbildung zeigt als Beispiel eine Übersicht über die Versicherungslösung (SAP for Insurance). In der ERP-Lösung ist eine Erweiterung hinsichtlich der gesetzlich vorgeschriebenen Berichterstattung vorgenommen worden. Außerdem wird die Standardlösung um spezielle Lösungskomponenten z. B. für das Policenmanagement oder dem Bereich des Inkasso/Exkasso ergänzt. Damit wird den besonderen Anforderungen der Versicherungsbranche Rechnung getragen.

SAP für die Versicherungsbranche

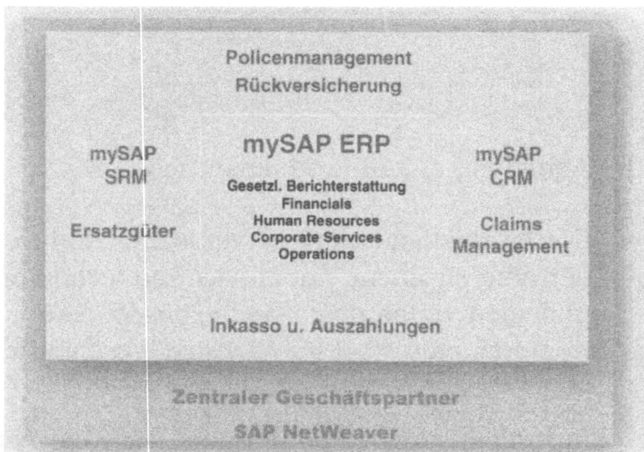

Abbildung 3: SAP for Insurance

2.3.1 Betriebswirtschaftliche Produktkomponenten

mySAP Business Suite

Im Zentrum der neu geordneten SAP-Produktlandschaft ist die mySAP Business Suite mit ihren vielfältigen Komponenten angesiedelt. Diese Komponenten sollen nachfolgend kurz erläutert werden. Neue SAP-Kunden können nur noch Lizenzen der mySAP Business Suite oder einzelner Komponenten erwerben.

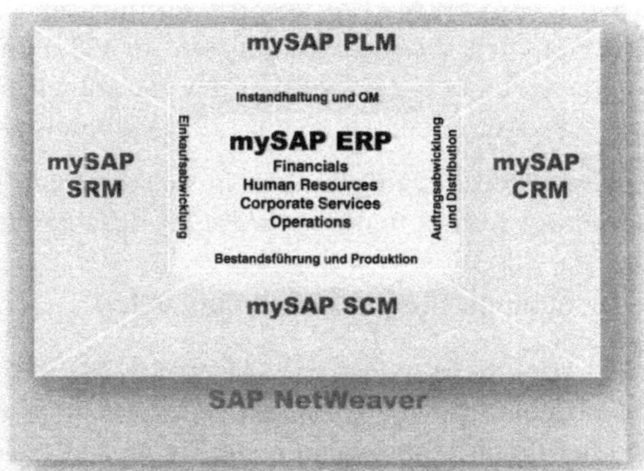

Abbildung 4: mySAP Business Suite

mySAP ERP
- mySAP ERP: Hier sind sämtliche ERP-Funktionen zusammengefasst worden. Diese Komponente entspricht im Wesentlichen dem Vorgängerprodukt SAP R/3 Rel. 4.6C. Unter Financials werden u. a. die Funktionalitäten zum externen und internen Rechnungswesen zusammengefasst. Human Resources stellt u. a. die Funktionalitäten zur Personaladministration und –abrechnung zur Verfügung. Corporate Services ergänzt diese Funktionen u. a. um das Travelmanagement und Corporate Real Estate. Operations beinhaltet u. a. die Funktionalitäten zum Einkauf (Purchasing) und Produktionsplanung (Production Planing).

mySAP CRM
- mySAP CRM: Das mySAP Customer Relationship Management ergänzt die unternehmensinternen ERP-Funktionalitäten und die kundenbezogenen Prozesse. Hier finden sich u. a. Funktionalitäten aus dem Marketing (Kampagnenmanagement), Kundenbetreuung (Customer Interaction Center) oder zum Servicemanagement.

mySAP SCM
- mySAP SCM: Das mySAP Supply Chain Management erweitert sämtliche Funktionalitäten der Logistikkette. Hier werden u. a. Funktionen für die Planung, Einkauf, Warehouse Management und Transport bereitgestellt.

mySAP SRM
- mySAP SRM: Das mySAP Supplier Relationship Management liefert Erweiterungen zum Lieferantenmanagement. Hier lassen sich u. a. Funktionen zum Management von Kontrakten und für den elektronischen Einkauf finden.

mySAP PLM

- mySAP PLM: Das mySAP Production Lifecycle Management ergänzt die Funktionen, die im Rahmen des Produktlebenszyklus benötigt werden. Hier kommen u. a. Funktionen zum Programmmanagement und Dokumentenmanagement hinzu.

Die weiteren Darstellungen in diesem Buch werden sich auf den Teil der Komponente mySAP ERP beschränken.

2.3.2   Technologische Produktkomponenten

SAP Netweaver

Der Übergang von dem SAP R/3-System in die mySAP-Produktlandschaft ist auch von einer Erneuerung technologischer Produktkomponenten gekennzeichnet. SAP hat mit dem Sammelbegriff SAP Netweaver die verschiedenen Technologieebenen geordnet und ihr eine klare Struktur gegeben.

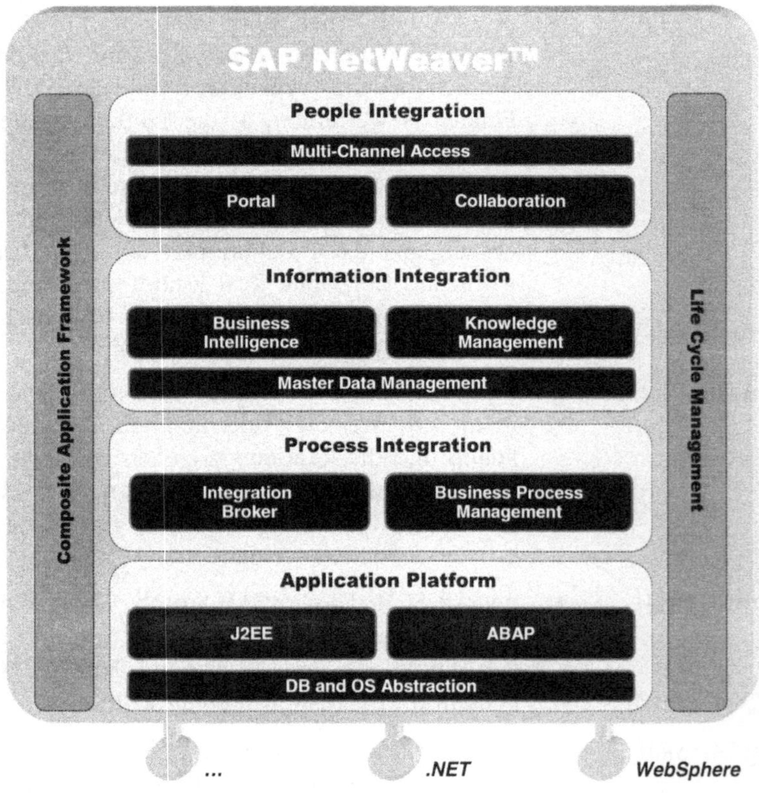

Abbildung 5: SAP Netweaver

SAP Netweaver ist insbesondere durch seine vier Integrationsebenen gekennzeichnet. Auf diesen Ebenen wurden die Technologiekomponenten neu geordnet. Nachfolgend werden diese Ebenen kurz erläutert.

People Integration

- ***People Integration:*** Hier wurden die Technologiekomponenten zusammengefasst, die die Zusammenarbeit von Personen oder Personengruppen unterstützen. Das SAP Enterprise Portal liefert eine webbasierte Oberfläche für die Integration verschiedenster Anwendungen. Damit lassen sich einheitliche Zugänge für Mitarbeiter, Partner, Lieferanten oder Kunden schaffen. Auch die Zusammenarbeit (Collaboration) in den einzelnen Gruppen wird z. B. durch elektronische Team Rooms und gemeinsame Dokumentablagen im Netz unterstützt.

Information Integration

- ***Information Integration:*** Hier wurden die Komponenten zusammengefasst, die die Integration von Informationen unterstützen. Auf die Komponente SAP Business Intelligence (SAP Business Information Warehouse) werden wir im Kapitel 6 noch näher eingehen. Daneben existiert auf dieser Darstellungsebene noch eine Komponente zum Wissensmanagement (Knowledge Warehouse) und zur Harmonisierung von Stammdaten (Master Data Management). Die letztgenannte Komponente ist dann erforderlich, wenn Stammdaten von mehreren Systemen genutzt werden und eine systemsübergreifende Konsistenz der Stammdaten sichergestellt werden muss.

Process Integration

- ***Process Integration:*** Auf dieser Ebene soll die Prozessintegration erfolgen. Hier stehen die beiden Technologiekomponenten Integration Broker und Business Process Management zur Verfügung. Hier ist insbesondere das Enterprise Application Integration (EAI)-Tool der SAP, der SAP Exchange Server (SAP XI) zu nennen.

Application Platform

- ***Application Platform:*** Diese Ebene ersetzt die alte SAP-Basis durch den völlig neuen SAP Web Application Server (SAP WAS). Damit wurde die Technologie auf dieser Ebene grundsätzlich erneuert. Der SAP WAS bietet offene Web-Schnittstellen und ist auch als Standalone-Variante einsetzbar. Neben der klassischen ABAP/4-Programmierumgebung unterstützt der SAP WAS auch die Programmierung mit Java. Damit steht auch ein J2EE-konformer Applikationsserver zur Verfügung.

mySAP Technologie

Zusammengefasst lässt sich die mySAP Technologie wie in der nachfolgenden Abbildung 6 darstellen: Die Schnittstelle zu den unterschiedlichen Benutzergruppen soll über das SAP Enterprise Portal erfolgen, der SAP WAS liegt als neue Basis unter den verschiedenen SAP-Komponenten und die Integration mit den weiteren IT-Systemen im Unternehmen übernimmt die SAP XI.

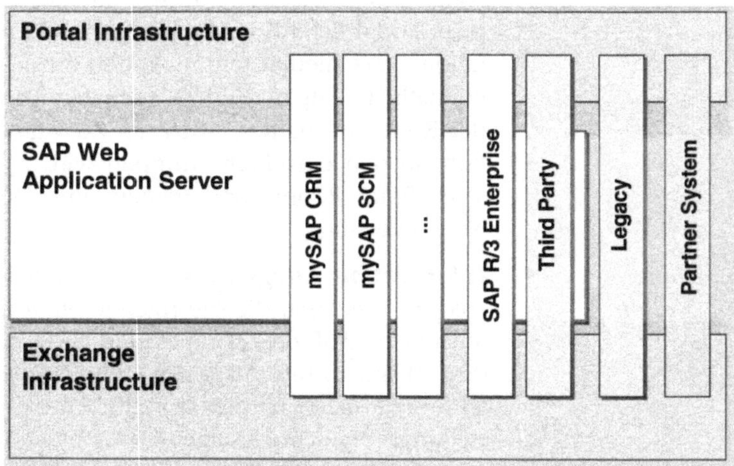

Abbildung 6: mySAP Technologie

2.3.3   SAP R/3 Enterprise

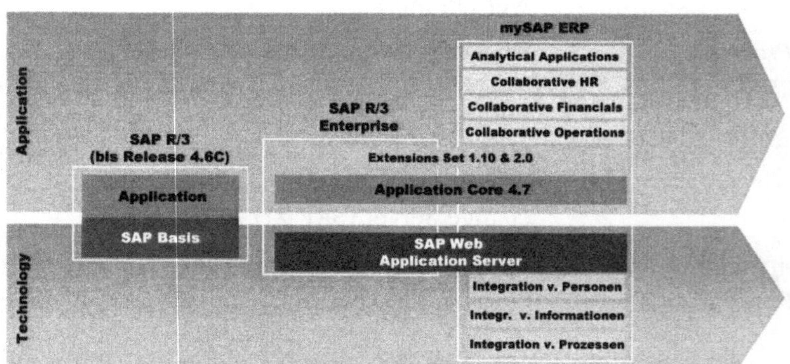

Abbildung 7: SAP R/3 Enterprise

SAP R/3 Enter-prise

Um den bisherigen Kunden einen reibungslosen Übergang von der SAP R/3- in die mySAP-Produktlandschaft zu erlauben, hat die SAP AG quasi ein Übergangsprodukt zur Verfügung gestellt. SAP R/3 Enterprise bietet die Funktionalität der Version SAP R/3 Rel. 4.6C und verfügt schon über die neue Basis-Komponente

(SAP WAS). An einigen Stellen wird dieses Produkt auch als SAP R/3 Rel. 4.7 bezeichnet.

SAP R/3 Enterprise bietet die gesamten Kernfunktionen der Komponente mySAP ERP. Es fehlen nur die kollaborativen Szenarien.

Für dieses Buch wurde das IDES (Internet Demonstration und Evaluation System) auf der Basis von SAP R/3 Enterprise benutzt. Im Kapitel 6 wurde das IDES zum Business Information Warehouse (SAP BW) in der Version 3.1 benutzt.

2.3.4   Allgemeine Systemeigenschaften

Alle bisher beschriebenen Produktkomponenten der SAP weisen eine Reihe von allgemeinen Systemeigenschaften auf, die in diesem Abschnitt noch kurz zusammengefasst werden.

Mehrsprachigkeit

Die Produktkomponenten sind mehrsprachig und konsequent auf einen internationalen Einsatz hin konzipiert. Im Rahmen der Systemkonfiguration werden länderspezifische Besonderheiten ebenso berücksichtigt wie z. B. Musterkontenpläne, Bankdaten oder Umsatzsteuer-Regelungen. In der Buchhaltung können je bilanzierender Einheit (Buchungskreis, vgl. Kap. 4) neben der Hauswährung bis zu zwei weitere Währungen parallel geführt werden.

Mandantenfähigkeit

Alle Produktkomponenten sind mandantenfähig und in der Lage, in einer Installation mehrere rechtlich und wirtschaftlich selbständige Unternehmen abzuwickeln, z. B. Mutter- und Tochtergesellschaften. Die einzige Ausnahme bildet nur die mySAP BI-Komponente (SAP BW, vgl. Kapitel 6).

Die Organisationsstrukturen eines Unternehmens wie Werke, Lagerorte, Vertriebsorganisationen, Niederlassungen lassen sich flexibel über so genannte Organisationselemente in den Systemen abbilden.

Integration

Die Produktkomponenten zeichnen sich durch die Integration von mehreren betriebswirtschaftlichen Teilkomponenten aus. Alle Transaktionen werden auf einer zentralen Datenbasis durchgeführt. Durch die Standardsystemschnittstellen mit einer sehr großen Anzahl von vorbereiteten Business-Szenarien lassen sich die verschiedenen Produktkomponenten sehr einfach miteinander integrieren.

2.3.5 Systemarchitektur

Client-/Server-
Architektur

Betriebswirtschaftliche Anwendungssoftware erfordert eine Unabhängigkeit des Anwenders von technischen Implementierungsfragen. Das grundlegende Prinzip der SAP-Systeme ist eine dreistufige Client/Server-Architektur, die auf einer Vielzahl an Hardware- und Systemplattformen implementierbar ist. Das SAP-System unterscheidet:

- Datenbankdienste zur Speicherung und Abfrage der betriebswirtschaftlichen Daten,

- Anwendungsdienste zur Abwicklung der betriebswirtschaftlichen Funktionalität und

- Präsentationsdienste zur Führung der Benutzerdialoge über eine grafische Oberfläche.

Dies bedeutet, dass die Daten (Programme, Systemeinstellungen, Anwendungsdaten) über einen Datenbankserver bereitgestellt werden. Die Anwendungen (Buchhaltung, Logistik u. a.) werden durch einen oder mehrere Applikationsserver zur Verfügung gestellt. Die Benutzerdialoge der Front-Ends werden durch Präsentationsserver abgewickelt, die in der Regel auf PC-Basis installiert sind. In der Praxis liegen Daten- und Anwendungsserver bei kleineren Installationen allerdings häufig auf einem Rechner. Das Grundprinzip der SAP-Architektur wird in der Abbildung 8 dargestellt.

Datenbank-Server		Anwendungsdaten, Programme, Systemeinstellungen
Applikations-Server		Anwendungen (z.B. Buchhaltung, Logistik) Dienste (z.B. Druckerspool)
Präsentations-Server		Benutzerdialoge Maskenlayout

Abbildung 8: Dreistufige Client-/Server-Architektur.

FUNKTIONSWEISE DER CLIENT-/SERVER-ARCHITEKTUR

Die Client-/Server-Architektur ist eine kooperative Form der Informationsverarbeitung, bei der sich ergänzende Softwarekomponenten auf unterschiedliche Rechner aufgeteilt werden. Die Rechner sind miteinander vernetzt. Einige Softwarekomponenten bieten Dienste an (engl.: server), andere Komponenten (engl.: clients) nehmen diese bei Bedarf in Anspruch.

Wenn der Benutzer z. B. aus einer Maske heraus eine Auswertung anfordert, dann benutzt die Präsentationsanwendung (SAP GUI) in der Rolle eines Clients einen Dienst des Applikationsrechners in der Rolle des Servers. Dieser muss sich für die Auswertung Daten aus der Datenbank liefern lassen. Dazu tritt der Applikationsrechner wiederum als Client an den Datenrechner heran und nutzt dort angebotene Services.

2.3.6   Entwicklungsumgebung und Standards

Hardware-Plattformen

SAP-Systeme können auf einer Vielzahl von Rechner-Plattformen der unterschiedlichsten Hersteller installiert werden. Die Systeme sind voll skalierbar unter Beibehaltung der gleichen betriebswirtschaftlichen Funktionalität. D.h. es kann von einer kleinen Windows NT-Installation bis hin zu einer auf mehrere Rechner verteilten UNIX-Umgebung mit mehreren Hundert Anwendern wachsen, ohne dass die Anwendungsprogramme ausgetauscht oder angepasst werden müssen.

Betriebsysteme und Datenbanken

Die Endanwender der SAP-Systeme benutzen Clients, die unter Windows-Oberflächen (z. B. Windows NT/2000/XP) laufen. Die SAP-Systeme in auf unterschiedlichen Server-Betriebssysteme (z. B. HP UX, Solaris, Windows 2003 Server, Linux). Ebenso sind verschiedene Datenbanksysteme einsetzbar (z. B. Oracle, DB2).

Standards

Das SAP-System orientiert sich und unterstützt eine Vielzahl von offenen und herstellerspezifischen IT-Standards. Hierzu gehören neben offiziellen Standards internationaler Normungsgremien (z. B. X.400, TCP/IP) auch Industriestandards (z. B. OLE von Microsoft) oder Standards von Herstellervereinigungen (z. B. die Standards der W3C).

Entwicklungs-umgebung

Die Einführung und der Betrieb von SAP-Systemen wird in der Regel nicht in einem einzelnen SAP-System durchgeführt werden können. Dazu ist der Aufbau einer Entwicklungsumgebung notwendig. Die SAP AG empfiehlt dazu eine Drei-System-Landschaft. In Abbildung 9 ist eine solche Drei-System-Landschaft dargestellt.

Die Customizing- und Entwicklungsaktivitäten werden in einem System und in evtl. mehreren parallelen Entwicklungsmandanten, für unterschiedliche Entwicklungsversionen, durchgeführt. Abgeschlossene Entwicklungsschritte werden durch das Change Management über so genannte Transporte in das Test- und Abnahmesysteme geliefert. Damit lassen sich einzelnen Test- und Abnahmeversionen sehr genau zurückverfolgen (Konfigurationsmanagement). Die abgenommenen Versionen werden wiederum über das Change Management und dem Transportmechanismus in das Produktionssystem ausgeliefert.

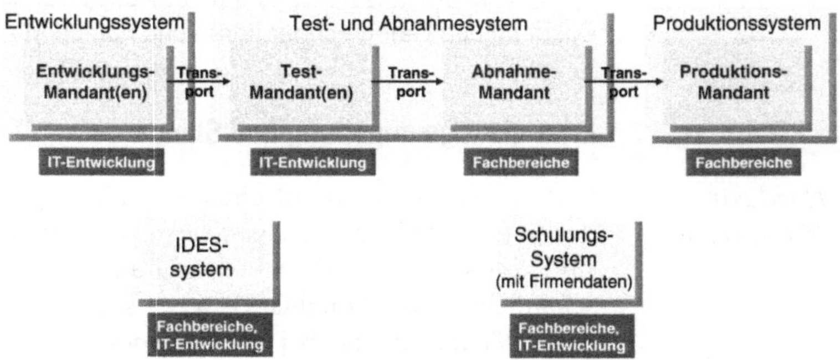

Abbildung 9: Organisation der Entwicklungsumgebung

Daneben werden je nach Bedarf häufig noch weitere Systeme für Schulungs- und Evaluationsaufgaben betrieben. In manchen Fällen werden Schulungsmandaten mit Produktivdaten auch auf dem Test- und Abnahmesystem betrieben.

Die einzelnen Systeme haben unterschiedliche Anforderungen an die Performanz der Hardware. Für das Produktionssystem existieren in der Regel sehr hohe Anforderungen an Performanz und Verfügbarkeit. Die Performanz-Anforderungen an die übrigen Systeme sind dagegen deutlich niedrigen angesiedelt.

Die Entwicklung und Einführung von solch komplexen Systemen wird benötigt entsprechende Einführungsprojekte und Vorgehensmodelle. Die Vorgehensmodelle unterscheiden sich deutlich von den Vorgehensmodellen für die Erstellung von Individualsoftware.

ASAP

Diesen Umstand hat die SAP recht früh mit der Entwicklung eines eigenen Vorgehensmodells Rechnung getragen. Das ASAP (Accelerated SAP) genannte Vorgehensmodell wurde Interessierten kostenfrei zur Verfügung gestellt. Nachfolgend wurde das Vorgehensmodell um vor- und nachgelagerte Aktivitäten ergänzt.

Zur Definition des eigentlichen Projektumfangs wurde ein so genannter Solution Map Composer bereitgestellt. Außerdem wurden Tools zur Unterstützung von Verbesserungsmaßnahmen beim Betrieb von SAP-Systemen entwickelt. Damit lassen sich z. B. die produktiven Systeme in den ersten Monaten hinsichtlich der Performanz optimieren.

SAP Solution Manager

Der aktuelle Schritt in dieser Entwicklung ist der SAP Solution Manager, der die Methoden und Werkzeuge in einem System zusammenfasst. Der Solution Manager unterstützt nicht nur die gesamten Entwicklungsphasen, sondern kann auch für Management des Betriebs von SAP-Systemen eingesetzt werden. Die Abbildung 10 zeigt die Funktionalitäten des SAP Solution Manager im Überblick.

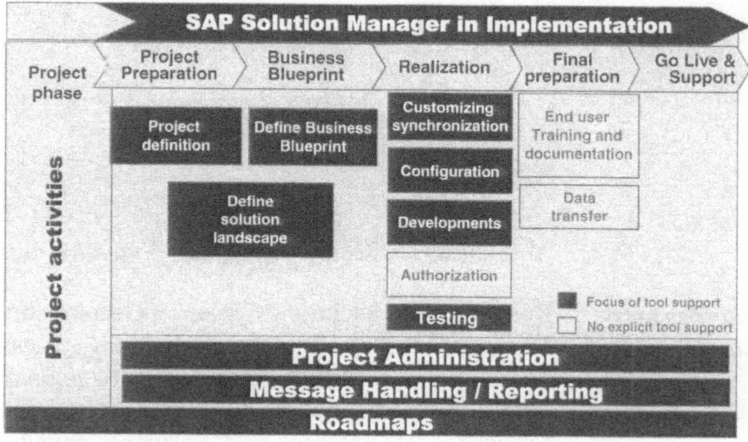

Abbildung 10: SAP Solution Manager

2.4 Einordnung des Rechnungswesens

Im Abschnitt 2.3.1 wurde bereits erwähnt, dass sich das System mySAP ERP in die Teilbereiche Financials, Human Resources, Operations und Corporate Services gegliedert ist. Das Rechnungswesen lässt im Wesentlichen dem Teilbereich Financials zuordnen. Es sind allerdings auch Integrationsbeziehungen in die übrigen Teilbereiche vorhanden.

Ein leistungsfähiges Finanzbuchhaltungssystem muss den externen und internen Anforderungen an das Rechnungswesen genügen. Die externe Sicht erfüllt die Anforderungen des Gesetzgebers (z. B. HGB, Steuergesetze, GoB) und der Öffentlichkeit (Anteilseigner u. a.). Interne Anforderungen resultieren aus den

Anforderungen an das Rechnungswesen als entscheidungsorientiertes System. Das Rechnungswesen ist im mySAP ERP-System entsprechend der prozessorientierten Konzeption des Gesamtsystems mehreren Teilbereichen (Modulen) zugeordnet. Folgt man der klassischen Aufteilung des Rechnungswesens in die Teilbereiche des internen und des externen Rechnungswesens und der Untergliederung des externen Rechnungswesens in die Hauptbuchhaltung und ihre Nebenbuchhaltungen, so erhält man z. B. eine der Abbildung 11 entsprechende Übersicht.

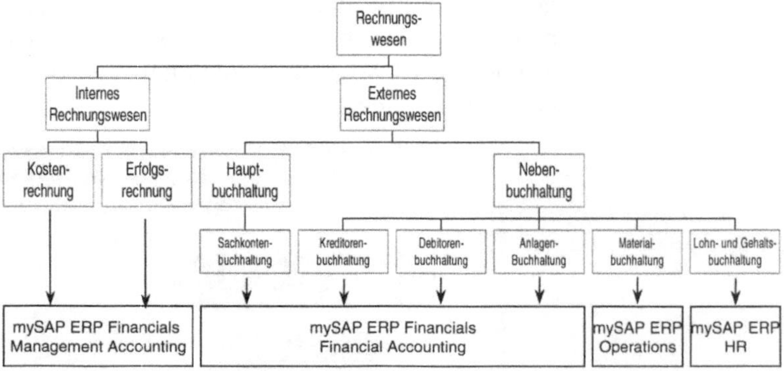

Abbildung 11: Rechnungswesen im mySAP ERP-System

Internes Rechnungswesen

Das interne Rechnungswesen (Kostenrechnung, Kalkulation, Ergebnisrechnung) ist als entscheidungsorientiertes System dem Teilsystem mySAP ERP Financials Management Accounting zugeordnet. Die Hauptbuchhaltung und die Nebenbuchhaltungen der Kreditoren-, Debitoren- und Anlagenbuchhaltung sind dem Teilbereich mySAP ERP Financials Financial Accounting zugeordnet. Die mehr von operativen Gesichtspunkten geprägte Materialbuchhaltung ist ein Teilbereich von mySAP ERP Operations (Logistik). Die für das Rechnungswesen relevanten Aufgaben der Lohn- und Gehaltsbuchhaltung sind Bestandteil des Teilsystems mySAP ERP Human Resources (HR). Durch die Integration des mySAP ERP sind alle Teilbereiche des Rechnungswesens über gemeinsame Strukturen (Kostenarten, Kontenplan usw.) untereinander verbunden. Weiterhin sind alle Komponenten des Rechnungswesens mit den übrigen Teilen der Logistik und des Personalsystems verbunden. Hierdurch kann das Rechnungswesen eines Unternehmens nicht nur für die Erfüllung der gesetzlichen Anforderungen (z. B. die deutschen GOB Grundsätze ordnungsgemäßer Buchführung), sondern als entscheidungsorientiertes Führungsinstrument ausgebaut werden.

Financial Accounting

Das Teilsystem mySAP ERP Financials Financial Accounting (Finanzwesen) beschäftigt sich u. a. mit der Stammdatenverwaltung, also der Verwaltung der Sachkonten, die für die Bilanzierung und Gewinn- und Verlustrechnung benötigt werden, sowie des Kontenplans. Daneben sind noch Personenkonten für die Kreditoren- und Debitorenbuchhaltung sowie für Banken zu verwalten. Die Hauptbuchhaltung (General Ledger) hat die Aufgabe, die gesamte Darstellung des externen Rechnungswesens, d. h. aller Bilanz- und G+V-Konten zu unterstützen. Sie enthält das Hauptbuch als Sammelstelle für alle Geschäftsvorfälle und automatisch bebuchte Mitbuchkonten, die die Salden der Nebenbücher (insb. Kreditoren- und Debitorenbuchhaltung) aufnehmen. Weitere wichtige Aufgaben sind die Durchführung von Monats- und Jahresabschlüssen. Die Kreditoren- und Debitorenbuchhaltung (Accounts Receivable and Payable) wickelt die Geschäftsvorfälle der Lieferanten und Kunden buchhalterisch ab. Sie beinhaltet jeweils eine leistungsstarke Offene-Posten-Verwaltung und wickelt den Zahlungsverkehr einschließlich Mahnwesen und den damit zusammenhängenden Schriftwechsel ab. Eine CpD-Abwicklung (CpD = Conto pro diverse) unterstützt die einfache Buchung von Geschäftsvorfällen von Einmalkunden oder Gelegenheitskunden. Die Debitorenbuchhaltung unterstützt die buchhalterische Abwicklung von der Rechnungserstellung bis zum Zahlungseingang bzw. Mahnverfahren. Hierzu gehört auch die Verwendung von Bankeinzugsverfahren und die Verwaltung von Schecks und Wechseln.

Financial Accounting	Management Accounting	Financial Supply Chain Management	Corporate Governance
▪General Ledger ▪Accounts Receivable ▪Accounts Payable ▪Fixed Assets Accounting ▪Bank Acccunting ▪Cash Journal Accounting ▪Inventory Accounting ▪Tax Accounting ▪Accrual Accounting ▪Fast Close ▪Financial Statements ▪Parallel Valuation	▪Profit Center Accounting ▪Cost Center and Internal Order Accounting ▪Project Accounting ▪Investment Management ▪Product Cost Accounting ▪Profitability Accounting ▪Revenue and Cost Planning ▪Transfer Pricing	▪Credit Management ▪Electronic Presentment and Payment ▪Collections Management ▪Dispute Management ▪In-house Cash ▪Cash and Liquidity Management ▪Treasury and Risk Management	▪Audit Information System ▪Management of Internal Controls ▪Business Risk Management ▪Whistle Blower Complaints ▪Transparency for Basel II

Abbildung 12: Module des mySAP ERP Financials

Das Finanzwesen deckt die internationalen finanzbuchhalterischen Anforderungen ab (HGB, US GAAP u. a.). Das Finanzwesen unterstützt darüber hinaus die betriebswirtschaftliche Entscheidungsfindung. Buchungen erfolgen Realtime, d. h. in Echtzeit. Buchungen im Nebenbuch „Kreditorenbuchhaltung" führen sofort zu einer Datenfortschreibung im Hauptbuch. Das Modul FI Finanzbuchhaltung umfasst die Funktionen der Hauptbuchhaltung und der Nebenbuchhaltungen für Kreditoren-, Debitoren- und Anlagenbuchhaltung.

Management Accounting

Das in Abbildung 11 bereits kurz vorgestellte Teilsystem mySAP ERP Financials Management Accounting dient der Unterstützung des operativen Controlling-Konzeptes. Es stellt zur Unterstützung der operativen Controllingprozesse spezialisierte Module zur Verfügung. Es gliedert sich in Abbildung 12 dargestellten Teilbereiche.

Cost Center and Internal Order Accounting

Das Gemeinkosten-Controlling (Overhead Cost Accounting) findest sich im Teilbereich Cost Center and Internal Order Accounting und unterstützt im wesentlichen die klassische Kostenstellenrechnung, die sich mit der Planung, Steuerung und Kontrolle der nicht direkt auf Kostenträger zurechenbaren Kosten beschäftigt. Auf Basis der Kostenstellenplanung und der Planung von Innenaufträgen werden die Ist-Kosten den verursachenden Kostenstellen-/Innenaufträgen angelastet und im Rahmen der Leistungsverrechnung und Innenauftragsabrechnung weiterverrechnet. Die an den Beschäftigungsgrad angepassten Ist-Kosten werden anschließend den Soll-Kosten gegenübergestellt. mySAP ERP unterstützt alle bekannten Verfahren der Kostenrechnung, von der Ist-Kostenrechnung über die Deckungsbeitragsrechnung (Dienstleistungsunternehmen) bis hin zur Grenzplankostenrechnung (Sachleistungsunternehmen), der Prozesskostenrechnung oder Management-Instrumenten wie Balanced Scorecard.

Product Cost Accounting

Das Teilbereich Produktkosten-Controlling (Product Cost Accounting) unterstützt die Kostenträgerrechnung bzw. Kalkulation. Es unterstützt die Planung, Steuerung und Kontrolle von Produktkosten. mySAP ERP unterstützt hierbei alle bekannten Kalkulationsverfahren und erlaubt die Kalkulation beliebiger Kalkulationsobjekte. Die Kalkulation von Fertigungsaufträgen und die auf Stücklisten und Arbeitsplänen basierende Erzeugniskalkulation wird durch das Teilsystem mySAP ERP Operations in Verbindung mit dem Teilbereich Product Cost Accounting durchgeführt.

Profitability Accounting

Das Modul Vertriebs-Controlling bzw. Ergebnis- und Marktsegmentrechnung (Profitability Accounting) dient der Planung, Steuerung und Kontrolle der Vertriebsaktivitäten. mySAP ERP unterstützt die Analyse von Kosten und Erlösen nach flexibel definierbaren Marktsegmenten. Die Analyse der Ergebnisse erfolgt nach dem Umsatzkostenverfahren, bei dem von den Erlösen die Kosten lt. Produktkalkulation subtrahiert werden. Die Ausgestaltung kann als Deckungsbeitragsrechnung oder auf Vollkostenbasis erfolgen Alternativ ist im Rahmen der Profit-Center-Rechnung der Einsatz des Gesamtkostenverfahrens möglich.

Profit Center Accounting Die Profit-Center-Rechnung (Profit Center Accounting) dient ebenfalls wie die Ergebnis- und Marktsegment-Rechnung der Ergebnisanalyse. Sie kann parallel als statistische Zusatzrechnung eingesetzt werden und unterscheidet sich durch das Controlling-Objekt. Ein Profit-Center umfasst die Verantwortung für Kosten- und Erlöse, wodurch es sich von der Kostenstelle als Verantwortungsobjekt für Kosten unterscheidet. Profit-Center-Strukturen können mit mySAP ERP flexibel als Hierarchien oder Netzstrukturen abgebildet werden.

2.5   Wertefluss innerhalb des SAP-Systems

Die Integration von Finanzwesen und Controlling sowie der weiteren Teilsysteme ist eines der wesentlichen Merkmale des SAP-Systems. Die Finanzbuchhaltung dient hierbei als Bindeglied zwischen dem externen Rechnungswesen (Financial Accounting) und dem Controlling (Management Accounting), den logistischen Anwendungen (mySAP ERP Operations) und der Personalwirtschaft (mySAP ERP Human Resources). Zentrale Integrationsinstrumente sind der Kontenplan und die Sachkonten der Finanzbuchhaltung. Der Kostenarten- und Erlösrechnung kommt hierbei wiederum die Rolle der Brücke zwischen dem Controlling und Daten liefernden Modulen wie Finanzen, Materialwirtschaft usw. zu. Die Merkmale der Integration sind:

- Daten werden bei ihrer Entstehung (Erfassung) formal geprüft und stehen fortan für alle Module zur Verfügung.

- Beschreibung der betriebswirtschaftlichen Objekte als Konten (Sachkonto, Kreditorenkonto, Debitorenkonto, Bankkonto, Materialkonto, Anlagekonto u. a. m.).

- Durchgängige Abbildung aller Geschäftsvorfälle nach dem Belegprinzip, d. h. Erzeugung eines Datensatzes mit eindeutig identifizierendem Schlüssel.

- Integration der Kosten- und Leistungsrechnung durch Zusatzkontierungen (Kostenstelle, Auftragsnummer, Projektnummer).

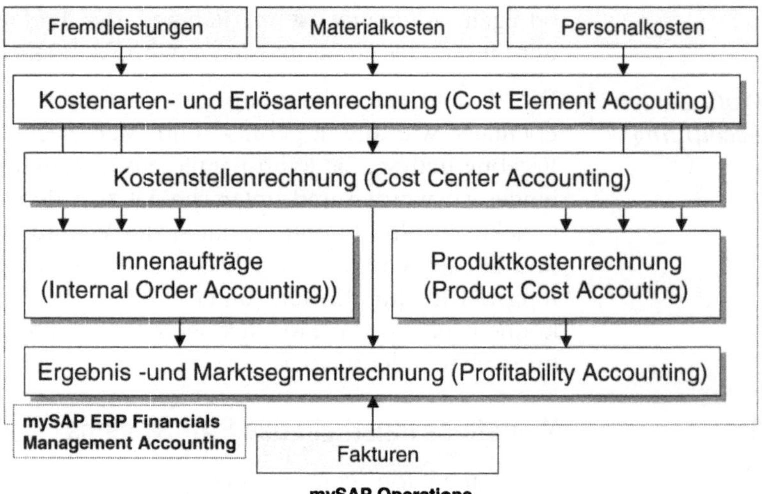

Abbildung 13: Controlling-Wertefluss (vereinfacht)

2.6   Wirtschaftlichkeit des Einsatzes von SAP

Kosten des R/3-Einsatzes

Häufig sind mit der Einführung eines SAP-Systems wirtschaftliche Erwartungen verbunden, welche die Wettbewerbsfähigkeit des Unternehmens erhalten und sichern sollen. Neben den reinen Anschaffungskosten für die Standardsoftware fallen andere Kostenarten bei der Einführung eines SAP-Systems wesentlich stärker ins Gewicht. Die wesentlichen Kostenkategorien einer SAP-Einführung sind in Abbildung 14 aufgeführt (vgl. Buxmann/König, 1998).

- Kosten für externe Berater,
- Kosten zur Anschaffung oder Erweiterung der Hardware- und Systemsoftware
- Kosten für die Abstellung eigener Mitarbeiter für das Einführungsprojekt,
- Anschaffungs- und Wartungskosten für die SAP-Standardsoftware,
- Kosten für Schulungsmaßnahmen.

Abbildung 14: Kostenkategorien des SAP-R/3-Einsatzes

Berater

Wegen des hohen Bedarfes an produktspezifischem Know-how ist eine Einführung von SAP-Systemen in aller Regel mit dem

Einsatz externer Berater verbunden. Berater kommen üblicherweise in allen Projektphasen zum Einsatz, insbesondere bei der oft mit der SAP-Einführung verbundenen Reorganisation der Geschäftsprozesse (Business Reengineering), vor allem aber beim Customizing des SAP-Systems, der Anwenderschulung, der Realisierung von Erweiterungen (insbesondere Eigenentwicklungen mit der von SAP entwickelten Programmiersprache ABAP/4) und sehr häufig über längere Zeiträume hinweg bei der Einführungsunterstützung des produktiven Systems (häufig noch 2-3 Jahre nach Produktivstart). Demzufolge stehen Beraterkosten, wie die obige empirische Untersuchung zeigt, an erster Stelle der Kostenarten, die mit der Einführung von SAP-System verbunden sind.

Da die Einführung von Client-/Server-Systemen vor allem bei einem Wechsel von Großrechnersystemen mit Hardwareerweiterungen (Server, Endgeräte, Netzwerk) verbunden ist, erklärt dies die an zweiter Stelle genannte Kostenart für entsprechende Erweiterungen der DV-Infrastruktur. Außerdem ist für die SAP-Einführung eine entsprechende Entwicklungsumgebung bereit zu stellen, die selten in dieser Form bereits in den Unternehmen existiert. Unternehmen, denen bereits eine Netzinfrastruktur mit geeigneten Endgeräten zur Verfügung steht, können mit geringeren Kosten rechnen.

	Durch-schnitt	Kleinster	Größter
Baan	25	12	38
JDEdwards	22	6	44
LAWSON	23	7	56
ORACLE	26	4	70
PEOPLESoft	25	12	48
SAP	20	3	48
SSA	17	9	25

Abbildung 15: Einführungszeiten in Monaten

Die Projektlaufzeiten damit die Dauer die SAP-Einführung variiert je nach Projektumfang und Komplexität erheblich. Eine Studie der META-Group aus dem Jahre 1999 hat die in der Abbildung 15 dargestellten Einführungszeiten für unterschiedliche Standardsoftwaresysteme ergeben. Je nach Dauer der Einführungszeit fallen auch entsprechende Kosten für das Einführungsprojekt an.

Nutzen des Einsatzes von SAP-R/3

Trotz der enormen Kosten zeigt der Erfolg des SAP-Systems, dass dem Aufwand erhebliche Nutzenpotenziale gegenüberstehen, die einen Einsatz rechtfertigen können. Die wesentlichen Nutzenkategorien einer R/3-Einführung sind in Abbildung 16 aufgeführt (vgl. Buxmann/König, 1998).

- Bessere Planung, Steuerung und Kontrolle der betrieblichen Geschäftsprozesse,
- Einheitliche und konsistente Datenbasis,
- Verbesserte Flexibilität im Hinblick auf eine Anpassung der Informationssysteme und Geschäftsprozesse an geänderte Anforderungen,
- Verkürzung von Durchlaufzeiten der betrieblichen Geschäftsprozesse,
- Qualitative Verbesserung der betrieblichen Geschäftsprozesse.

Abbildung 16: Nutzenkategorien des SAP-R/3-Einsatzes

Während in der Vergangenheit mit der Einführung von Standardsoftware vor allem die DV-gestützte Abdeckung wichtiger Unternehmensfunktionen im Vordergrund des Unternehmensinteresses stand, wird bei der R/3-Einführung vor allem eine Verbesserung der Unterstützung der betrieblichen Geschäftsprozesse gesehen.

2.5   Kontrollfragen

- Charakterisieren Sie die SAP-Systeme als integrierte betriebswirtschaftliche Standardsoftwaresysteme.

- Beschreiben Sie die wesentlichen Teilkomponenten der mySAP Business Suite.

- Unter welchem Begriff werden die technologischen SAP-Komponenten zusammengefasst? Welche Ebenen in der Betrachtung werden unterschieden?

- Erläutern Sie die Client-/Server-Architektur eines SAP-Systems.

- Nennen und erläutern Sie die Teilkomponenten (Module) des mySAP ERP-Systems zur Unterstützung des Finanzwesens und Controllings.

- Die Einführung von Standardsoftware ist neben den reinen Anschaffungs- und Lizenzkosten mit z. T. erheblichen, über diese Positionen hinausgehenden Kosten verbunden. Nennen Sie Gründe hierfür und erläutern Sie diese.

3   Einführung in die Bedienung von SAP-Systemen

3.1   Systemstart, An- und Abmeldung

IDES

Die Benutzung des SAP-Systems wird im folgenden auf der Grundlage des IDES-Systems (IDES= Internet Demonstration and Evaluation System) gezeigt, das ein von der SAP mit dem SAP-System ausgeliefertes Beispielunternehmen darstellt. Der Start von SAP wird auf der Betriebssystemebene des Arbeitsplatzrechners durch einen Doppelklick auf das SAP-Logon-Symbol eingeleitet.

Danach öffnet sich ein Fenster (Abbildung 17) mit den SAP-Systemen, die gestartet werden können. Zu jeden der angegebenen Systeme sind vorher die notwendigen Anmeldedaten hinterlegt worden. Nach Auswahl des IDES-Systems kann über den Logon-Button die Anmeldung erfolgen.

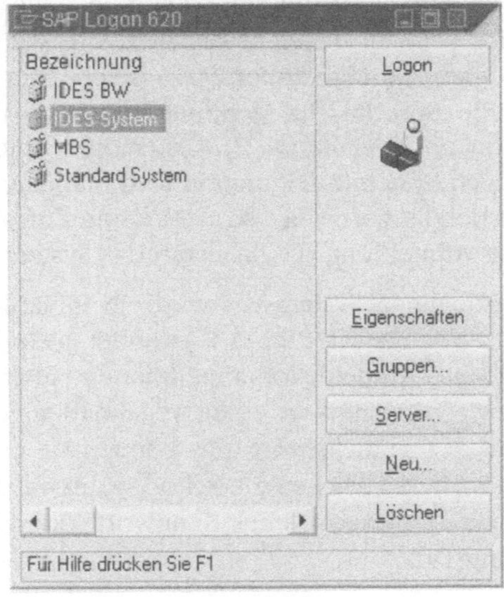

Abbildung 17: SAP-Logon-Auswahlbildschirm (©SAP AG)

Nach dem Start des ausgewählten SAP-Systems erscheint ein Anmeldebild (vgl. Abbildung 18), in das die personenbezogenen

Daten (Mandant, Benutzeridentifikation, Kennwort und Sprachenschlüssel) zu erfassen sind.

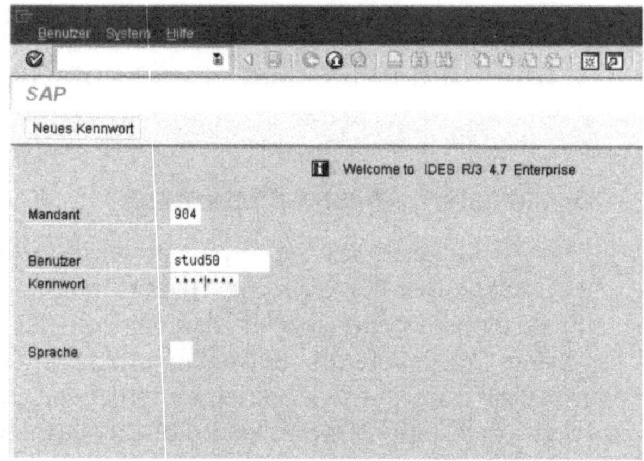

Abbildung 18: Anmeldebild (©SAP AG)

Nach Erfassung der Anmeldedaten ist die **ENTER**-Taste oder der nebenstehende **ENTER**-Button mit der Maus zu betätigen.

Mandant

Der Mandant beinhaltet das technische System, in dem gearbeitet wird. Die Mandantennummer kann je nach Installation unterschiedlich sein. In unserem Beispiel wird das verwendete IDES-System über den Mandanten 904 erreicht. Der Sprachenschlüssel steuert die Sprache für Menübefehle, Fehlermeldungen, Dokumentation und Inhalte (z. B. Kostenarten- und Kostenstellentexte). Je nach Systemkonfiguration sind Mandant oder Sprachkennzeichen bereits vorbelegt, so dass keine Eingabe erforderlich ist. Nach der Anmeldung (Login) kann das System benutzt werden.

Kennwort

Beim erstmaligen Systemstart wird ein Initial-Kennwort vorgegeben, das zwangsweise vom Anwender geändert werden muss. Während des Anmeldevorgangs können Sie ein neues Kennwort vergeben. Das Passwort sollte regelmäßig gewechselt werden. Während des Anmeldevorgangs können sie ein neues Kennwort vergeben. Hierzu klicken Sie schon während der Anmeldung auf der Drucktastenleiste „Neues Kennwort" oder die Taste „F5" (vgl. Abbildung 19).

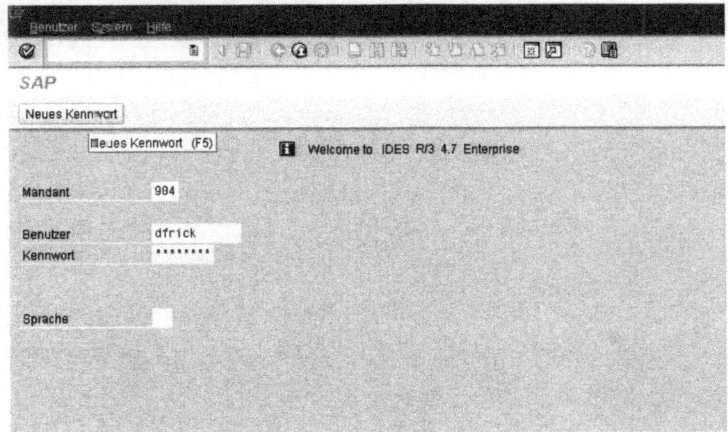

Abbildung 19: Neues Kennwort vergeben (©SAP AG)

Sie erhalten anschließend ein Fenster geöffnet, in dem Sie verdeckt ihr neues Kennwort erfassen (vgl. Abbildung 20).

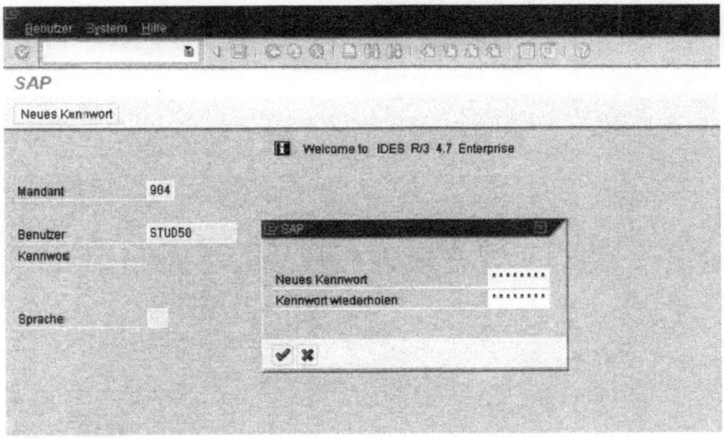

Abbildung 20: Kennwort wechseln (©SAP AG)

Abmeldung

Das neue Kennwort muss zweimal eingegeben werden und ist sofort wirksam. Nach der Beendigung der Arbeit mit dem SAP-System erfolgt die Abmeldung (Log Off) durch den in Abbildung 21 dargestellten Befehl aus der Menüleiste (System-Abmelden). Alternativ kann das SAP-System auch über den „Fenster schließen"-Button, wie bei allen Windows-Anwendungen, verlassen werden.

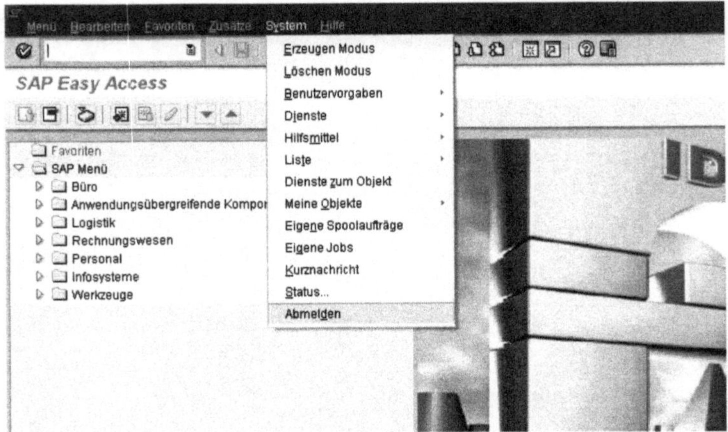

Abbildung 21: Abmeldevorgang (©SAP AG)

Nach der Abmeldung erscheint eine Sicherheitsabfrage, die mit „Ja" zu quittieren ist.

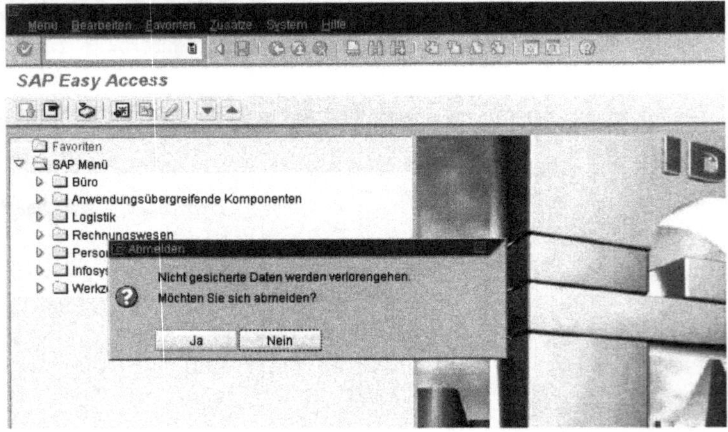

Abbildung 22: Abmeldevorgang Sicherheitsabfrage (©SAP AG)

3.2 Benutzeroberfläche

Die SAP-Benutzeroberfläche bietet eine rollenbasierte Menüführung, d. h. der Umfang der Menüpunkte orientiert sich an den vom Benutzer benötigten Funktionen. Daneben stellt das SAP-System eine Fülle an standardisierten GUI-Elementen (GUI = Graphical User Interface) zur Verfügung. Dies sind u. a. Mausbedienung für alle Funktionen, Drucktasten, Auswahlknöpfe, Radiobuttons, Pop-Up-Menüs und Rollbalken.

Eine typische Maske des SAP-Systems ist in Abbildung 23 dargestellt. Zu sehen sind Eingabefelder, Drucktasten und die bereits aus der vorigen Darstellung bekannte Symbolleiste mit verschiedenen Icons.

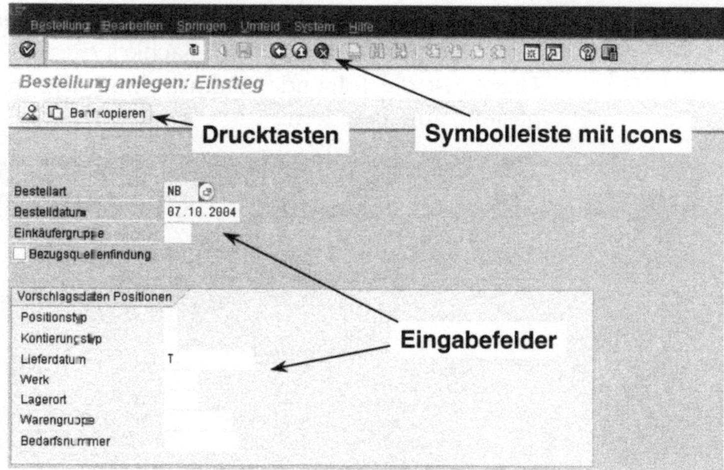

Abbildung 23: Typische Maske des SAP-Systems (©SAP AG)

3.3 Navigation im SAP-R/3-System

3.3.1 Menüstruktur

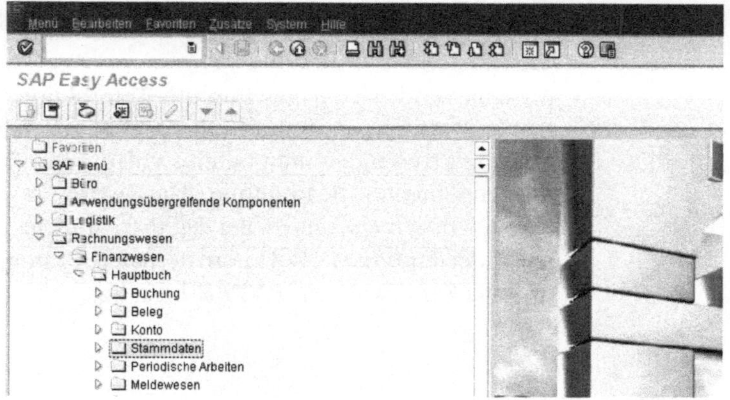

Abbildung 24: SAP-Menü (©SAP AG)

Alle Funktionen des SAP-Systems lassen sich über eine tief geschachtelte Menüstruktur ansteuern. Hierzu steht ein Explorer zur Navigation zur Verfügung, der intuitiv bedienbar ist. Die

Baumstruktur ist rollenabhängig, d. h. der Funktionsumfang wird an die vom Bearbeiter benötigten Funktionen angepasst. Im Folgenden wird jedoch immer der Maximalumfang (SAP-Menü) genutzt.

Im Folgenden wird die Bildschirmfolge dargestellt, mit der die Anzeigetransaktion für ein Sachkonto erreicht werden kann. Hierzu ist die folgende Baumstruktur, wie in Abbildung 25 dargestellt, aufzugliedern.

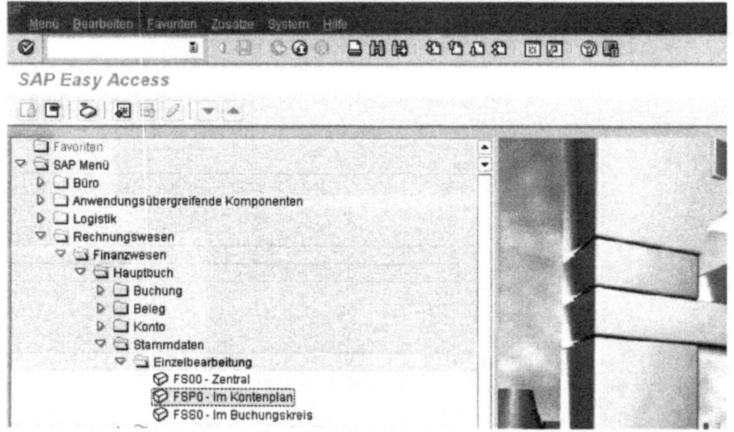

Abbildung 25: Menüpfad Verwaltung Sachkonten (©SAP AG)

Der vollständige Menüpfad lautet: ***Rechnungswesen ⇒ Finanzwesen ⇒ Hauptbuch ⇒ Stammdaten ⇒ Einzelbearbeitung.***

Anschließend ist die gewünschte Transaktion „FSP0 – Im Kontenplan" zu markieren und mit ***ENTER*** zu aktivieren. Nach Ausführung des obigen Menübefehls gelangt man in das Startbild zur Kontenplandaten-Bearbeitung. Hier ist in das Feld „Sachkonto" das gewünschte Konto (hier 140000) und in das Feld „Kontenplan" der Eintrag „INT" (Internationaler Kontenplan) einzutragen. Anschließend wird mit ***ENTER*** bestätigt.

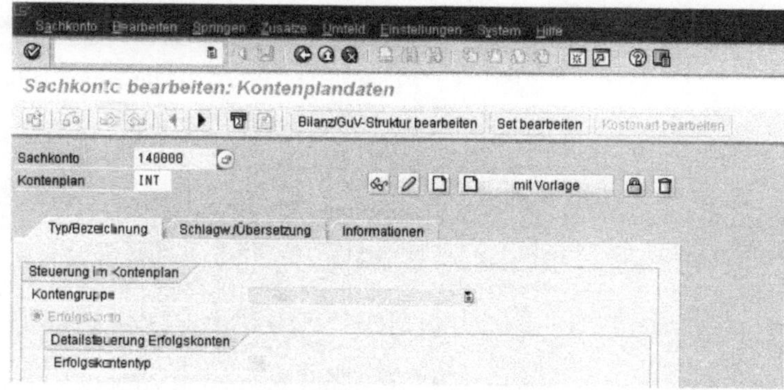

Abbildung 26: Startbild Anzeige Sachkontenstamm (©SAP AG)

Nach Ausführung von **ENTER** wird das Sachkonto angezeigt
(vgl. Abbildung 27). Durch Aktivierung der verschiedenen Reiter
(z. B. Informationen) können unterschiedliche Bereiche des
Stammsatzes angezeigt werden.

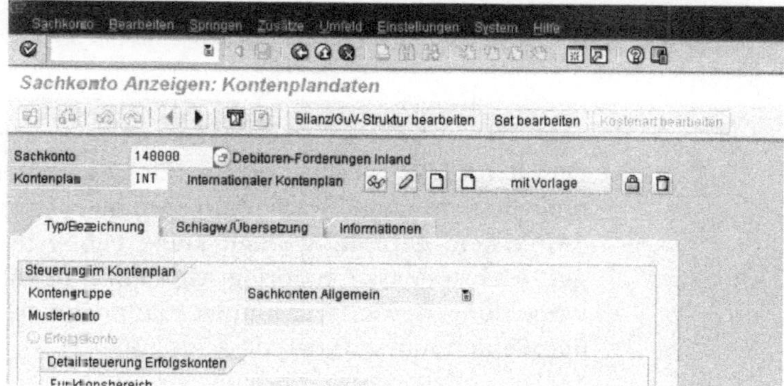

Abbildung 27: Anzeige Sachkontenstamm (©SAP AG)

3.3.2   Symbole und Funktionstasten

Die grafische Oberfläche des SAP-Systems unterstützt häufig
verwendete Befehle über spezielle Icons. Parallel dazu ist die
Eingabe über eine Taste bzw. Tastenkombination möglich. Die
Abbildung 28 zeigt ausgewählte Symbole und Funktionstasten
der Funktionsleiste, die bei vielen Bildschirmbildern am oberen
Bildrand erscheint.

Symbol	Taste	Bedeutung
⊘	Enter	Dateneingabe bestätigen
▢	F11	Sichern der Dateneingabe
⟲	F3	Schritt zurück
⊕	F15	Aktion beenden
⊗	F12	Aktion abbrechen
▣	STRG+Bild hoch	Blättern zur ersten Seite
▣	STRG+Bild runter	Blättern zur letzten Seite
▣	Bild hoch	Blättern vorwärts
▣	Bild runter	Blättern rückwärts

Abbildung 28: Symbole und Funktionstasten (©SAP AG)

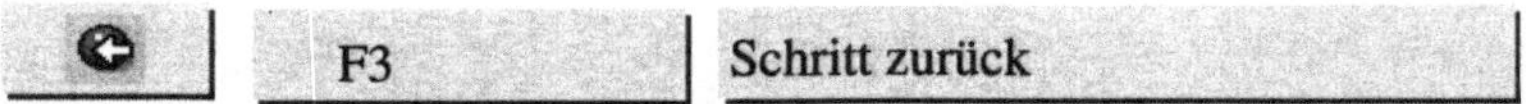

Durch **ENTER** werden die im Eingabefenster vorgeschlagenen
Eingaben bestätigt. Nach dem Befehlt werden die Daten vom
SAP-System geprüft. Werden keine Fehler festgestellt, kann die
ggf. nächste Maske angezeigt werden. Im Fehlerfall werden Fehlermeldungen oder Warnungen (die nochmals mit **ENTER** bestätigt werden müssen) erzeugt.

Mit dieser Funktion wird geprüft, ob die erfassten Daten fehler-
frei sind. Ggf. werden die Daten auf der Datenbank fortgeschrieben. Ansonsten wird eine Fehlermeldung oder eine Warnung
erzeugt. Warnungen müssen mit **ENTER** bestätigt werden, Fehlermeldungen müssen mit Datenkorrekturen bearbeitet werden.

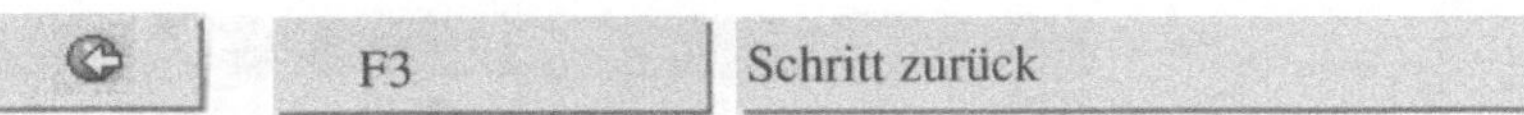

Im Einstiegsbild einer Anwendung springt das System zurück zum Menü des Arbeitsgebietes. In einem Detailfenster geht das Programm zurück zum Einstiegsfenster.

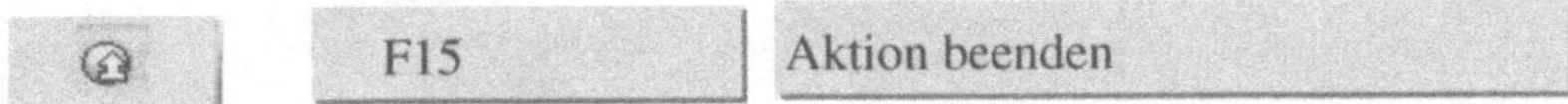

In einer Anwendung wird die Anwendung beendet, anschließend wird die vorherige Menüebene angezeigt. In einem Anmeldefenster wird der Benutzer vom System abgemeldet. Auf dem SAP-Hauptmenü wird der Modus beendet.

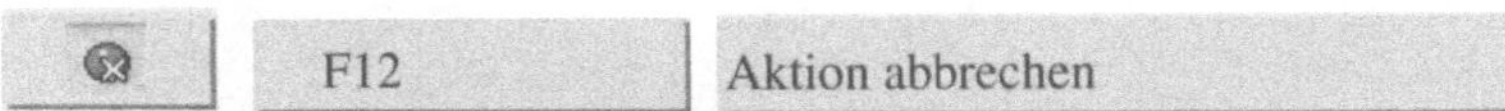

Dieser Befehl bricht die aktuelle Anwendung ab. Eingegebene Daten werden nicht gesichert.

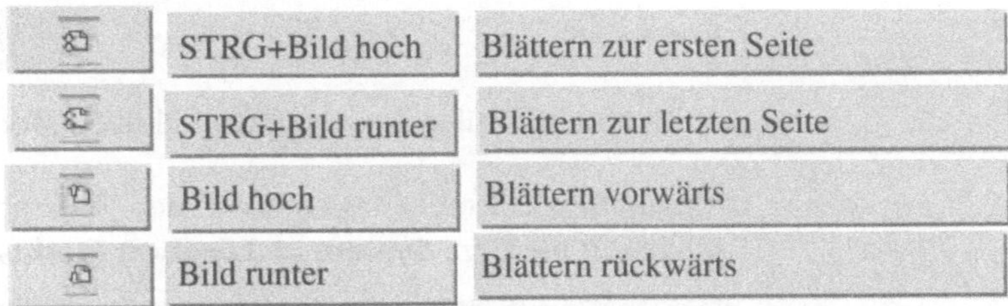

Diese Symbole unterstützen das Blättern in Berichten zur jeweiligen Position bzw. vor oder zurück.

3.3.3   Arbeiten mit mehreren Fenstern

Mit dem SAP-System ist paralleles Arbeiten mit mehreren virtuellen Bildschirmfenstern (Modi) möglich. Die Umschaltung zwischen den Modi erfolgt mit der Standard-Tastenkombination ALT+TAB, mit der üblicherweise zwischen einzelnen Tasks umgeschaltet werden kann. Ein neues Fenster kann über die folgende Menüfolge eröffnet werden (vgl. Abbildung 29): **System ⇒ Erzeugen Modus.**

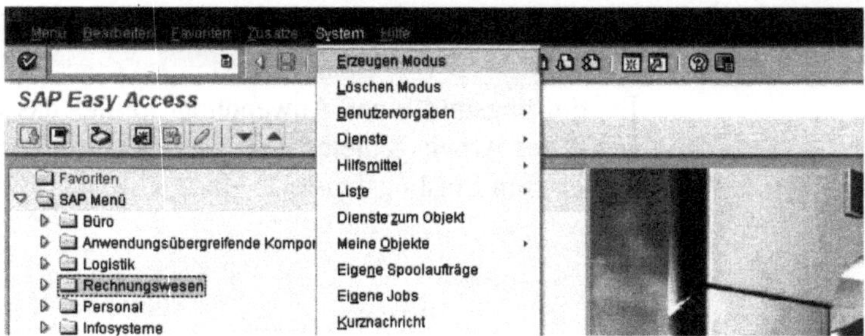

Abbildung 29: Erzeugen Modus (©SAP AG),

In der Abbildung 30 sind zwei aktive Fenster (Modi) dargestellt.

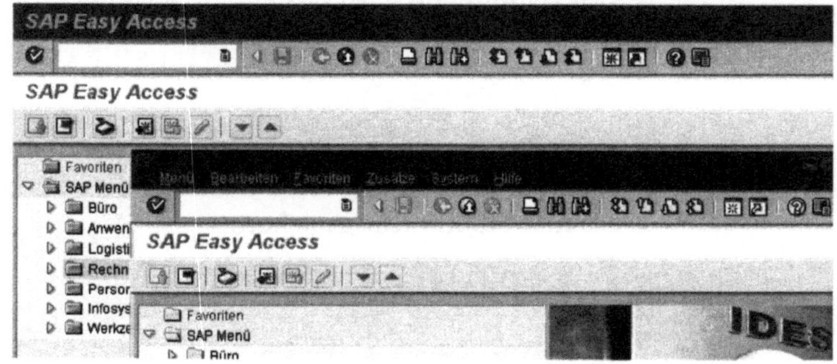

Abbildung 30: Bildschirm mit zwei aktiven Modi (©SAP AG)

Aktive Bildschirme können über den folgenden Menüpfad geschlossen werden: **System ⇒ Löschen Modus.**

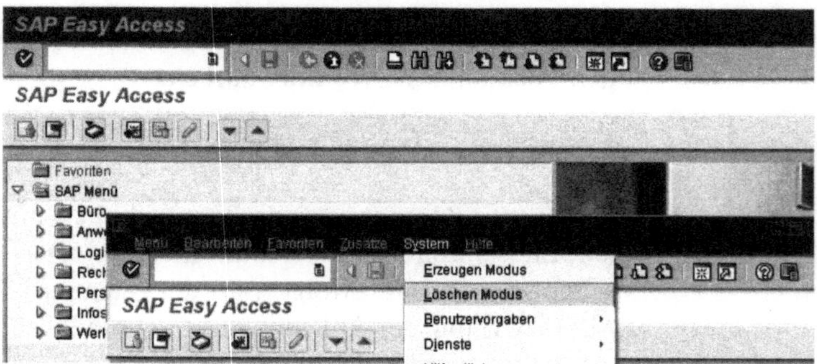

Abbildung 31: Löschen Modus (©SAP AG)

Ggf. fragt das System nach, ob Sie bereits erfasste Daten sichern wollen oder sich, falls Sie das letzte Fenster schließen wollen, vom System abmelden möchten.

3.3.4   Hilfefunktionen

kontextsensitive Hilfe

Das SAP-System stellt dem Anwender vielfältige Hilfemöglichkeiten zur Verfügung. Die kontextsensitive Hilfe gibt detaillierte Informationen zu Bildschirmelementen (Felder, Menüs) oder auch zu Fehlermeldungen. Durch die Positionierung des Cursors auf das gewünschte Feld F1 erhält man detaillierte Informationen und Verweise. Eine Liste der möglichen Eingabefelder oder Matchcodes erhält man durch Cursorpositionierung auf das Eingabefeld und F4.

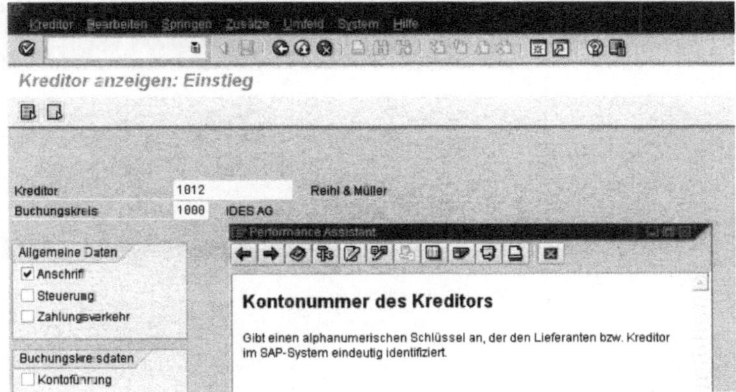

Abbildung 32: Kontextsensitive Hilfe über F1 (©SAP AG)

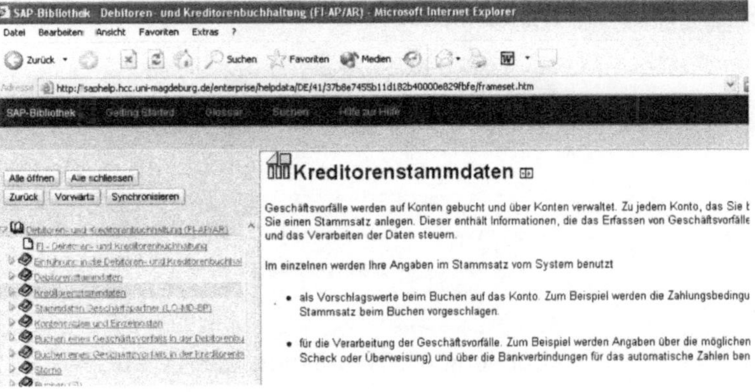

Abbildung 33: Beispiel-Dokumentation (©SAP AG)

SAP-Bibliothek

Die vollständige Systemdokumentation wird auf CD-ROM ausgeliefert. Da die Systemdokumentation sehr umfangreich geworden ist, wird man sie in der Regel auf einem Server für alle Benutzer des SAP-Systems installieren. Dem einzelnen Benutzer wird die

Hilfe über einen Web-Browser, also außerhalb der SAP-GUI, angezeigt (vgl. Abbildung 33). Im SAP-System erreicht man die Online-Dokumentation über das Menü **Hilfe ⇒ SAP-Bibliothek.**

Wichtige SAP-Begriffe werden im Glossar kurz erläutert, das über das Menü (Hilfe⇒Glossar) zu erreichen ist. Eine themenbezogene Dokumentation für das jeweils aktive Menü bzw. die aktive Transaktion erhält man ebenfalls über das Menü: **Hilfe ⇒ Erweiterte Hilfe.**

SAP Help Portal Die Systemdokumentationen sämtlicher SAP-Systeme sind auch im Internet über die URL: http://help.sap.com erreichbar.

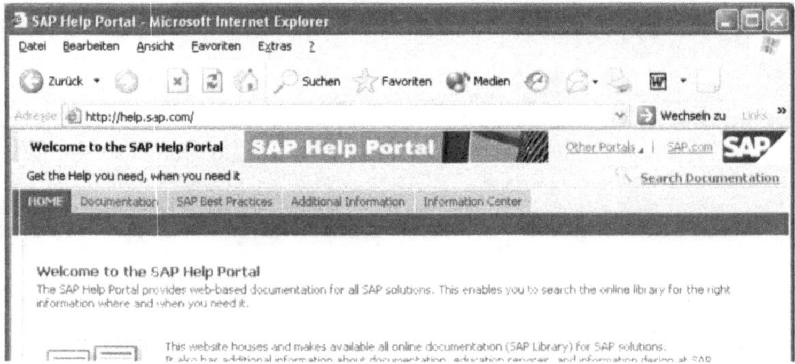

Abbildung 34: SAP Help Portal (©SAP AG)

3.3.5 Transaktionscodes

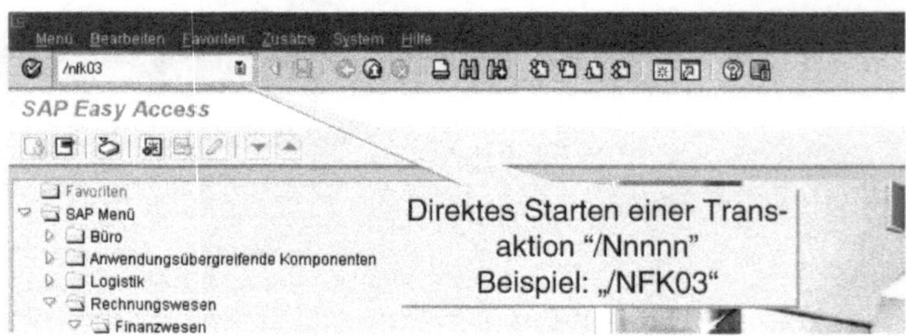

Abbildung 35: Transaktionsstart (©SAP AG)

Transaktionscode Der normale Weg, ein SAP-Programm zu starten, ist die Auswahl über das SAP-Menü. Zusätzlich bietet das System die Möglichkeit, eine Transaktion durch Aufruf Ihres Namens (Transaktionscode) direkt zu starten. Die Befehlssyntax hierzu lautet **„/Nnnnn"** im Kommandofeld. Der String „nnnn" bezeichnet hierbei den Transaktionscode. Ein neuer Modus und eine Transaktion wird mit

„/Onnnn" gestartet. In Abbildung 35 wird exemplarisch gezeigt, wie eine Transaktion im Befehlsfenster gestartet wird. In der SAP R/3 Enterprise-Version existieren insgesamt 72205 verschiedene Transaktionen.

Sie können jederzeit über den folgenden Befehl Informationen über den jeweils benutzten Transaktionscode erhalten, alternativ können Sie den Transaktionscode dem SAP-Menü entnehmen: **System ⇒ Status.**

3.3.6   Matchcodes

Matchcodes erleichtern die Suche nach nicht bekannten Schlüsselbegriffen von Stamm- und Bewegungssätzen. Die Suche nach einem Matchcode zeigt dem Benutzer die zugehörigen Primärschlüssel an, die zum jeweiligen Matchcode gefunden wurden. Matchcodes stehen zur Verfügung wie Kontonummern, Kundennummern etc. Individuelle Matchcodes können vom Anwender im Rahmen des Customizing frei definiert werden.

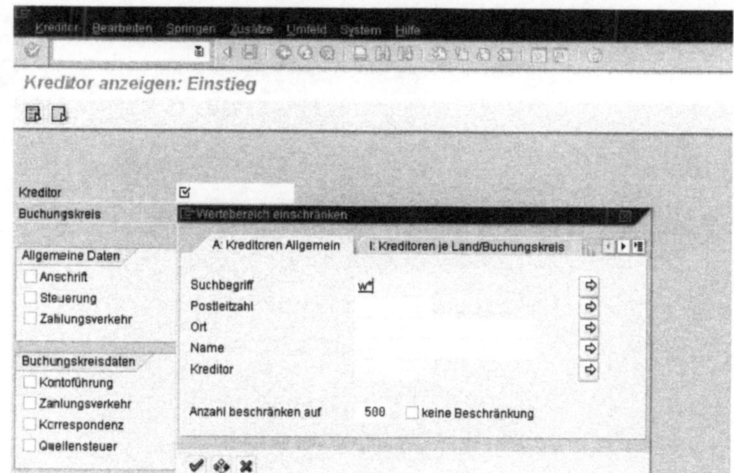

Abbildung 36: Matchcode (©SAP AG)

3.3.7   Individualisierung der Menüs

Das SAP-System bietet ab Release 4.6 eine Reihe von komfortabler Möglichkeiten, die Menüstrukturen an die Anforderungen der Arbeitsplätze anzupassen. Zum einen lassen sich benutzerindividuell so genannte Favoriten anlegen. Dies können SAP-

Transaktionen oder auch Links auf Internet- bzw. Intranet-Seiten
sein.

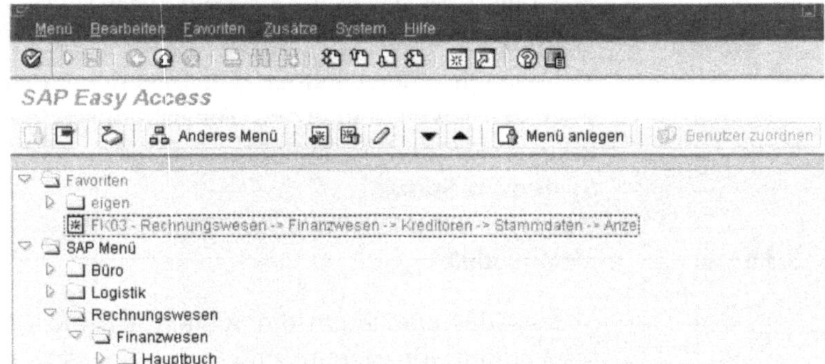

Abbildung 37: Favoriten (©SAP AG)

Weiterhin können mit Hilfe von Aktivitätsgruppen an den Anforderungen der Benutzer orientierte Rollen festgelegt werden, so
dass nur die für den Benutzer notwendigen Transaktionen im
SAP-Menü dargestellt werden.

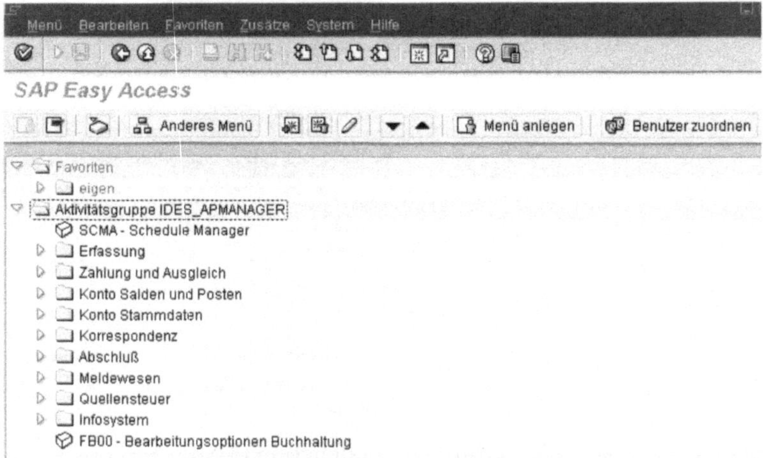

Abbildung 38: Beispiel Rolle Kreditorenbuchhalter (©SAP AG)

Hierdurch lässt sich ein besserer Überblick über das System gewinnen, da das sehr umfangreiche SAP-Menü auf die jeweils für
die Arbeit notwendigen Einträge reduziert wird.

3.4   Kontrollfragen

- Wie lässt sich das Kennwort ändern?

- Wie gelangen Sie aus dem laufenden System heraus an die SAP-Dokumentation?

- Welche Funktionstaste erlaubt das Sichern erfasster Daten oder von Änderungen?

- Was ist unter einem Modus zu verstehen?

- Erläutern Sie die Verwendung von Transaktionscodes.

- Auf welchen Wegen lassen sich Transaktionen starten?

- In welcher Form lässt sich das SAP-Menü den Benutzerwünschen entsprechend individualisieren?

- Erläutern Sie die Verwendung von Matchcodes.

4 Anwendung von SAP R/3-Enterprise in der Finanzbuchhaltung

4.1 Organisation der Finanzbuchhaltung

4.1.1 Organisationselemente

Im Rahmen der Softwareeinführung erfolgt die Anpassung an unternehmensspezifische Belange. Zur Abbildung betriebswirtschaftlich-organisatorischer Aspekte dienen u. a. die Organisationselemente Buchungskreis, Gesellschaft, Geschäftsbereich, Kostenrechnungskreis und Ergebnisbereich. Die Abbildung technischer und organisatorischer Gesichtspunkte erfolgen über die Elemente *System* und *Mandant*.

System und Mandant

Auf einem SAP-System können mehrere Mandanten eingerichtet werden. Mandanten dienen u. a. der Strukturierung der Entwicklungsumgebung (vgl. Abbildung 9). Je nach Verantwortlichkeit (Entwicklung, Fachabteilung) werden unterschiedliche Zugriffsrechte erteilt.

Buchungskreis

Der **Buchungskreis** ist die kleinste organisatorische Einheit, für die eine Bilanz aufgestellt werden kann. Eine Buchungskreisgrenze bildet ein Kunden-Lieferantenverhältnis ab. Buchungskreise werden für rechtlich selbständige Tochterunternehmen, Auslandsniederlassungen u.ä. eingerichtet.

Gesellschaft

Eine **Gesellschaft** ist eine organisatorische Einheit, für die optional eine Bilanz aufgestellt werden kann. Sie kann einen oder mehrere Buchungskreise umfassen, z. B. zur Konsolidierung von mehreren Tochterunternehmen mit dem gleichen Kontenplan.

Geschäftsbereich

Ein **Geschäftsbereich** kann dazu eingesetzt werden, interne Bilanzen und Gewinn- und Verlustrechnungen für Unternehmensbereiche zu erstellen. Ein Buchungskreis kann in mehrere **Geschäftsbereiche** unterteilt werden. Geschäftsbereiche können sich über mehrere Buchungskreise hinweg erstrecken. Beispielweise können strategische Geschäftseinheiten eines Unternehmens hiermit abgebildet werden.

Kostenrech-
nungskreis

Der **Kostenrechnungskreis** ist eine Organisationseinheit, in der eine in sich abgeschlossene Kostenrechnung durchgeführt wird (z. B. einheitliche Kostenarten, Kostenstellenstrukturen). Ein **Kostenrechnungskreis** kann mehreren Buchungskreisen zugeordnet sein. Beispielsweise können dies Tochterunternehmen sein, für die eine gemeinsame Kostenrechnung vorgesehen ist (vgl. Abbildung 39).

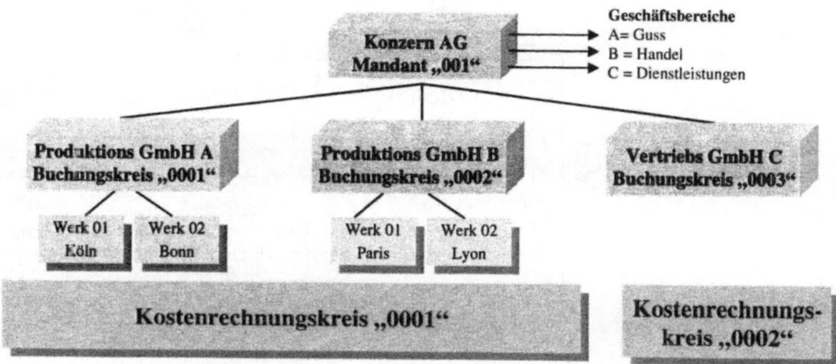

Abbildung 39: Beispiel für eine Organisationsstruktur

Aus Vereinfachungsgründen wird im Beispiel auf die Darstellung des Kontenplans verzichtet. Oberste Strukturebene ist der Gesamtkonzern, der drei rechtlich selbständig bilanzierende Einheiten hat. Die Geschäftsbereiche in Form von Sparten sind für den Gesamtkonzern hier einheitlich gewählt. Da das Produktions-Controlling einheitlich ist, wurde für zwei Unternehmen ein gemeinsamer Kostenrechnungskreis gewählt.

4.1.2   Haupt- und Nebenbuchhaltung

Hauptbuch

Das Hauptbuch dient der Erfüllung gesetzlicher Anforderungen (IAS = International Accounting Standards, US-GAAP = US Generally Accepted Accounting Priniciples, GoB = Grundsätze ordnungsgemäßer Buchführung usw.), d. h. der Erstellung der Bilanz und Gewinn- und Verlustrechnung. Das Hauptbuch enthält die Bilanz- und GuV-Konten. Es wird in der Landeswährung fortgeschrieben und nimmt die Verkehrszahlen, d. h. die nach Soll und Haben sowie Buchungsperioden und anderen Kriterien differenzierten Salden der Sachkonten auf.

Nebenbücher

Die Nebenbücher dienen der Integration der wertführenden Module innerhalb und außerhalb des Rechnungswesens (Kreditoren-, Debitoren-, Anlagenbuchhaltung sowie Personalwesen und Logistik). Sie enthalten detaillierte Informationen (z. B. Materialbewegungen der Logistik). Kontenbewegungen schlagen sich unmittelbar in den ihnen zugeordneten Bilanzkonten des Hauptbuches nieder (Mitbuchkontentechnik).

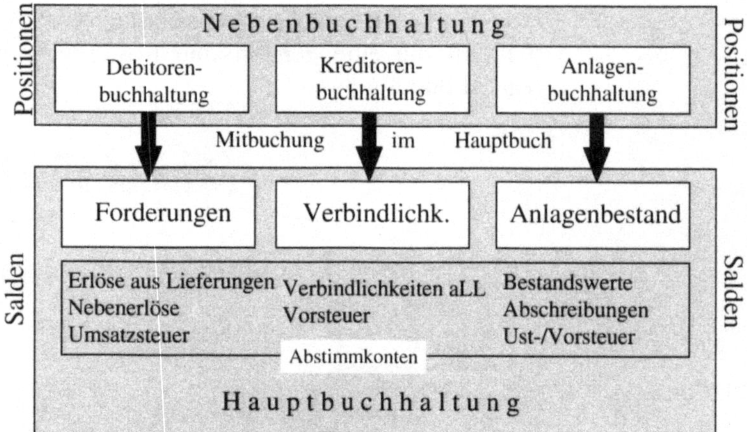

Abbildung 40: Prinzip der Haupt- und Nebenbuchhaltung

Abstimm konto

Die Zuordnung der Nebenbücher zum Hauptbuch erfolgt über Abstimmkonten. Ein Abstimmkonto ist ein Sachkonto (d. h. im Hauptbuch angelegt), auf dem die Kontenbewegungen der Nebenbuch-Konten (z. B. Kreditoren-, Debitoren-, Anlagen- oder Materialbuchhaltung) parallel mitgeführt werden. Abstimmkonten dienen der permanenten und sicheren Abstimmung der Nebenbücher mit dem Hauptbuch. Mehrere Nebenbuchkonten verweisen in der Regel auf ein Mitbuchkonto. Durch diese Technik sind die Nebenbücher jederzeit mit den Hauptbüchern abgestimmt.

Mitbuchtechnik

Durch die Mitbuchtechnik wird ein zeitnahes Reporting und jederzeit aktuelle Auskunftsfähigkeit einschließlich der Bilanz- und GuV-Erstellung des aktuellen Buchungsstoffes ermöglicht.

4.1.3   Stammdaten

Kontenplan

Der Kontenplan ist ein im Hauptbuch geführtes Gliederungsschema zur Erfassung von Buchungen. Die Positionen eines Kontenplans können gleichzeitig Aufwands- und Ertragskonto in der Finanzbuchhaltung oder Kosten- oder Erlösart im Controlling sein. Zur Abdeckung von länderspezifischen Besonderheiten können parallele Kontenpläne verwendet werden. Mit der Standardsoftware werden Musterkontenpläne ausgeliefert, die jederzeit geändert werden können. Beispiele sind der deutsche Gemeinschaftskontenrahmen (GKR) oder Industriekontenrahmen (IKR). Es ist möglich, innerhalb eines Mandanten mehrere Kontenpläne zu verwenden, um unterschiedliche Anforderungen abzudecken, die einzelne Unternehmensbereiche an die Struktur des Kontenplans stellen. Dies ist z. B. sinnvoll, wenn unterschiedliche Branchen oder Länder zu berücksichtigen sind. Mehrere Buchungskreise können einen gemeinsamen Kontenplan verwenden.

Pflegesprache

Kontenpläne werden in einer Pflegesprache gepflegt (z. B. Deutsch als Konzernsprache in einem deutschen Konzern). Sie können in mehreren Anzeigesprachen entsprechend dem Anmeldesprachkennzeichen des Anwenders angezeigt werden. Voraussetzung hierfür ist die korrekte Pflege der sprachabhängigen Kontentexte. In größeren Unternehmen, insbesondere Konzernen, besteht die Notwendigkeit, unterschiedliche Anforderungen der Teilunternehmen in unterschiedlichen Kontenplänen zu berücksichtigen. Dies kann sich in mehreren Kontenplänen niederschlagen, die unterschiedliche Zwecke erfüllen. In jedem Fall ist ein operativer Kontenplan (z. B. nach dem IKR-Grundschema) notwendig, der die für das normale Tagesgeschäft und die Abschlussarbeiten notwendigen Konten enthält. Besteht darüber hinaus die Notwendigkeit, Konzernvorgaben zu erstellen, so kann hierfür ein zentraler Konzernkontenplan erstellt werden, der die allgemein verbindlichen Konten enthält. Dieser Konzernkontenplan ist eine Teilmenge der operativen Kontenpläne. Ferner können lokale Besonderheiten in dezentralen Kontenplänen berücksichtigt werden.

Stamm- und Bewegungs- daten

Ein wichtiger Begriff zur Unterscheidung der Stammdaten ist die Kontoart, die angibt, zu welchen Buchhaltungsteilbereichen ein Konto gehört. Kontoarten sind beispielsweise Kreditoren, Debitoren, Sachkonten und Anlagenkonten. Die Kontoart ordnet ein Konto dem Hauptbuch (Sachkonto) oder einem Nebenbuch (z. B. Kreditorenkonto) zu. Sie ist Schlüsselbestandteil in der Datenbank und wird mit der Kontonummer zur Identifizierung eines Kontos benötigt. Die Abbildung 41 zeigt ausgewählte Kontoarten und korrespondierende Belegtypen für Bewegungsdaten.

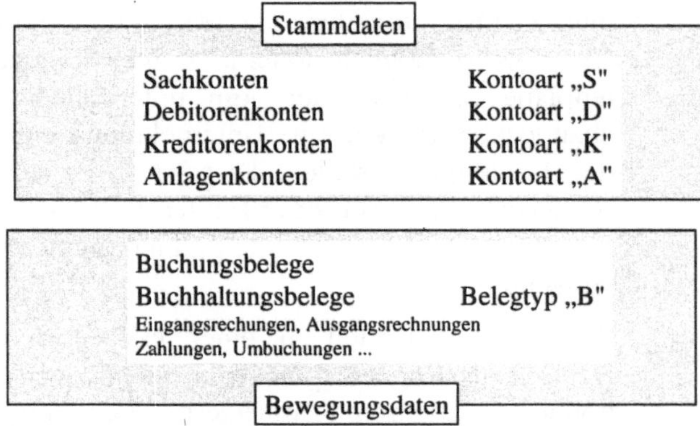

Abbildung 41: Stamm- und Bewegungsarten

Kontengruppe   Die Stammdaten der Personenkonten und der Sachkonten werden durch die Kontengruppe strukturiert, die eines der wesentlichen Datenfelder der Stammsätze darstellt. Die Kontengruppe fasst DV-technische Eigenschaften zur Verwaltung der Stammsätze zusammen. Für eine Kontoart (D = Debitoren, K = Kreditoren, S = Sachkonto) können mehrere Kontengruppen definiert werden. Sie steuern die Vergabe der Kontonummer (Kundennummer, Lieferantennummer, Sachkontonummer), die zugehörigen Belegintervalle und den Bildschirmaufbau. So kann es z. B. bei bestimmten Kundengruppen sinnvoll sein, bestimmte Felder im Personenkontenstammsatz zu erfassen, während dies bei anderen Kundengruppen nicht notwendig ist. Derartige Sachverhalte lassen sich über die Kontengruppe abbilden. Jeder Stammsatz muss zwingend einer Kontengruppe zugeordnet werden.

Die Abbildung 42 demonstriert die Verwendung der Kontengruppen. Im Beispiel erfolgt eine Einteilung der Personenkonten „Debitoren" in Kundengruppen, die durch sprechende Kontengruppen repräsentiert werden. Jeder Kundengruppe sind spezifische Nummernkreisintervalle zugeordnet, innerhalb der die Kontonummer liegen muss. Groß- und Kleinkundennummern unterscheiden sich im Nummernintervall und werden intern, d. h. von der Software vergeben, während die Nummern der Konzernkunden manuell vorgegeben werden. Ebenso unterscheidet sich die Bildschirmgestaltung. Der Erfassungsaufwand für Großkunden ist höher, so sind z. B. Felder für Ansprechpartner u. Ä. zu erfassen. Für Konzernkunden kann der Erfassungsaufwand wesentlich reduziert werden, hier genügen evtl. ein im Konzern geläufiger Kurzname und eine Abteilungsbezeichnung.

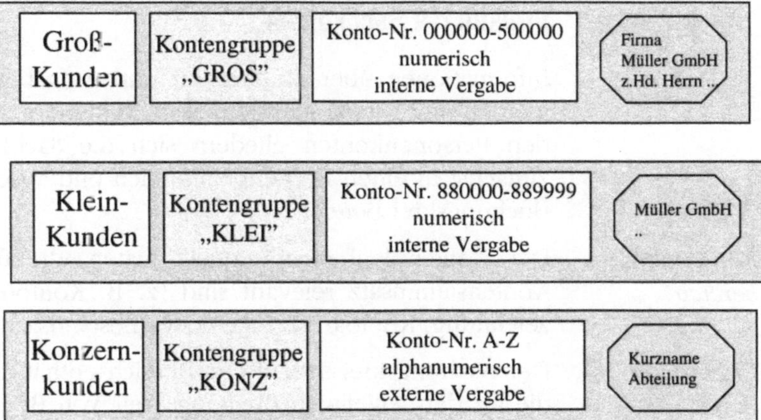

Abbildung 42: Beispiele für Kontengruppen

4.1.4   Struktur der Personenkonten

Die Struktur der Personenkonten (Lieferanten, Kunden und Banken) folgt dem Grundsatz, allgemeine und generelle Datenobjekte (z. B. Anschrift eines Kunden) auf der Ebene des Mandanten zu speichern. Unternehmensspezifische Details werden auf der Ebene Buchungskreis gespeichert.

BEISPIEL

So können z. B. Abstimmkonto, Zahlungsbedingungen, Mahndaten in jedem Buchungskreis unterschiedlich festgelegt werden.

In Abbildung 43 finden Sie eine exemplarische Darstellung dieses Prinzips mit Angabe einiger Datenobjekte, die auf Mandanten- bzw. Buchungskreisebene gespeichert werden.

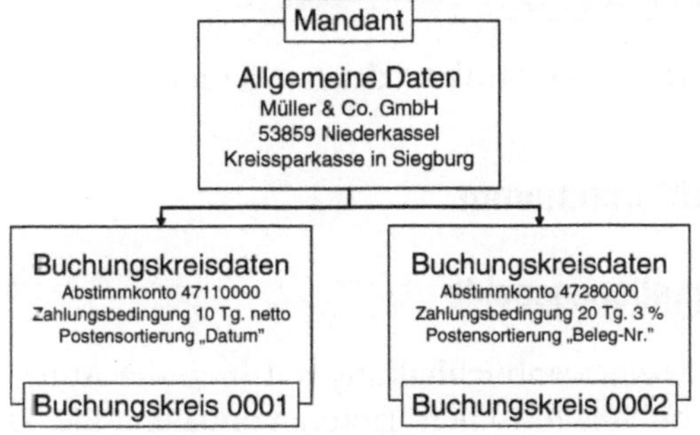

Abbildung 43: Struktur Personenkonten

4.1.5 Struktur der Sachkonten

Informationen über die Struktur und Aufgabe eines Sachkontos werden im Sachkontenstammsatz hinterlegt. Im Gegensatz zu den Personenkonten gliedern sich die Sachkontenstammdaten zunächst in einen Kontenplanbereich und anschließend in einen Buchungskreisbereich.

Kontenplan-bereich

Der Kontenplanbereich enthält Daten, die für den gesamten Kontenstammsatz relevant sind (z. B. Kontonummer, Kontobezeichnung, Kontoart (Erfolgs- oder Bestandskonto).

Buchungskreis-Bereich

Der buchungskreisspezifische Bereich enthält die Informationen, die für den jeweiligen Buchungskreis von Bedeutung sind, d. h. Daten die für die Kontenverwaltung relevant sind (z. B. Kontenwährung, Sortierung der Einzelposten, Abstimmkonto im Hauptbuch, Verwaltung offener Posten).

Je nach Anforderungen der Unternehmensorganisation lassen sich beide Bereiche getrennt oder gemeinsam im System anlegen. Für beide Fälle stehen entsprechende Transaktionen zur Verfügung. So kann es sinnvoll sein, den Kontenplanbereich zentral vorzugeben und die Buchungsbereiche dezentral durch mehrere Mitarbeiter bearbeiten zu lassen.

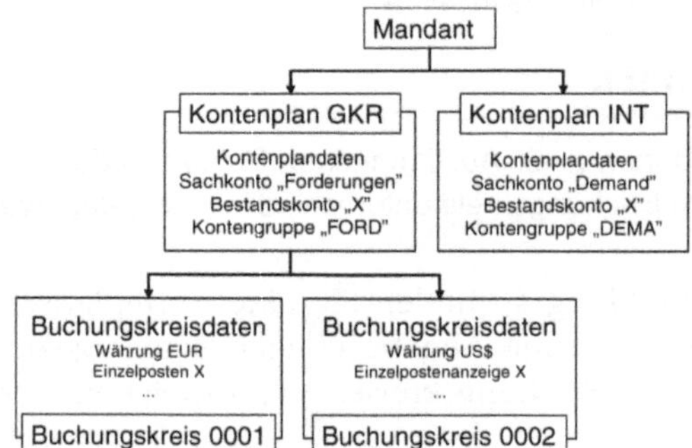

Abbildung 44: Struktur der Sachkonten

4.2 Kreditorenstamm

4.2.1 Integrationsaspekte

Die Kreditorenbuchhaltung hat u. a. die Aufgabe der Verwaltung der buchhalterischen Lieferantendaten. Sie ist integriert in die Lieferantenstammdatenverwaltung, da Einkauf und Buchhaltung teilweise gleich lautende Anforderungen an das System stellen.

So sind Daten z. B. über die offenen Bestellungen, zu leistenden Zahlungen sowohl für die Buchhaltung als auch den Einkauf und das Einkaufs-Controlling von Bedeutung. Das Zahlungsprogramm führt den Ausgleich fälliger Rechnungen durch und ist auf Daten des Kreditorenstamms (z. B. mögliche Zahlwege und Bankverbindungen) angewiesen. Der Schriftverkehr mit den Lieferanten (z. B. Kontoauszüge, Saldenbestätigungen) kann teilweise aufgrund der Stammdaten automatisiert durchgeführt werden. Die Kreditorenbuchhaltung wirkt über die Integration in drei Teilbereiche:

- Hauptbuchhaltung: Grundlage für die Bilanz und GuV,

- Einkaufsabwicklung: Grundlage für das Einkaufs-Controlling,

- Finanzdisposition: Grundlage für die Liquiditätsplanung.

Der Kreditorenstammsatz enthält Informationen, die das Unternehmen zur Wahrnehmung seiner Geschäftsbeziehungen aus Sicht des Einkaufs oder der Buchhaltung mit seinen Lieferanten benötigt. Darüber hinaus gibt es generell wichtige Informationen (z. B. die Anschrift des Lieferanten). Aus diesem Grund sind die Stammsätze in die Bereiche allgemeine Daten, Buchungskreisdaten und Einkaufsdaten gegliedert (vgl. SAP (1996c), S. 3-4).

4.2.2   Fallbeispiel: Anlegen Kreditorenstammsatz

Die Bildschirmfolgen zum Anlegen, Ändern und Anzeigen von Debitoren- und Kreditorenstammsätzen sind weitgehend identisch. Die Programme sind über das Menü **Rechnungswesen** $\Rightarrow$ **Finanzwesen** zu erreichen.

AUFGABENSTELLUNG

Legen Sie einen Kreditorenstammsatz für einen deutschen Lieferanten an. Den Namen und den Suchbegriff wählen Sie bitte selbst. Die Kontonummer soll vom System vorgeschlagen werden (interne Vergabe). Der Mandant lautet „nnn"[1] und der Buchungskreis „1000".

Der Lieferant hat seinen Sitz in Köln. Die Straße, Telefonnummer usw. wählen Sie bitte selbst. Er hat ein Bankkonto bei der Kreissparkasse in Köln (Bankschlüssel bzw. Bankleitzahl 38650000).

Als Umsatzsteuer-ID-Nr. verwenden Sie bitte DE123456789. Das Abstimmkonto im Hauptbuch lautet "160000" (Bilanzkonto für Verbind-

---

[1] nnn = Mandantennummer ist vom Systemverwalter zu erfragen

lichkeiten an Lieferanten). Die Einzelposten sollen nach dem Belegdatum sortiert werden (Sortierschlüssel 003).

Der Kreditor gehört zur Finanzdispogruppe A1 (Kreditoren Inland) und wird nach dem Mahnverfahren 0001 (4-stufig, monatlich) gemahnt. Die Zahlungen sollen in Form von Schecks (Zahlweg „S") und Überweisung (Zahlweg „U") innerhalb von 14 Tagen mit 3 % (Zahlungsbedingung 0002) erfolgen.

LÖSUNG

Um einen Kreditorenstammsatz anzulegen, melden Sie sich bitte im SAP-System an. Anschließend öffnen Sie die Baumstruktur des SAP-Menüs wie folgt und starten die Transaktion durch einen Doppelklick auf die Menüzeile:

Menüpfad

Rechnungswesen ⇒ Finanzwesen ⇒ Kreditoren ⇒ Stammdaten

Transaktion

FK01 Anlegen

Nach dem Start der Transaktion erhalten Sie das folgende Bild, in das Sie den Buchungskreis „1000" und die Kontengruppe „KRED" eintragen.

Abbildung 45: Stammdaten Einstiegsbild (©SAP AG)

Mit **ENTER** oder einem **Mausklick** auf das nebenstehende Symbol gelangen Sie in das nächste Bild. Dort tragen Sie in die Anschrift ein. In das Feld Suchbegriff können Sie eine Kurzbezeichnung eintragen, die den Lieferanten charakterisiert.

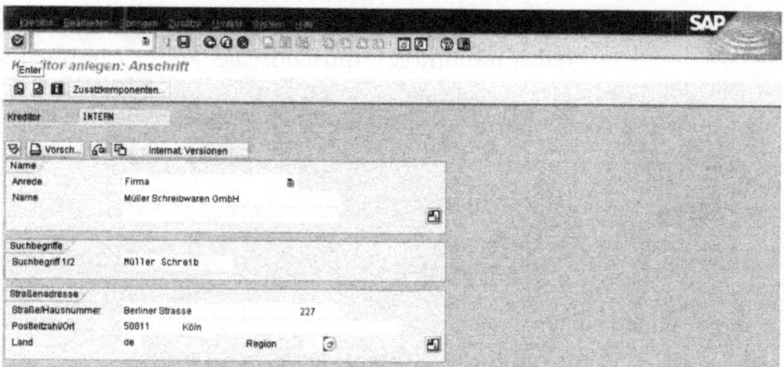

Abbildung 46: Anlegen der Anschrift (©SAP AG)

Mit *F8* oder einem *Mausklick* auf das nebenstehende Symbol gelangen Sie in das Bild zur Erfassung der Steuerungsdaten.

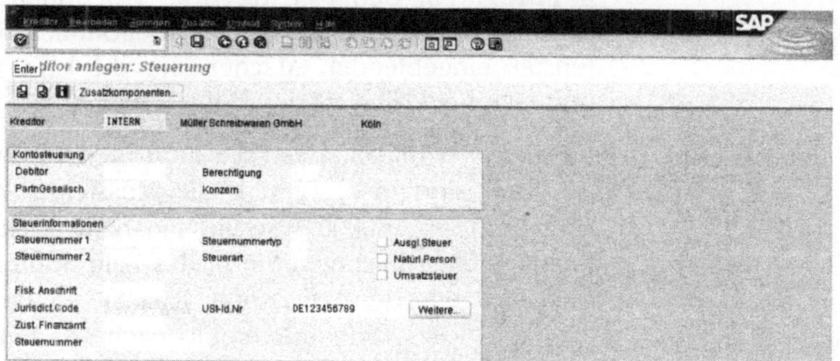

Abbildung 47: Anlegen Steuerdaten (©SAP AG)

Im Bild der Abbildung 47 brauchen Sie nur eine gültige Umsatzsteuer-Identifikationsnummer anzulegen in der Form „Sprachenschlüssel (2-stellig) +9 Ziffern", also z. B. „DE123456789". Die restlichen Felder sind nicht relevant. Das Feld Debitor ist z. B. für den Fall vorgesehen, dass einer Ihrer Geschäftspartner zugleich Kunde (Debitor) und Lieferant (Kreditor) ist. In diesem Fall können Sie hier die Nummer des zugehörigen Debitorenstammsatzes erfassen und an anderer Stelle Funktionen zum automatischen Ausgleich von Forderungen und Verbindlichkeiten nutzen, ohne dass z. B. Geldüberweisungen fließen müssen.

Mit *F8* oder einem *Mausklick* auf das nebenstehende Symbol gelangen Sie zur Erfassung der Daten für den automatisierten Zahlungsverkehr. Dort tragen Sie das Bankkonto des Lieferanten ein. Beachten Sie, dass Sie in der Spalte „L" einen Länderschlüssel („DE") für die Bank, in der Spalte „Bankschlüssel" die Bankleitzahl eintragen müssen. Das Feld Kontoinhaber ist optional.

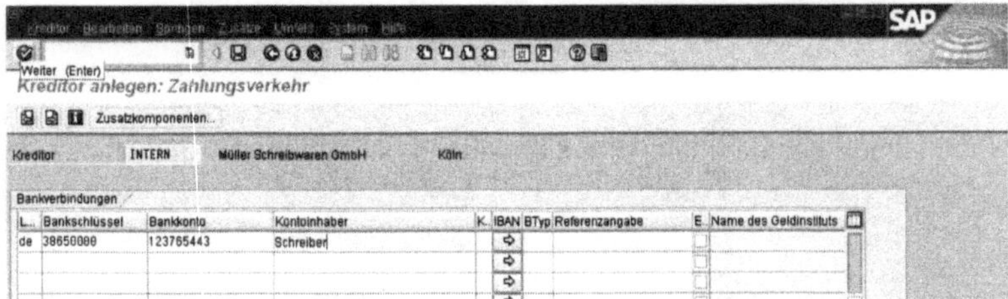

Abbildung 48: Bankdaten (©SAP AG)

Mit **F8** oder einem **Mausklick** auf das nebenstehende Symbol gelangen Sie in das Bild zur Erfassung von Daten für die Kontoführung der Buchhaltung.

Achtung: Für den Fall, dass die von Ihnen angegebene Bank nicht im System vorhanden ist, bekommen Sie ein Erfassungsfenster eingeblendet. Machen Sie die erforderlichen Angaben und legen ggf. den Bankenstammsatz an.

Bilanzkonto

Im nächsten Bild erfassen Sie die Daten zur Steuerung des Kontos. Hier sind insbesondere die Mussfelder Abstimmkonto (Bilanzkonto = "160000") sowie Finanzdispogruppe (= "A1") zu füllen. Weiterhin tragen Sie in das Feld Sortierschlüssel den Eintrag „003" ein, der dafür sorgt, dass Sie später Ihre Buchungsbelege für dieses Lieferantenkonto nach der Belegnummer sortiert dargestellt bekommen.

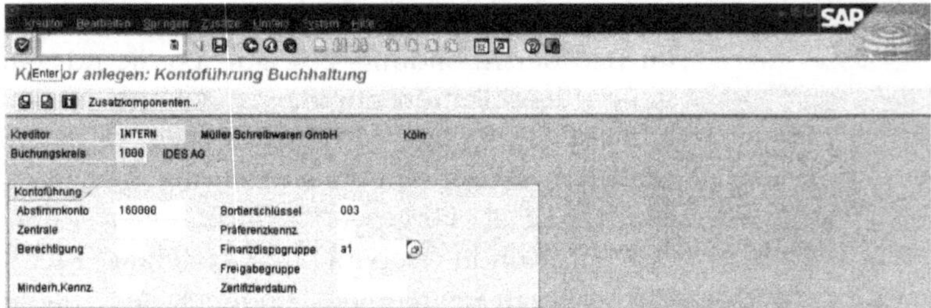

Abbildung 49: Anlegen Daten zur Kontoführung (©SAP AG)

Mit **F8** oder einem **Mausklick** auf das nebenstehende Symbol gelangen Sie in das Bild zur Erfassung von Daten für den Zahlungsverkehr. Dort erfassen Sie den Schlüssel für die Zahlungsbedingung (hier 0002) und die Zahlwege Scheck („S") und Überweisung („U"). Die gewählte Zahlungsbedingung wird z. B. bei der Rechnungserfassung vorgeschlagen.

Zahlwege

Die Zahlwege sind für das Programm zur Durchführung des automatisierten Zahlwesens erforderlich. Sie dienen der Identifikation der Zahlungsmöglichkeiten.

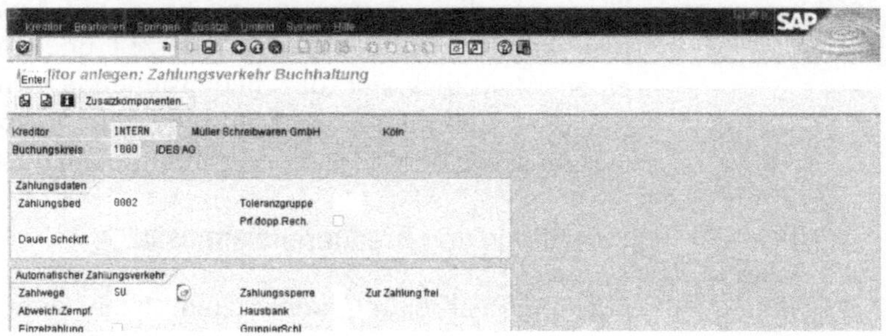

Abbildung 50: Anlegen Zahlungsverkehrsdaten (©SAP AG)

Mit **F8** oder einem **Mausklick** auf das nebenstehende Symbol gelangen Sie in das Bild zur Erfassung der Mahndaten. Dort erfassen Sie den Schlüssel für das Mahnverfahren „0002“. Dieser Eintrag bewirkt, dass bei einer monatlichen Mahnung überfällige Posten vierstufig hoch gezählt werden. Einer Mahnstufe sind unterschiedliche (ggf. individuelle) Aktionen (Mahnbrief, Berechnung von Verzugszinsen usw.) zugeordnet.

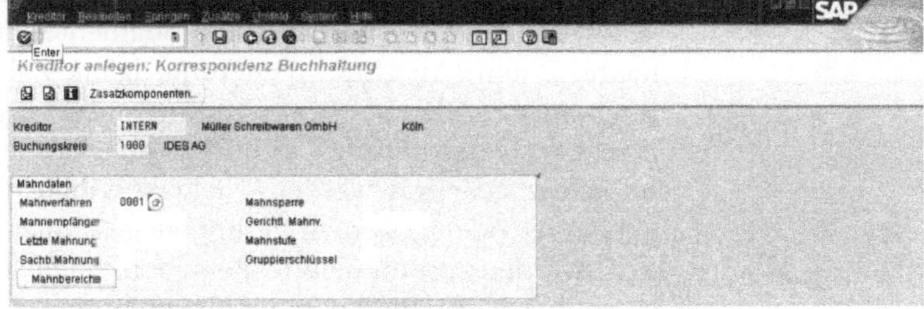

Abbildung 51: Erfassung Mahnverfahren (©SAP AG)

Mit **F8** oder einem **Mausklick** auf das nebenstehende Symbol haben Sie alle notwendigen Daten erfasst und gelangen in ein Bild, das Sie auffordert, den Beleg zu buchen oder den Vorgang abzubrechen. Beantworten Sie die Frage mit **Ja**, wird der Buchungsbeleg erzeugt. Beantworten Sie die Frage mit **Abbrechen**, gelangen Sie wieder in den Erfassungsmodus und können mit F7 und F8 in den Masken blättern und Änderungen vornehmen. Wenn Sie mit **Nein** antworten, sind ihre Daten verloren. Wenn Sie die Frage mit **Ja** beantwortet haben, wird der Stammsatz im R3-System angelegt. Notieren Sie sich ggf. die Nummer des Stammsatzes.

Bestätigung des Systems

Wenn Sie die vorangegangene Frage mit *Nein* beantwortet haben, können Sie den Beleg jederzeit über *Strg+S* oder durch einen Mausklick auf das nebenstehende Symbol buchen. Anschließend können Sie sich über **System** ⇨ **Abmelden** vom R/3-System abmelden oder weitere Funktionen ausführen.

4.2.3 Verwaltung von Kreditorenstammsätzen

Für die Bearbeitung von Stammsätzen stehen die Funktionen Anlegen, Ändern und Anzeigen zur Verfügung, die unterschiedlichen Personengruppen zugewiesen werden können.

Menüpfad

Rechnungswesen ⇒ **Finanzwesen** ⇒ **Kreditoren** ⇒ **Stammdaten**

Transaktion

FK02 Ändern

Im Einstiegsbild ist die Kreditorennummer einzugeben. Sofern auf Buchungskreisebene Daten geändert werden sollen, ist der gewünschte Buchungskreis einzugeben, ansonsten werden nur die Bilder für die Mandantenebene (Allgemeine Daten) gezeigt. Zusätzlich sind die gewünschten Segmente zu markieren: Allgemeine Daten (Anschrift, Steuerungsdaten, Zahlungsverkehr) und Buchungskreisdaten (Kontoführung, Zahlungsverkehr, Korrespondenz, Versicherung). Grundsätzlich können alle Nichtschlüssel-Felder geändert werden. Nicht benötigte Felder können ausgeblendet oder gegen Änderungen geschützt werden. Änderungen werden protokolliert. Personenkontenstammsätze werden sowohl von der Buchhaltung als auch vom Einkauf (Kreditorenstamm) als bzw. vom Vertrieb (Debitorenstamm) verwendet. Die Anzeige der Buchhaltungsdaten erfolgt über den Menüpfad:

Menüpfad

Rechnungswesen ⇒ **Finanzwesen** ⇒ **Kreditoren** ⇒ **Stammdaten**

Transaktion

FK03 Anzeigen

4.2.4 Fallbeispiel: Ändern Kreditorenstammsatz

AUFGABENSTELLUNG

Starten Sie die Transaktion „Ändern Kreditorenstammsatz" und modifizieren den zuvor angelegten Kreditorenstammsatz. Verändern Sie die

Postleitzahl der Lieferantenanschrift auf einen beliebigen gültigen Wert sowie die Zahlungsbedingung auf den Wert '0003'. Speichern Sie die Änderungen und zeigen Sie die Änderungen mit der dafür vorgesehenen Funktion an.

LÖSUNG

Menüpfad **Rechnungswesen ⇒ Finanzwesen ⇒ Kreditoren ⇒ Stammdaten**

Transaktion **FK02 Ändern**

Nach dem Start der Transaktion erhalten Sie das folgende Bild, in das Sie die Kreditorennummer und den Buchungskreis „1000" eintragen. Da nur einige Stammdaten geändert werden, aktivieren Sie im Block „Allgemeine Daten" das Feld „Anschrift" und im Block „Buchungskreisdaten" den Eintrag „Zahlungsverkehr".

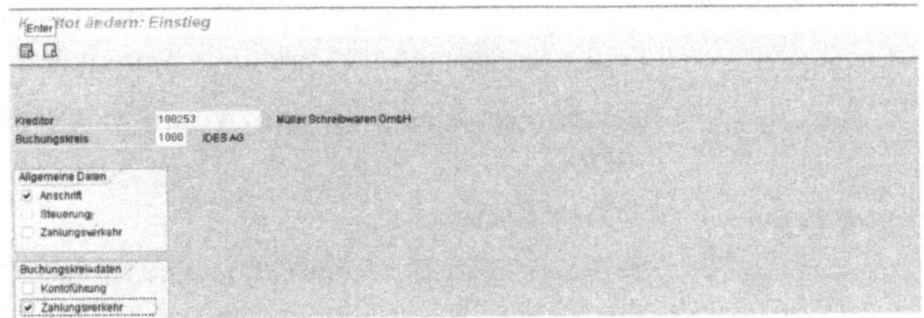

Abbildung 52: Kreditor ändern Einstiegsbild (©SAP AG)

Mit **ENTER** oder einem ***Mausklick*** auf das nebenstehende Symbol gelangen Sie dann in das nächste Bild. Dort ersetzen Sie den Inhalt des Feldes „Postleitzahl" mit einem beliebigen Wert.

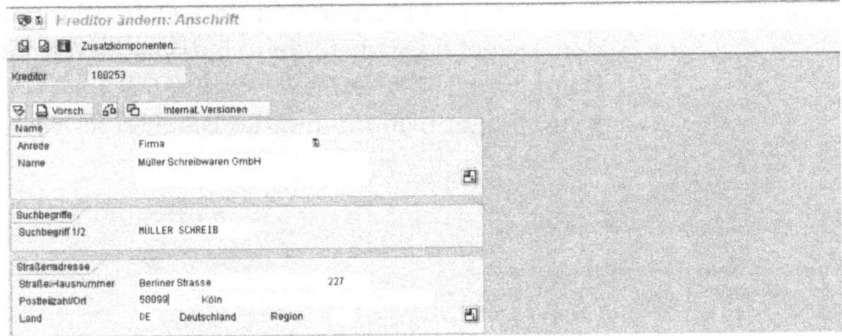

Abbildung 53: Ändern der Anschrift (©SAP AG)

Mit **F8** oder einem ***Mausklick*** auf das nebenstehende Symbol gelangen Sie in das Bild zur Änderung der Zahlungsbedingung.

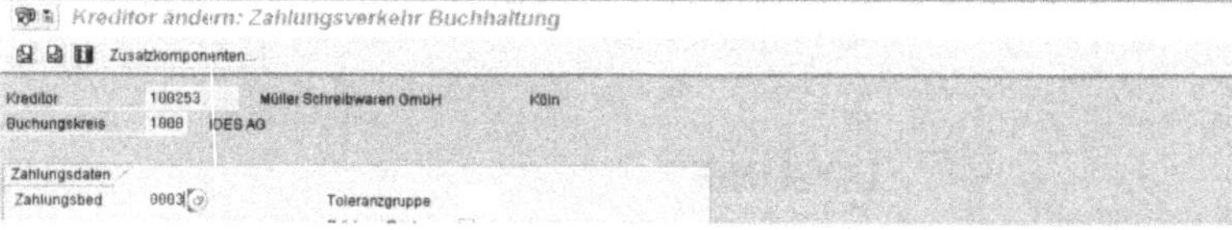

Abbildung 54: Ändern Zahlungsbedingung (©SAP AG)

Überschreiben Sie die Zahlungsbedingung mit dem Wert „0003" und Sichern Sie anschließend ihre Änderungen mit ***Strg+S*** oder durch einen ***Mausklick*** auf das nebenstehende Symbol.

Anschließend können Sie sich über **System ⇨ Abmelden** vom System abmelden oder weitere Funktionen ausführen. In diesem Fall wollen wir aber noch den Änderungsnachweis überprüfen. Hierzu gehen Sie mit **F3** oder dem nebenstehenden Symbol wieder in das Hauptmenü zurück. Wählen Sie hierzu den folgenden Menüpfad und starten die Transaktion.

Menüpfad **Rechnungswesen ⇨ Finanzwesen ⇨ Kreditoren ⇨ Stammdaten**

Transaktion **FK03 - Anzeigen**

Nach dem Start der Transaktion FK03 erhalten Sie das folgende Bild, in das Sie die Nummer des Kreditors aus Fallbeispiel 4-2 sowie den Buchungskreis „1000" eintragen. Da wir nur einige der Stammdaten gemäß den Angaben der Aufgabenstellung (Postleitzahl und Zahlungsbedingung) ändern wollen, aktivieren Sie bitte im Block „Allgemeine Daten" das Feld „Anschrift" und im Block „Buchungskreisdaten" den Eintrag „Zahlungsverkehr".

Hinweis Wenn Sie nicht sicher sind, in welchen Einträgen die zu ändernden Datenfelder zu finden sind, markieren Sie alle Einträge. Sie können mit **F7** (zurück) und **F8** (vorwärts) durch die Bildschirmbilder blättern und die Datenfelder suchen.

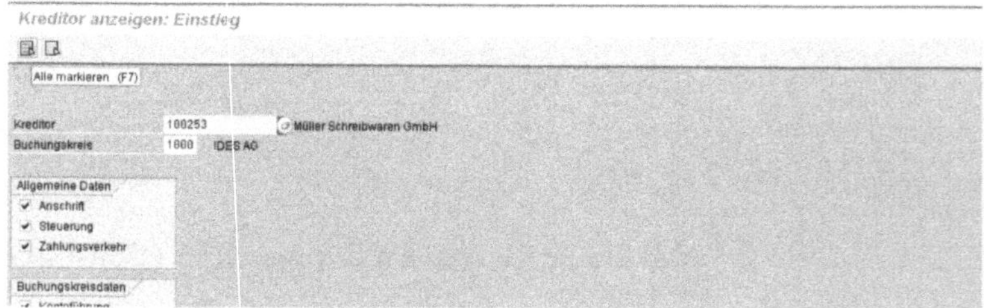

Abbildung 55: Kreditor ändern Einstiegsbild (©SAP AG)

Mit **ENTER** oder einem **Mausklick** auf das nebenstehende Symbol gelangen Sie dann in das nächste Bild.

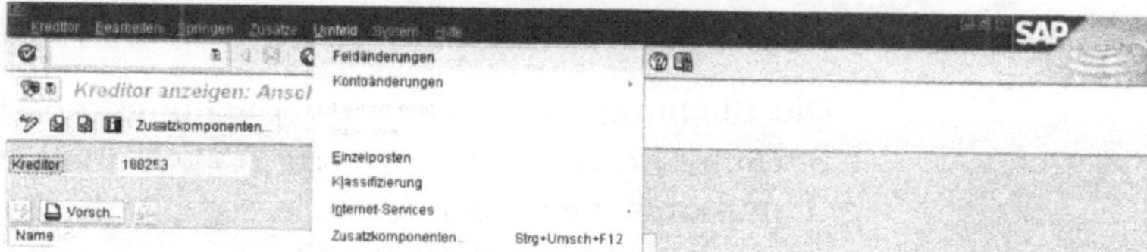

Abbildung 56: Anzeigen Feldänderungen (©SAP AG)

Dort rufen Sie über das Menü in der Kopfleiste **Umfeld** ⇨ **Feldänderungen** die Anzeige der geänderten Felder auf. Sie erhalten eine Übersicht der zu diesem Stammsatz geänderten Datenfelder.

Abbildung 57: Geänderte Datenfelder (©SAP AG)

Wenn Sie auf den Button „Alle Änderungen" klicken oder **F6** drücken, erhalten Sie das folgende Bild, aus dem Sie die Datenfeldinhalte vor und nach der Feldänderung ersehen können.

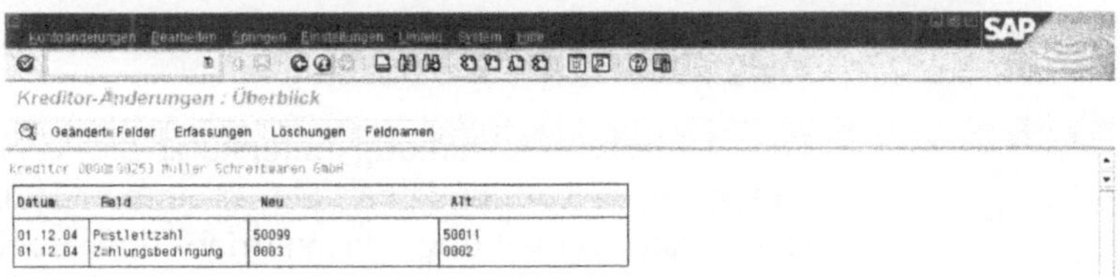

Abbildung 58: Änderungen der Feldinhalte (©SAP AG)

Sollten Sie weitere Details analysieren wollen, können Sie per Doppelklick auf eine Zeile in weitere Bilder verzweigen. Anschließend können Sie über **System** ⇨ **Abmelden** die Bearbeitung beenden oder weitere Funktionen ausführen.

4.2.5   Sperren und Löschen

Personenkonten können gegen unbeabsichtigte Buchungen gesperrt werden. Dies ist z. B. dann erforderlich, wenn der Stammsatz gelöscht werden soll.

Menüpfad   **Rechnungswesen ⇒ Finanzwesen ⇒ Kreditoren ⇒ Stamm-daten**

Transaktion   **FK05 Sperren/Entsperren**

Die Buchungssperre kann auf Buchungskreisebene oder für alle Buchungskreise gesetzt werden. Wird im Einstiegsbild der Buchungskreis nicht eingegeben, so gilt die Sperre für alle Buchungskreise. Ein Konto sollte nur gesperrt werden, wenn es keine offenen Posten mehr enthält. Andernfalls können diese bei gesperrtem Konto nicht ausgeglichen werden. Im System können Löschvormerkungen gesetzt werden. Sie dienen dem Reorganisationsprogramm als Steuerungsinformation für die physische Löschung, da vor jeder Löschung umfangreiche Abhängigkeiten zu berücksichtigen sind. So ist es z. B. vor dem Löschen von Personenkonten notwendig, die Verkehrszahlen und Belege zu reorganisieren. Ein direktes Löschen von Personenkonten ist daher nicht möglich. Die Löschvormerkung kann jederzeit zurückgenommen werden.

Menüpfad   **Rechnungswesen ⇒ Finanzwesen ⇒ Kreditoren ⇒ Stamm-daten**

Transaktion   **FK06 Löschvormerkung setzen**

4.3 Debitorenstamm

4.3.1 Integrationsaspekte

Die Debitorenbuchhaltung unterstützt die Verwaltung der buchhalterischen Kundendaten. Sie ist integriert mit der Vertriebsstammdatenverwaltung, da Vertrieb und Buchhaltung überlappende Anforderungen stellen. So sind z. B. Informationen über die Kreditwürdigkeit, das Zahlungsverhalten oder offene Forderungen für die Buchhaltung und den Vertrieb von Bedeutung.

Beispiel Kredit-limitprüfung

KREDITLIMITPRÜFUNG

Eine Kreditlimitprüfung vor Auftragserfassung kann verhindern, dass Kunden, die ihr Kreditlimit überschritten haben, Auftragsbestätigungen für Neuaufträge erhalten.

4.3.2   Fallbeispiel: Anlegen Debitorenstammsatz

Der Debitorenstammsatz enthält Informationen, die das Unternehmen zur Steuerung seiner Geschäftsbeziehungen benötigt. Diese können vertrieblicher oder buchhalterischer Herkunft sein. Darüber hinaus gibt es Informationen, die von generellem Interesse sind (z. B. die Anschrift des Kunden). Deshalb sind die Stammsätze in die Bereiche Allgemeine Daten, Buchungskreisdaten und Vertriebsdaten gegliedert. Die Bildschirmfolgen zum Anlegen, Ändern und Anzeigen von Debitoren- und Kreditorenstammsätzen sind weitgehend identisch. Aus diesem Grund wird in diesem Kapitel nur ein Fallbeispiel zum Anlegen eines Debitorenstammsatzes gezeigt, dass auf die Unterschiede (Kreditmanagement) eingeht und die Grundlage für weiterführende Fallbeispiele schafft.

AUFGABENSTELLUNG

Legen Sie einen Debitorenstammsatz für einen deutschen Kunden aus Bonn im Ihnen vom Systemadministrator zugewiesenen Mandant und Buchungskreis (hier „1000") an. Name, Suchbegriff, Straße und Postleitzahl wählen Sie selbst. Die Kontonummer geben Sie vor. Verwenden Sie einen Eintrag nach dem Muster (X999). X = beliebiger Buchstabe, 9 = beliebige Ziffer. Das Bankkonto bei der Kreissparkasse Köln (Bankschlüssel 38650000) wählen Sie bitte ebenfalls selbst. Als Umsatzsteuer-ID-Nr. verwenden Sie bitte DE123456789. Das Abstimmkonto im Hauptbuch lautet „140000" (Forderungen). Die Einzelposten sollen nach dem Belegdatum (Sortierschlüssel 003) sortiert werden. Offene Posten sollen monatlich verzinst werden (Zinskennzeichen 01 und Zinsrhythmus = 1). Mit dem Lieferanten wurde Zahlung in Form von Schecks und Überweisung und die Zahlungsbedingung „0001" sofort zahlbar ohne Abzug vereinbart. Der Debitor soll 14-tägig gemahnt werden (Mahnverfahren 0001). Das Kreditlimit beträgt 0,5 Mio im Kreditkontrollbereich 1000.

LÖSUNG

Menüpfad   **Rechnungswesen** ⇒ **Finanzwesen** ⇒ **Debitoren** ⇒ **Stammdaten**

Transaktion   **FD01 Anlegen**

Nach dem Programmstart tragen Sie den Buchungskreis (hier „1000") ein. Wählen Sie die Kontengruppe durch Selektion des Eintrages „Debitoren allgemein".

Abbildung 59: Stammdaten Einstiegsbild (©SAP AG)

Sie können zur Selektion das nebenstehende Symbol neben dem Feld Debitor mit dem Mauszeiger aktivieren. Sie gelangen in eine Auswahlliste, aus der Sie den gewünschten Eintrag durch Doppelklick aktivieren können. Anschließend tragen Sie in das Feld „Debitor" die gewünschte Debitorennummer (hier „AG002") ein.

Abbildung 60: Auswahlliste (©SAP AG)

Mit **ENTER** oder *Mausklick* auf das nebenstehende Symbol gelangen Sie in das nächste Bild. Dort tragen Sie in die Anschrift ein. In das Feld Suchbegriff können Sie eine sprechende Kurzbezeichnung eintragen, die den Kunden charakterisiert.

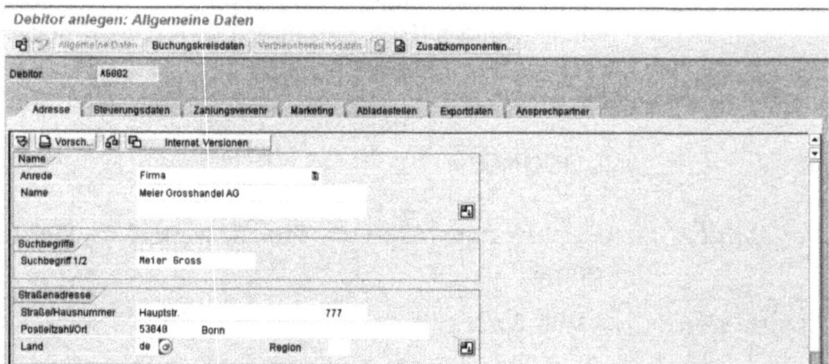

Abbildung 61: Anlegen der Anschrift (©SAP AG)

Drücken Sie anschließend auf „Steuerungsdaten". Dort tragen Sie
die Umsatzsteuer-Identifikationsnummer (z. B. „DE123456789")
ein.

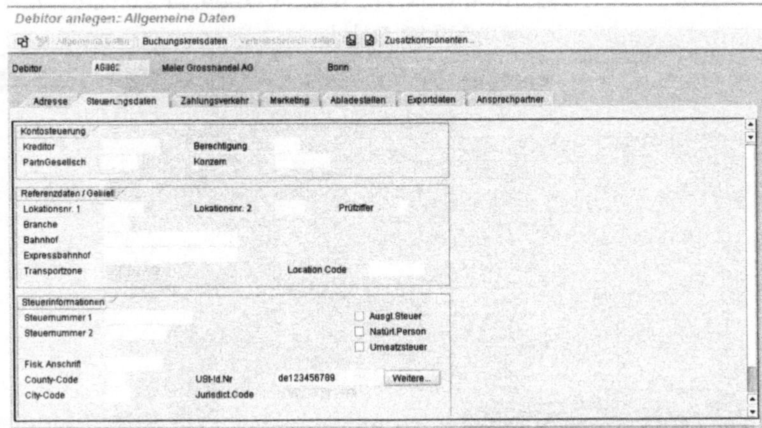

Abbildung 62: Anlegen Steuerungsdaten (©SAP AG)

Drücken Sie anschließend auf „Zahlungsverkehr". Sie gelangen
in das folgende Bild. Dort tragen Sie die Bankverbindung ein.
Beachten Sie, dass Sie in der Spalte „L" einen Länderschlüssel
(„DE") für die Bank, in der Spalte „Bankschlüssel" die Bankleitzahl eintragen müssen. Das Feld Kontoinhaber ist optional.

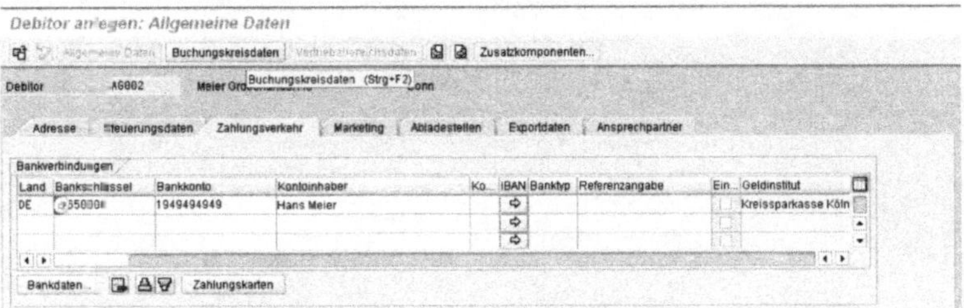

Abbildung 63: Bankdaten (©SAP AG)

Mit **F8** oder einem *Mausklick* auf das nebenstehende Symbol
öffnen Sie weitere bisher noch nicht eingeblendete Registerkarten. Für den Fall, dass Ihr Bankschlüssel dem System nicht bekannt ist, müssen Sie einen Bankenstammsatz in einem vorbereiteten Fenster erfassen.

Bilanzkonto   Im nächsten Bild erfassen Sie die Daten zur Steuerung des Kontos. Hier sind insbesondere die Mussfelder Abstimmkonto (Bilanzkonto = „140000"). Weiterhin tragen Sie in das Feld Sortier-

schlüssel den Eintrag „003" ein, der dafür sorgt, dass Sie später Ihre Buchungsbelege für dieses Konto nach der Belegnummer sortiert angezeigt bekommen. Schließlich erfassen Sie die Einträge für die Verzinsung überfälliger Posten (Zinskennzeichen = 01, Zinsrhythmus = 01).

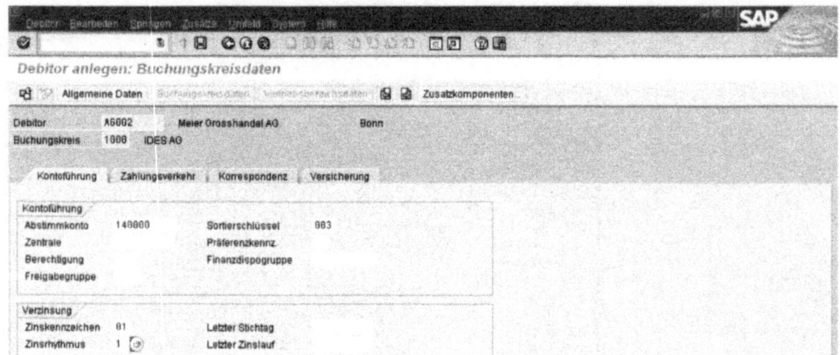

Abbildung 64: Anlegen Daten zur Kontoführung (©SAP AG)

Durch Aktivieren des entsprechenden Reiters gelangen Sie in das Bild zur Erfassung von Daten für den Zahlungsverkehr. Dort erfassen Sie die Zahlungsbedingung (hier „0001") und die Zahlwege Scheck („S") und Überweisung („U"). Die Zahlwege sind für den automatisierten Zahlungsverkehr erforderlich.

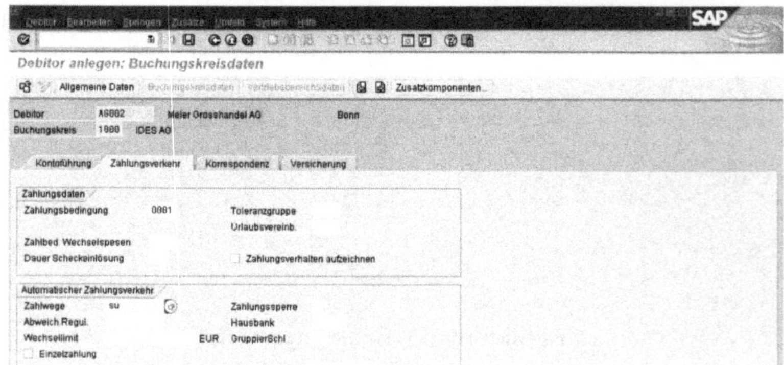

Abbildung 65: Anlegen Zahlungsverkehrsdaten (©SAP AG)

Mit **F8** oder einem **Mausklick** auf das nebenstehende Symbol oder durch die Aktivierung des entsprechenden Reiters gelangen Sie in das Bild zur Erfassung der Mahndaten.

Dort erfassen Sie den Schlüssel für das Mahnverfahren „0001".

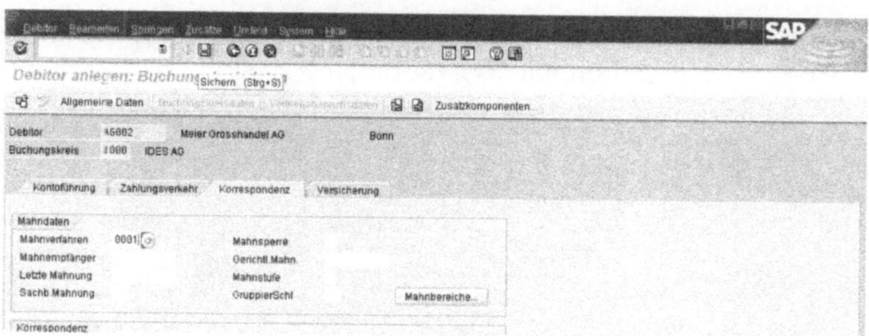

Abbildung 66: Erfassung Mahnverfahren (©SAP AG)

Mit **F8** oder einem **Mausklick** auf das nebenstehende Symbol haben Sie alle notwendigen Daten erfasst und gelangen in ein Bild, das Sie auffordert, den Beleg zu buchen oder ggf. den Vorgang abzubrechen. Anschließend verzweigen Sie bitte mit F3 in das SAP-Menü. Wählen Sie dort das folgende Menü, um in das Kreditmanagement zu gelangen, um das Kreditlimit für diesen Kunden festzulegen.

Menüpfad

Rechnungswesen ⇒ **Finanzwesen** ⇒ **Debitoren** ⇒ **Kreditmanagement** ⇒ **Stammdaten**

Transaktion

FD32 Ändern

Nach dem Programmaufruf erhalten Sie das folgende Bild, in das Sie den Buchungskreis „1000" eintragen. Tragen Sie dort die Nummer Ihres Debitors (hier „AG002"), den Kreditkontrollbereich „1000" ein und aktivieren das Feld „Status" im Block Kreditkontrollbereichsdaten.

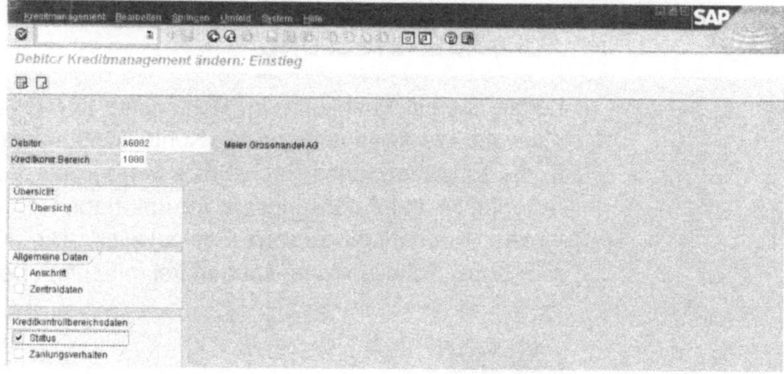

Abbildung 67: Kreditmanagement Startbild (©SAP AG)

Mit **ENTER** oder einem **Mausklick** auf das nebenstehende Symbol gelangen Sie in das nächste Bild. Dort tragen Sie das

Kreditlimit gemäß Aufgabenstellung ein und sichern die Eingaben mit **Strg+S**.

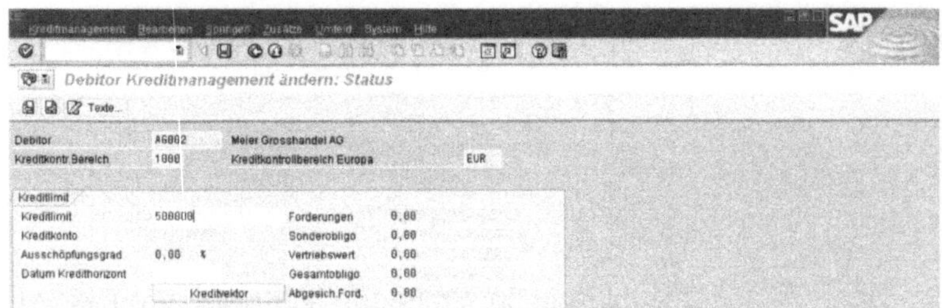

Abbildung 68: Kreditlimit erfassen (©SAP AG)

Anschließend können Sie sich über **System** ⇨ **Abmelden** abmelden oder weitere Funktionen ausführen.

4.4   Sachkonten

4.4.1   Überblick

Bilanzrelevante Geschäftsvorfälle werden auf Sachkonten abgebildet. Hierzu stehen u. a. die Funktionen Anlegen, Ändern, Anzeigen und Sperren von Sachkontenstammsätzen zur Verfügung. Da die Funktionen denen der Personenkonten ähneln, wird auf die Wiederholung der Erläuterungen verzichtet und die notwendige Grundfunktionalität in einem Fallbeispiel dargestellt.

4.4.2   Fallbeispiel: Anlegen Sachkonto

AUFGABENSTELLUNG

Legen Sie ein Sachkonto im Kontenplan INT (internationaler Kontenplan) an. Als Vorlage dient das Konto 475000 Kraftfahrzeugkosten, d. h. die Einträge dieses Sachkontos werden als Vorschlagswert in die Datenfelder der Erfassungsmaske übertragen. Der Name des Kontos lautet: „Kraftfahrzeugkosten Testbeispiel". Die Kontonummer lautet 475nnn. Die Stellen "nnn" können frei mit Ziffern belegt werden.

LÖSUNG

Menüpfad   **Rechnungswesen** ⇒ **Finanzwesen** ⇒ **Hauptbuch** ⇒ **Stammdaten** ⇒ **Einzelbearbeitung**

FS00 Zentral

Nach dem Start erhalten Sie das folgende Bild, in das Sie den Buchungskreis „1000" und die Kontonummer entsprechend den Vorgaben aus der Aufgabenstellung (hier „475234") eintragen. Aktivieren Sie anschließend *„Anlegen mit Vorlage"*.

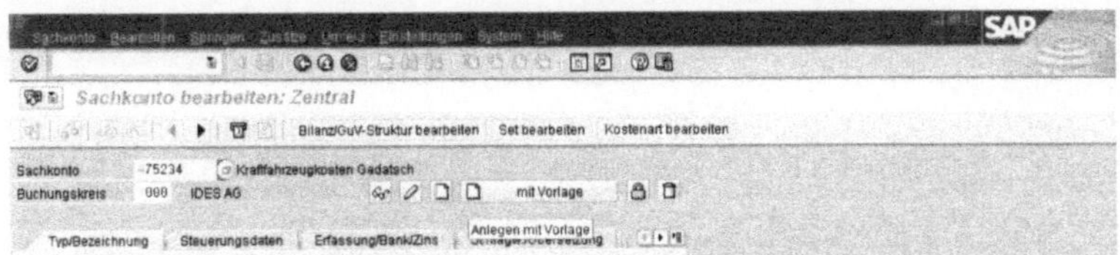

Abbildung 69: Sachkonto anlegen Einstiegsbild (©SAP AG)

In das anschließend aufgeblendete Fenster tragen Sie nun die Vorlage-Kontonummer „475000" ein und bestätigen mit *ENTER*.

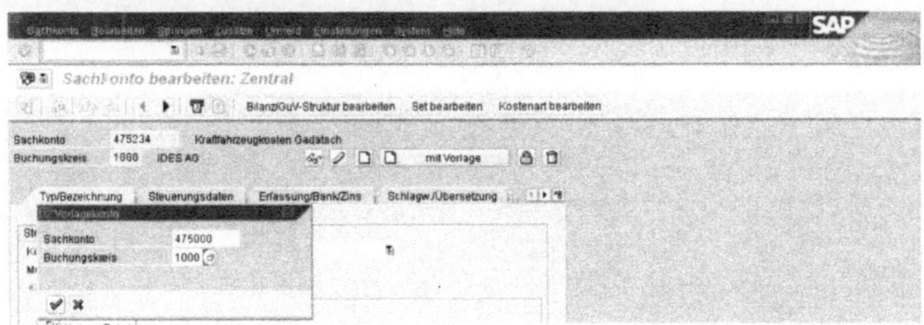

Abbildung 70: Vorlagekonto eintragen (©SAP AG)

Im folgenden Bild tragen Sie in das Datenfeld „Kontogruppe" den Wert „Sachkonto Allgemein" ein oder selektieren ihn über die Auswahlliste. Sie prüfen anschließend die dargestellten Datenfelder und ändern ggf. die Werte ab.

Den Inhalt des Feldes Konzernkontonummer ändern Sie z. B. in 312600 Sonstige Aufwendungen. Anschließend gehen Sie in das Registerblatt „Steuerungsdaten". Dort löschen Sie den Eintrag für „Alternative Kontonummer".

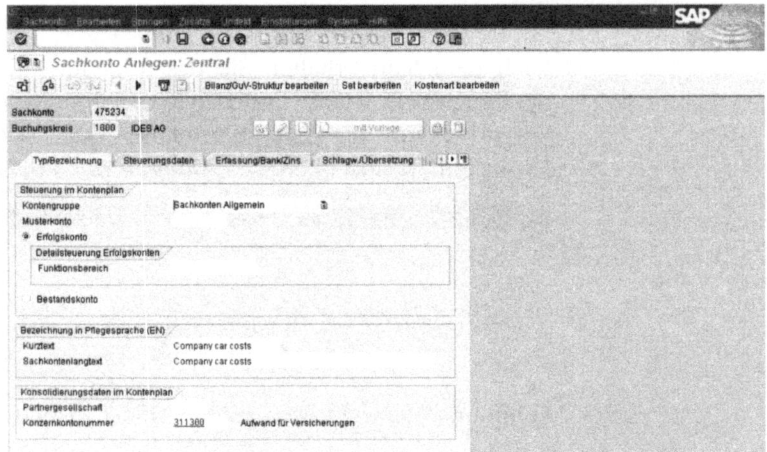

Abbildung 71: Kontotyp und -bezeichnung (©SAP AG)

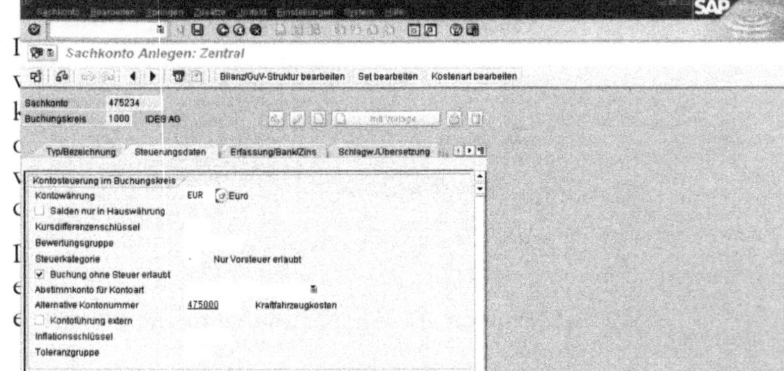

Steuerkategorie

alternative Kontonummer

Abbildung 72: Steuerungsdaten (©SAP AG)

Sie wechseln anschließend nach *„Schlagw./Übersetzung"* und tragen dort die gewünschten Kontobezeichnungen ein.

Abbildung 73: Kontobezeichnungen (©SAP AG)

Nach Erfassung der Kontobezeichnungen können Sie die erfassten Daten speichern (*Strg+S*).

4.5   Grundlegende Geschäftsprozesse

4.5.1   Überblick über die Abbildung von Geschäftsprozessen

Geschäftsvorfälle (z. B. Rechnung, Lieferung, Fakturierung oder Reklamation) werden im SAP-System als Buchungsbelege abgelegt. Buchungen, die sich im Hauptbuch der Finanzbuchhaltung niederschlagen, können mehreren Quellen entstammen. Operative Geschäftsprozesse der Logistik oder der Personalwirtschaft führen automatisch zu Buchungen in der Finanzbuchhaltung. Daneben gibt es Buchungen in den Nebenbüchern (Personenkonten), die sich über die Mitbuchtechnik im Neben- und Hauptbuch niederschlagen.

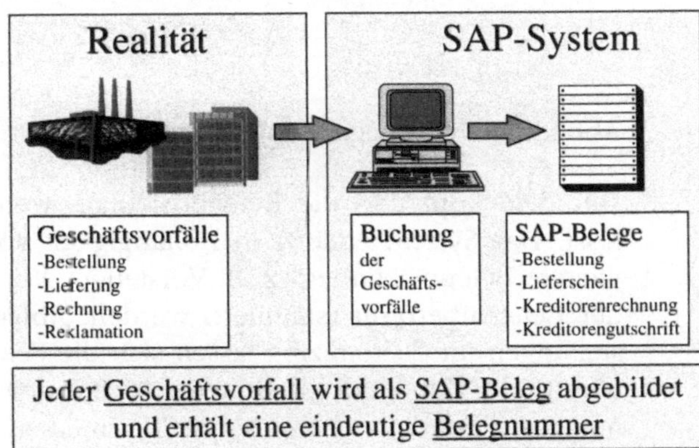

Abbildung 74: Abbildung von Geschäftsvorfällen mit SAP-R/3

Haupt-
buchkonten

Schließlich gibt es originäre Hauptbuch-Buchungen, die im Hauptbuch anfallen. Alle Belege können auch über Transaktionen der Finanzbuchhaltung erfasst werden. So kann auch bei Aktivierung der Materialwirtschaft eine manuelle Kreditorenrechnung eine Buchhaltungs-Transaktion gebucht werden.

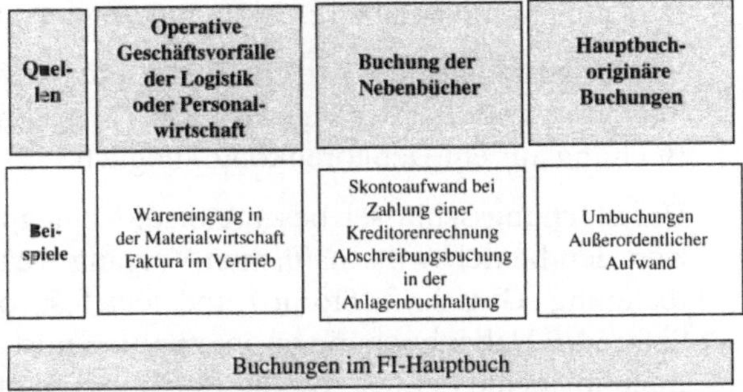

Quellen	Operative Geschäftsvorfälle der Logistik oder Personalwirtschaft	Buchung der Nebenbücher	Hauptbuch-originäre Buchungen
Beispiele	Wareneingang in der Materialwirtschaft Faktura im Vertrieb	Skontoaufwand bei Zahlung einer Kreditorenrechnung Abschreibungsbuchung in der Anlagenbuchhaltung	Umbuchungen Außerordentlicher Aufwand

Buchungen im FI-Hauptbuch

Abbildung 75: Quellen für Buchungen

Ein Beleg hat mindestens zwei Positionen

Ein Buchungsbeleg besteht aus einem Belegkopf- und mehreren Belegpositionen (mind. zwei, max. 999). Ein Buchungsbeleg muss immer einen Nullsaldo aufweisen.

Belegstruktur   **Inhalte (Beispiele)**

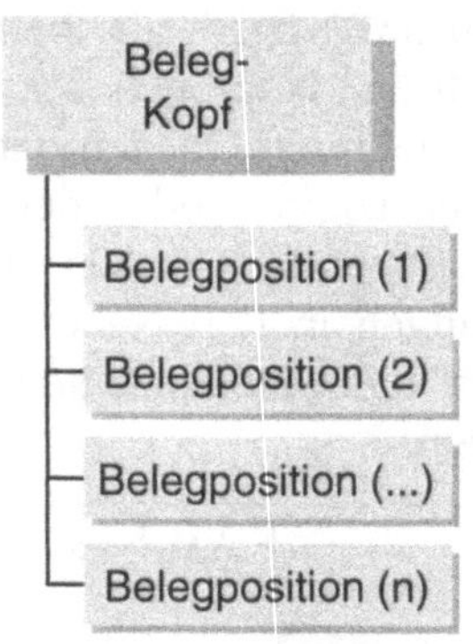

Belegnummer, Belegart, Buchungs-Datum, Buchungsperiode, Text

Buchungsschlüssel,
Kontierung (Lieferant, Konto)
Betrag (brutto, netto)
Positions-Text

Abbildung 76: Belegaufbau

Simulation

Der Belegkopf und die Belegpositionen werden im System erfasst. Das System ergänzt in Abhängigkeit vom Geschäftsvorfall weitere Belegpositionen (z. B. Vorsteuer). Vor dem Buchen kann der Beleg überprüft (simuliert) werden. Abhängig von den Einstellungen im Customizing lassen sich die Felder des Beleges als Muss- oder Kannfelder definieren. Nicht notwendige Felder können ausgeblendet werden. Mussfelder müssen gefüllt werden.

Belegnummer

Wichtige Felder eines Beleges sind die Belegnummer, welche den Beleg eindeutig identifiziert. Sie stellt die Verbindung vom SAP-Beleg zum Originalbeleg (z. B. Rechnung) her.

Belegdatum

Das Belegdatum dient der Ableitung der Buchungsperiode, in die das System die Verkehrszahlen der Buchungen fortschreibt. Die Belegart differenziert nach betriebswirtschaftlichen Vorgängen. Sie gilt für den ganzen Buchungsbeleg und steuert z. B. die Belegnummernvergabe (z. B. Nummernintervall).

Belegart

Die Belegart legt fest, welche Kontoarten bebucht werden dürfen. So ist z. B. bei der Belegart „KR" (Kreditorenrechnung) keine Buchung auf ein Debitorenkonto möglich.

Buchungs-schlüssel

Der Buchungsschlüssel beschreibt die Belegposition. Er spezifiziert den betriebswirtschaftlichen Vorgang weiter (z. B. Eingangsrechnung, Gutschrift, Storno) und legt fest, ob die Position als Soll- oder Habenbuchung zu interpretieren ist. Weiterhin legt der Buchungsschlüssel fest, ob die Buchung umsatzwirksam ist (Ver-

kehrszahlenfortschreibung!). So ist z. B. eine Rechnung umsatzwirksam, eine Zahlung dagegen nicht.

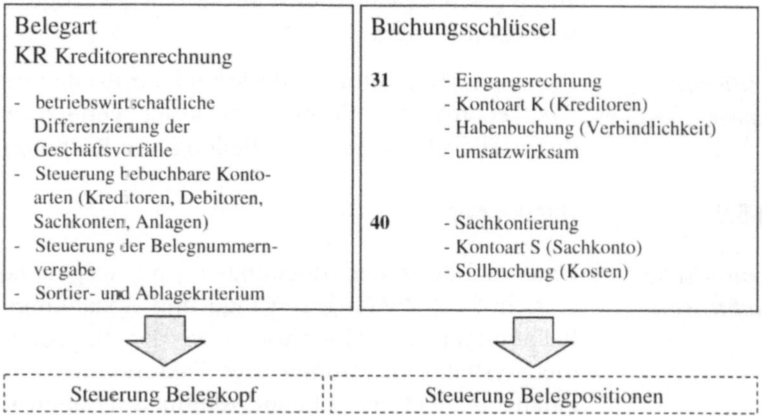

Abbildung 77: Belegart und Buchungsschlüssel

Erfassungshilfen

Zur Arbeitserleichterung stehen eine Reihe von Erfassungshilfen
zur Verfügung. Über die Funktion „Halten von Daten" können
frei wählbare Bildschirminhalte gepuffert und für Folgeeingaben
genutzt werden (z. B. Salden der Kundendaten bei der Erfassung
von mehren Zahlungen eines Kunden).

Unvollständige Belege

Unvollständige Belege können „geparkt" und später ergänzt bzw.
korrigiert werden, ohne dass die Verkehrszahlen fortgeschrieben
werden und bereits getätigte Eingaben später wiederholt werden
müssen. Das System erzeugt für zahlreiche Anwendungsfälle
automatische Buchungszeilen (z. B. Vorsteuer).

Dauerbuchungen

Für Geschäftsprozesse, die gleichartig in festen Abständen zu
buchen sind (z. B. Miet- und Pachtzahlungen), können Dauerbuchungen erzeugt werden. Das System bietet die Möglichkeit,
Dauerbuchungs-Urbelege zu erstellen, die nicht buchhalterisch
wirksam sind. Die Dauerbuchungs-Urbelege enthalten alle Informationen einschließlich der Buchungszeiträume, die notwendig sind, um zu einem späteren Zeitpunkt (z. B. zum 15. eines
jeden Monats) die effektiven Buchungsbelege zu erstellen.

Referenzbelege

Referenzbelege können als Muster für Buchungen verwendet
werden. Als Referenzbeleg kann jeder bereits gebuchte Beleg
dienen. Für Geschäftsprozesse, die unregelmäßig auftreten und
nicht immer identisch sind, stehen als besondere Form der Referenzbelege die Musterbelege zur Verfügung. Musterbelege können mit dem wieder verwendbaren Teil erstellt und (ebenfalls

nicht buchungswirksam) abgelegt werden. Zu einem späteren Zeitpunkt kann auf sie zurückgegriffen werden, hierbei können alle Vorschlagswerte des Musterbeleges abgeändert und überschrieben werden.

Kontierungs-
muster

Für regelmäßig auftretende komplexe Kontierungvorgänge kann die Technik der Kontierungsmuster genutzt werden. Anwendungsfälle sind z. B. die Aufteilung von Rechnungen.

4.5.2 Buchungen

Debitorische
Buchungen

Unter debitorischen Buchungen sind ausgehende Rechnungen, Gutschriften, Zahlungseingänge und Anzahlungen zu verstehen. Rechnungen und Gutschriften werden bei Aktivierung des Vertriebssystems im Rahmen der Fakturierung automatisch in der Finanzbuchhaltung gebucht. Alternativ können Rechnungen und Gutschriften auch in der Finanzbuchhaltung erfasst werden. Bei Einsatz eines Drittsystems für die Vertriebsabwicklung und Fakturierung erfolgt häufig eine Massendatenübernahme über spezielle Verfahren. Die Auswahlmaske für debitorische Buchungen erhalten Sie über:

Menüpfad

Rechnungswesen ⇒ Finanzwesen ⇒ Debitoren ⇒ Buchung

Transaktion

FB70 Rechnung / FB75 Gutschrift / F-64 Rechnung vorerfassen / F-67 Gutschrift vorerfassen / F-28 Zahlungseingang

F-26 Zahlungseingang schnell

Hinzu kommen weitere Menüpunkte für Anzahlungen u. a. m.

Kreditorische
Buchungen

Unter kreditorischen Buchungen sind Lieferantenrechnungen, Gutschriften, Zahlungen usw. zu verstehen. Rechnungen aus Warenlieferungen werden bei Aktivierung der Materialwirtschaft durch die Rechnungsprüfung in die Finanzbuchhaltung gebucht. Gutschriften werden bei Fälligkeit automatisch durch das Zahlprogramm mit Verbindlichkeiten verrechnet. Ist keine Verrechnung möglich wird ggf. eine Zahlungsaufforderung für den Versand an den Lieferanten erstellt. Fällige Zahlungen werden durch das Zahlprogramm ermittelt, gebucht und die erforderlichen Zahlungsträger (z. B. Scheck, Überweisung) erstellt. Gutschriften werden ggf. mit Forderungen an den Lieferanten verrechnet. Hierbei werden geleistete Anzahlungen an den Lieferanten verrechnet. Anzahlungen werden durch die Erfassung von Anzahlungsanforderungen durch das Zahlungsprogramm bei Fälligkeit erstellt sowie die erforderlichen Zahlungsträger. Eine manuelle Erfassung ist möglich. Kreditorische Buchungen finden Sie über:

Menüpfad	**Rechnungswesen ⇒ Finanzwesen ⇒ Kreditoren ⇒ Buchung**
Transaktion	**FB60 Rechnung / FB65 Gutschrift / F-63 Rechnung vorerfassen / F-66 Gutschrift vorerfassen / F-59 Zahlungsanforderung / F-26 Zahlungseingang schnell**

Hinzu kommen weitere Menüpunkte für Zahlungsausgang, Anzahlung, Wechsel u. a. m.

Sachkonten-Buchungen Neben den aus den Nebenbuchhaltungen erzeugten Buchungen fallen im Hauptbuch auch originäre Buchungen an. Zum einen sind vorbereitende Buchungen und Umbuchungen im Bilanz- und GuV-Kontenbereich (Sachkonten) für unterjährige und Jahresabschlüsse durchzuführen. Dies können Umwertungen, Korrekturen und Abgrenzungen und dergleichen sein. Die Bilanz und GuV sind als Auswertungen jederzeit abrufbar. Sachkonten-Buchungen finden Sie über den Menüpfad:

Menüpfad	**Rechnungswesen ⇒ Finanzwesen ⇒ Hauptbuch ⇒ Buchung**

4.5.3 Fallbeispiel: Erfassung Kreditorenrechnung

AUFGABENSTELLUNG

Buchen Sie folgende Lieferantenrechnung auf Ihr Kreditorenkonto unter Berücksichtigung von Vorsteuer:

Rechnungsdatum:	Tagesdatum
Zahlungsbedingung	0001 netto, sofort zahlbar
Brutto	11.600
Vorsteuer	16 % (Steuerkennzeichen „VN")
Kostenstelle	1000

Die gesamte Rechnung betrifft die Kostenart 475000 Kfz-Kosten, die auf der Kostenstelle 1000 angefallen sind. Prüfen Sie anschließend das Lieferantenkonto (Kontokorrentkonto).

LÖSUNG

Menüpfad	**Rechnungswesen ⇒ Finanzwesen ⇒ Kreditoren ⇒ Buchung**
Transaktion	**FB60 Rechnung**

In der Erfassungsmaske sind die Belegkopfdaten, anschließend die Rechnungsdaten und die Belegposition für die Gegenbuchung einzugeben. In das Feld „Kreditor" tragen Sie die Nummer Ihres Kreditors ein. Das Feld „Rechnungsdatum" wird mit dem Datum der Original-Rechnung gefüllt. Das Feld „Buchungsdatum" ist normalerweise das Tagesdatum. Es steuert die Buchungsperiode (Jan, Feb ...), in welche der Beleg gebucht wird. Ggf. kann ein anderer Wert eingetragen werden. Die „Buchungsperiode" wird aus dem Buchungsdatum abgeleitet. Beispiel: Buchungsdatum 02.12.04 $\Rightarrow$ Buchungsperiode = 12. Ggf. kann in „Sonderperioden" (z. B. Monat „13") gebucht werden, um Korrekturbuchungen für Abschlusszwecke durchzuführen. Es stehen mehrere Sonderperioden zur Verfügung. Der „Rechnungsbetrag" ist brutto, d. h. einschließlich Vorsteuer zu erfassen.

Vorsteuerbehandlung

In das Feld „Steuerbetrag" kann ggf. der Steuerbetrag (Umsatzsteuer) eingegeben werden, sofern er nicht automatisch ermittelt werden soll. Das Feld „Steuer rechnen" kann aktiviert werden, wenn Vorsteuer bzw. Umsatzsteuer aus allen Werten herausgerechnet werden soll. Ist das Feld aktiv, werden ***alle*** Beträge als Bruttowerte interpretiert. In diesem Fall wird das Feld „Steuerbetrag" ausgeblendet, d. h. es ist nicht mehr sichtbar.

Haben alle Positionen der Rechnung das gleiche Steuerkennzeichen, kann es an dieser Stelle erfasst werden. Das Kennzeichen wird in die Rechnungspositionen übertragen. Es wird im Customizing länderspezifisch für verschiedene Steuersätze hinterlegt. Haben die Positionen unterschiedliche Umsatzsteuerkennzeichen, so ist das Feld mit „**" zu füllen. In diesem Fall sind alle Einzelpositionen im unteren Teil der Bildschirmmaske mit Steuerkennzeichen zu versehen. Das Feld „Text" ist ein optionales Feld zur Erfassung eines rechnungsbezogenen Textes.

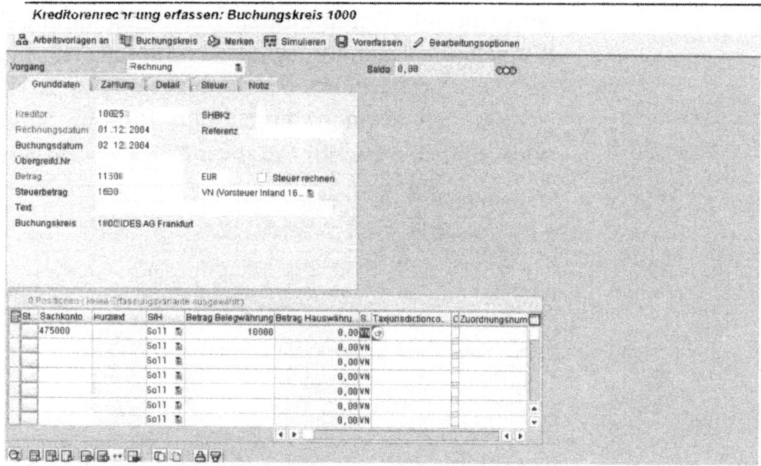

Abbildung 78: Rechnung erfassen – Startbild (©SAP AG)

Im unteren Teil des Bildes sind noch Angaben zur Gegenbuchung d. h. der Kostenkontierung zu machen.

Betrag

Der Betrag ist netto einzugeben, wenn der Rechnungsbetrag (Kopfdaten) zusammen mit einem Steuerbetrag eingegeben wurde. Der Betrag ist brutto zu erfassen, wenn das System die Umsatzsteuer und den Nettobetrag ermitteln soll. Zeilen mit dem Wert „Null" werden ignoriert wird. In das Feld Steuerkennzeichen (St) muss, wenn in den Kopfdaten des Beleges der Wert „*" eingegeben wurde, ein Eintrag erfasst werden. Tragen Sie in das Feld „Kostenstelle" den Wert „1000" ein. Das System benötigt eine kostenrechnungsrelevante Kontierung. Anschließend aktivieren Sie das Registerblatt „Zahlung". Ändern Sie nun die aus dem Stammsatz des Lieferanten vorgeschlagene Zahlungsbedingung „0003" in „0001", d. h. netto, sofort zahlbar, ab. Drücken Sie anschließend zweimal ***ENTER***, um die auftauchenden Hinweise am unteren Bildschirmrand zu bestätigen.

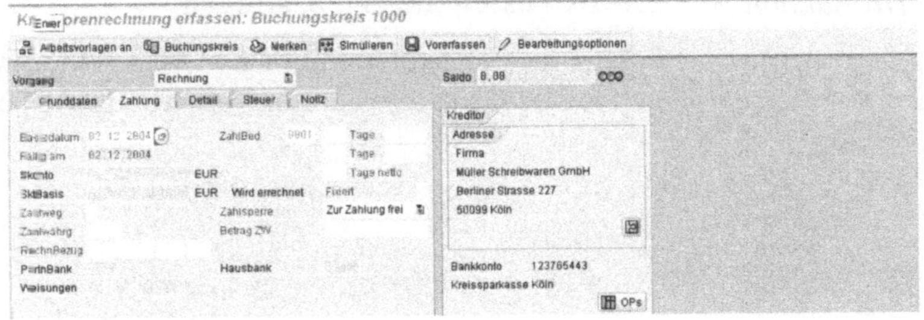

Abbildung 79: Rechnung erfassen Zahlungsdaten (©SAP AG)

Simulation

Nun sind alle Daten erfasst. Der Beleg kann gebucht werden. Sie können die Buchung vorab simulieren. Hierbei werden automatisch zu erzeugende Buchungszeilen (z. B. Vorsteuer) berücksichtigt. Sie können hierzu den Button „Simulieren" aktivieren oder über den Befehl **Beleg ⇒ Simulieren** gehen.

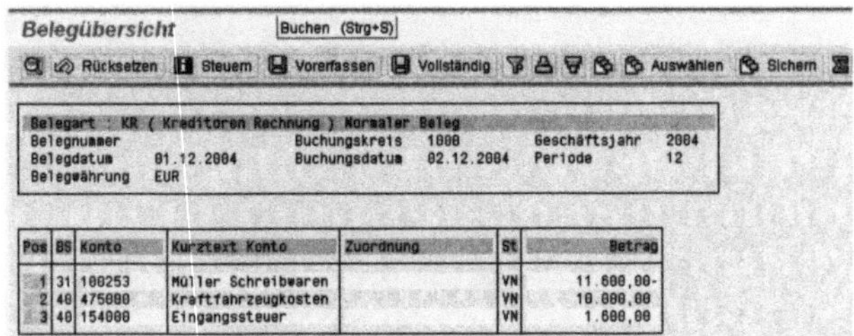

Pos	BS	Konto	Kurztext Konto	Zuordnung	St	Betrag
1	31	100253	Müller Schreibwaren		VN	11.600,00-
2	40	475000	Kraftfahrzeugkosten		VN	10.000,00
3	40	154000	Eingangssteuer		VN	1.600,00

Abbildung 80: Simulierter Buchungsbeleg (©SAP AG)

Sie sehen zwei Buchungszeilen mit Angabe der Buchungsschlüssel. Die Zeile 3 wurde vom System aus den Vorsteuerangaben erzeugt, d. h. das Konto 154000 wurde automatisch ermittelt. Da der Beleg ohne Fehlerhinweis dargestellt ist, können Sie nun den Beleg auf der Datenbank speichern, d. h. buchen.

Dies können sie durch **Strg+S** oder durch Aktivierung des links dargestellten Symbols erreichen. Sie erhalten im unteren Teil des Bildschirms die Belegnummer des Buchungsbeleges.

Quittung

Beleg 1900003541 wurde im Buchungskreis 1000 gebucht

Im nächsten Schritt erfolgt eine Überprüfung des Kreditorenkontos. Wählen Sie hierzu die Transaktion zur Darstellung der Einzelposten im Kreditorenkonto.

4.5.4   Einzelpostenliste erzeugen

Menüpfad   **Rechnungswesen ⇒ Finanzwesen ⇒ Kreditoren ⇒ Konto**

Transaktion   **FBL1N Posten anzeigen/ändern**

Sofern die Kreditorennummer nicht schon vorbelegt wurde, tragen Sie bitte Ihre Kreditoren-Nummer in das Feld „Kreditor" ein.

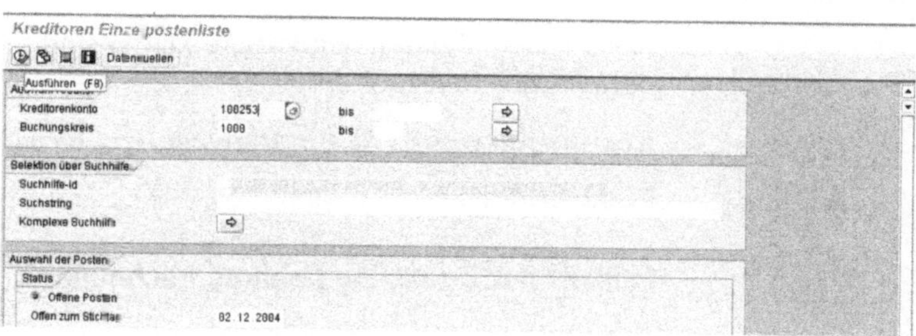

Abbildung 81: Einzelpostenliste – Startbild (©SAP AG)

Anschließend drücken Sie „F8" oder Sie klicken auf das nebenstehende Symbol. Hierdurch wird das Analyseprogramm gestartet. Das Ergebnis sehen Sie im nächsten Bild.

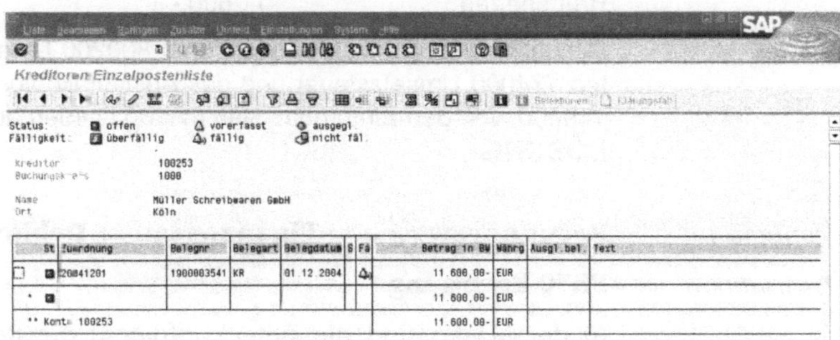

Abbildung 82: Einzelpostenliste – Auszug (©SAP AG)

Die Einzelpostenliste zeigt Ihnen die Buchungsbelege (Rechnungen = Belegart „KR") aus den obigen Fallbeispielen.

4.5.5   Anzeigen und Ändern von Buchungsbelegen

Die Anzeige von gebuchten Belegen ist über verschiedene Transaktionen und Menüfolgen möglich.

Menüpfad   **Rechnungswesen ⇒ Finanzwesen ⇒ Kreditoren ⇒ Beleg**

Transaktion   **FB03 Anzeigen**

Zu erfassen sind Buchungskreis und Belegnummer. Zunächst wird eine Belegübersicht angezeigt. Per Doppelklick auf die zu selektierende Zeile gelangt man auf die gewünschten Belegpositionen. Änderungen gebuchter Belege ist nur eingeschränkt möglich. So können z. B. der Buchungsschlüssel, Geschäftsjahr, Kontonummer, Betrag oder Steuerkennzeichen nicht geändert werden, da diese Daten die Fortschreibung der Verkehrszahlen der

Konten beeinflussen. Änderbare Daten sind z. B. Zahlungskonditionen oder Belegtexte.

Menüpfad   **Rechnungswesen ⇒ Finanzwesen ⇒ Kreditoren ⇒ Beleg**

Transaktion   **FB02 Ändern**

4.5.6   Fallbeispiel: Erfassung Debitorenrechnung

AUFGABENSTELLUNG

Buchen Sie eine Debitorenrechnung an den Kunden, dessen Stammsatz Sie angelegt haben.

Rechnungsdatum   Tagesdatum

Bruttobetrag   11.600,-

Buchen Sie den Erlös auf das Konto 800200 Umsatzerlöse. Die Konten 174000 Umsatzsteuer und das Abstimmkonto des Kunden (Konto 140000, vgl. den Eintrag im Stammsatz) werden automatisch bebucht.

LÖSUNG

Menüpfad   **Rechnungswesen ⇒ Finanzwesen ⇒ Debitoren ⇒ Buchung**

Transaktion   **FB70 Rechnung**

In der Maske sind die Belegkopfdaten, die Rechungsdaten und die Belegposition für die Gegenbuchung einzugeben.

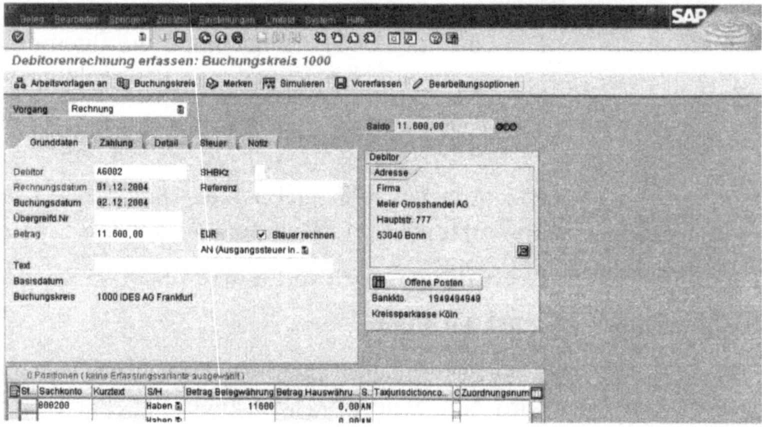

Abbildung 83: Rechnung erfassen – Startbild (©SAP AG)

Simulation   Der Beleg kann simuliert und gebucht werden. Über **Beleg ⇒ Simulieren** erhalten Sie:

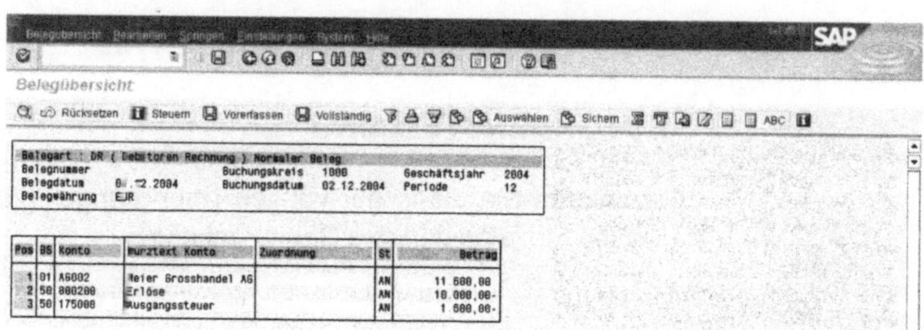

Abbildung 84: Simulierter Buchungsbeleg (©SAP AG)

Da der Beleg korrekt ist, können Sie ihn nun buchen. Dies können Sie durch **Strg+S** oder durch Aktivierung des links dargestellten Symbols erreichen. Sie erhalten im unteren Teil des Bildschirms die Belegnummer des Buchungsbeleges.

Quittung über Belegnummer

> ⊘ Beleg 1800000383 wurde im Buchungskreis 1000 gebucht

Für die Anzeige des Kontos finden Sie im Debitorenmenü analog zur Kreditorenbuchhaltung entsprechende Anzeigeprogramme.

4.5.7 Stornierung von Buchungsbelegen

Unter gewissen Voraussetzungen können gebuchte Belege storniert werden. Hierbei sind einige Restriktionen zu beachten. Es muss sich um einen reinen Finanzbeleg handeln, d.h. er darf nicht aus anderen Modulen (z. B. Logistik, Vertrieb) stammen. Der Beleg darf nicht ausgeglichen sein, wichtige Belegdaten (z. B. Zusatzkontierungen wie Kostenstellen, Auftragsnummern, Steuerkennzeichen, Geschäftsbereich) müssen noch gültig sein. Die Stornierung erfolgt über Stornobelege, die in die gleiche Buchungsperiode gebucht werden, aus welcher der zu stornierende Beleg stammt. Über eine gegenläufige Buchung wird die zu stornierende Buchung wertmäßig neutralisiert. Ist die Buchungsperiode des Ursprungsbeleges bereits geschlossen, muss ein gültiges Buchungsdatum vorgegeben werden. Belege aus der Integration (z. B. Logistik) können nur über eine Gutschrift in der zugrunde liegenden Anwendung korrigiert werden. Wurde eine Belegposition des Ursprungsbeleges ausgeglichen, kann der Beleg nur storniert werden, wenn der Ausgleich vorher zurückgenommen wurde.

Einzelstornierung

Das System bietet die Möglichkeit, einzelne Belege gezielt zu stornieren oder Massenstornierungen vorzunehmen.

4.5.8   Fallbeispiel: Storno Debitorenrechnung

AUFGABENSTELLUNG

Stornieren Sie die in der vorigen Übung angelegte Rechnung. Prüfen Sie die Einzelposten des Debitorenkontos.

LÖSUNG

Menüpfad

Rechnungswesen ⇒ Finanzwesen ⇒ Hauptbuch ⇒ Beleg ⇒ Stornieren

Transaktion

FB08 Einzelstorno

In das Feld „Belegnummer" ist die Belegnummer des zu stornierenden Beleges einzutragen. Die Felder „Buchungskreis" und „Geschäftsjahr" beschreiben den Buchungskreis des zu stornierenden Beleges und das Geschäftsjahr, in dem der zu stornierende Beleg gebucht wurde. Das Feld „Buchungsdatum" wird gefüllt, sofern der Stornobeleg nicht in die Buchungsperiode des Originalbeleges gebucht werden kann. Dies kann z. B. sein, wenn die Buchungsperiode bereits geschlossen wurde, weil der Monats- oder Jahresabschluss bereits erfolgt ist.

Abbildung 85: Belegstorno – Startbild (©SAP AG)

Anzeige vor Storno

Der Beleg kann vor dem Storno mit **F5** vorher noch einmal betrachtet werden. Hierdurch können evtl. Fehlbuchungen vermieden werden. Sie können nun die Stornierung vornehmen. Dies können sie durch **Strg+S** oder durch Aktivierung des links dargestellten Symbols erreichen. Sie erhalten anschließend die Belegnummer des Stornobeleges.

Quittung über Belegnummer

Im nächsten Schritt erfolgt die Überprüfung des Kontos. Wählen Sie hierzu die Transaktion zur Darstellung der Einzelposten im Debitorenkonto.

<table>
<tr><td>Menüpfad
Transaktion</td><td>

Rechnungswesen ⇒ Finanzwesen ⇒ Debitoren ⇒ Konto

FBL5N Posten anzeigen/ändern

</td></tr>
</table>

Tragen Sie bitte die Nummer Ihres Kundenkontos in das Datenfeld „Debitor" ein. Aktivieren Sie das Kontrollfeld „Alle Posten", denn der stornierte Beleg ist nicht mehr unter den offenen Posten zu finden.

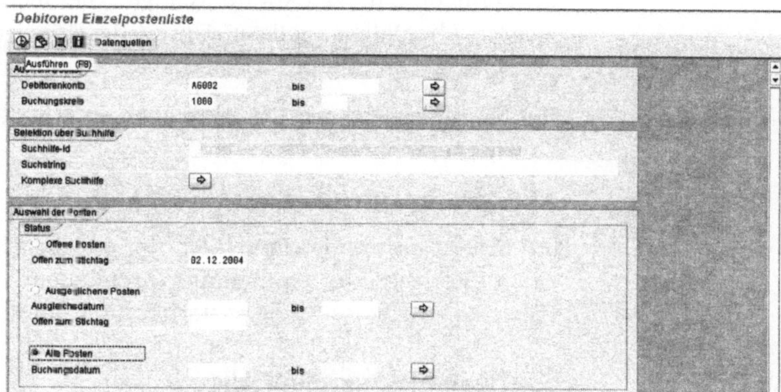

Abbildung 86: Einzelpostenliste – Startbild (©SAP AG)

Anschließend drücken Sie „F8" oder Sie klicken auf das nebenstehende Symbol. Hierdurch wird das Analyseprogramm gestartet. Das Ergebnis sehen Sie im nächsten Bild.

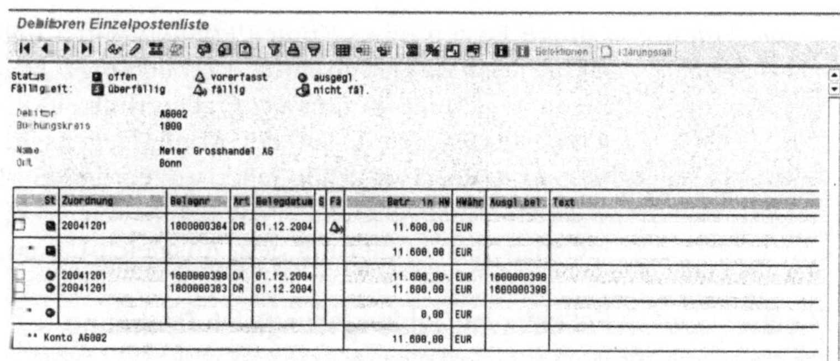

Abbildung 87: Einzelpostenliste – Auszug (©SAP AG)

Zu erkennen ist die stornierte Rechnung mit der Belegart „DR" (Rechnung) sowie der zuvor gebuchte Stornobeleg mit der Belegart „DA" (Debitorenbeleg allgemein).

4.5.9   Massenstorno

Für den Fall, dass mehrere Belege zu stornieren sind, kann über die Massenstornierung eine Liste mit relevanten Belegen erzeugt werden, die vom Anwender zu prüfen ist. Das System bietet eine Reihe von Selektionsmöglichkeiten, wie z. B. Belegart, Buchungsdatum, Belegnummer, Name des Benutzers, der die Belege gebucht hat. Selektierte Belege, die nicht stornierbar sind, werden ebenfalls angelistet. Durch Bestätigung der Liste werden die selektierten Belege storniert.

Menüpfad   **Rechnungswesen ⇒ Finanzwesen ⇒ Kreditoren ⇒ Beleg ⇒ Stornieren**

Transaktion   **F.80 Massenstornierung**

Im Selektionsbild können Sie die gewünschten Belege sowie einen Stornogrund eintragen. Anschließend erhalten Sie eine Liste der selektierten Belege und können diese dann stornieren.

4.6   Spezielle Geschäftsvorfälle

4.6.1   Ausgleich offener Posten

Sowohl offene Forderungen als auch Verbindlichkeiten gegenüber Lieferanten führen zu offenen Posten. d. h. zu unerledigten Vorgängen auf den Konten.

Offene Posten   Offene Posten eines Kontos können durch unterschiedliche Vorgänge (Zahlung, Gutschrift, Umbuchung) ausgeglichen werden, wenn bestimmte Voraussetzungen erfüllt sind. So muss ihnen ein gleich hoher Betrag auf der Konto-Gegenseite zugeordnet werden können. Der Saldo aller zugeordneten Posten muss Null ergeben. Ausgeglichene Posten erhalten vom System eine Ausgleichsbelegnummer mit dem Ausgleichsdatum.

4.6.2   Fallbeispiel: Zahlungsausgleich Rechnung

AUFGABENSTELLUNG

Gleichen Sie eine vorhandene Kreditorenrechnung in voller Höhe aus. Prüfen Sie hierzu Ihr Lieferantenkonto und wählen zuvor eine Rechnung aus. Verwenden Sie als Zahlungsdatum das Tagesdatum, der Zahlbetrag beträgt 11.600   . Die Zahlung erfolgt per Überweisung vom Konto 113100 Deutsche Bank. **LÖSUNG**

Menüpfad   **Rechnungswesen ⇒ Finanzwesen ⇒ Kreditoren ⇒ Buchung ⇒ Zahlungsausgang**

Transaktion   **FB5.3 Buchen**

In der Maske sind im oberen Bereich die Ausgleichsdaten (Zahlbetrag, Texte, Bankkonto, Ausgleichskonto zu erfassen. Im Block „Auswahl der offenen Posten" tragen Sie Ihre Kreditorennummer ein. Die Angabe „Belegnummer" im Block „Weitere Selektion" öffnet im nächsten Schritt ein Fenster zur Eingabe der Belegnummern der zu bezahlenden Rechnungen.

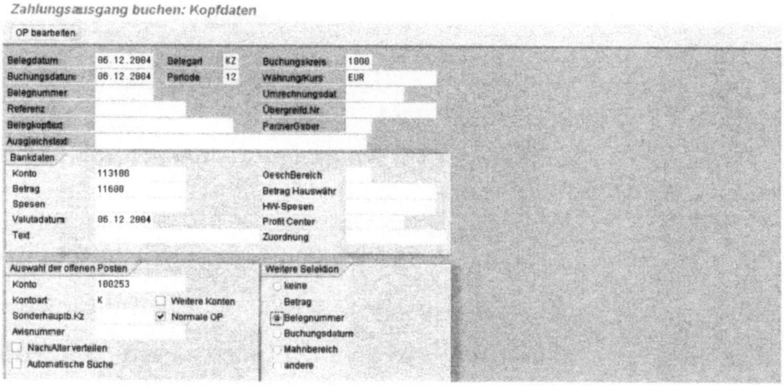

Abbildung 88: Zahlungsausgang – Startbild (©SAP AG)

Anschließend gelangen Sie mit *OP bearbeiten* oder *Umsch+F4* in das nächste Fenster. Dort tragen Sie die Belegnummer der Rechnung ein. Sie können ggf. auch mehrere Belegnummern erfassen, sofern mehrere Rechnungen bezahlt werden sollen.

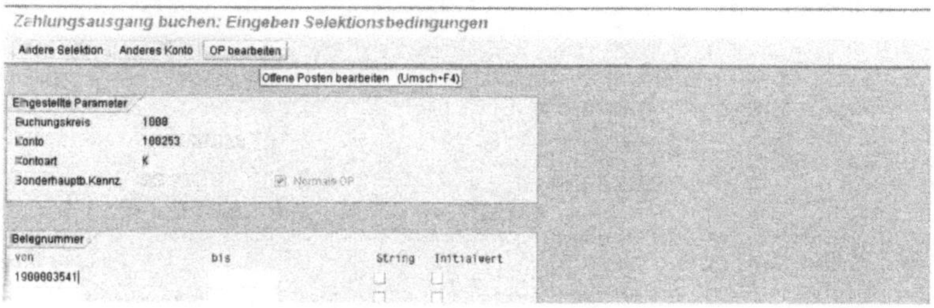

Abbildung 89: Selektionsbedingungen (©SAP AG)

Mit *OP bearbeiten* oder *Umsch+F4* gelangen Sie in das nächste Fenster. Dort finden Sie den selektierten offenen Beleg. Unten rechts im Bild erkennen Sie, dass der Zahlbetrag mit der Summe aller selektierten Posten übereinstimmt, d. h. der Saldo ist null.

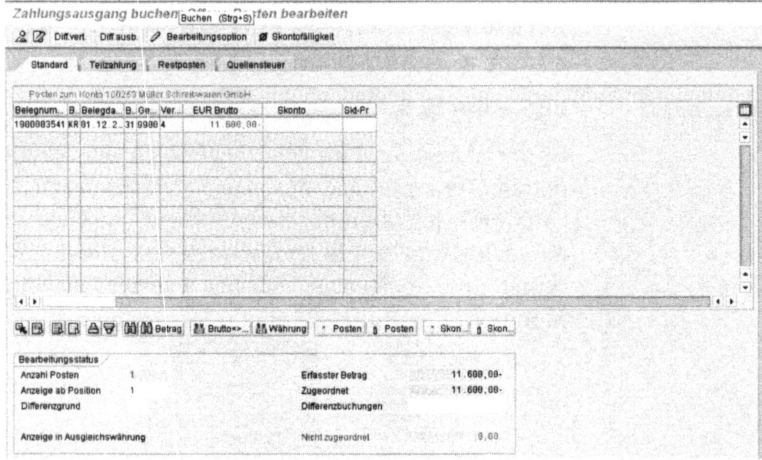

Abbildung 90: Bearbeitung offener Posten (©SAP AG)

Über **Beleg ⇒ Simulieren** können Sie nun den Buchungsbeleg prüfen und anschließend wie gewohnt über **Strg+S** buchen.

Im nächsten Schritt erfolgt die Überprüfung des Kontos.

Menüpfad **Rechnungswesen ⇒ Finanzwesen ⇒ Kreditoren ⇒ Konto**

Transaktion **FBL1N Posten anzeigen/ändern**

Tragen Sie das Lieferantenkonto in das Datenfeld „Kreditor" ein und aktivieren das Kontrollfeld „Alle Posten". Der Eintrag bewirkt, dass auch die ausgeglichenen Posten angezeigt werden.

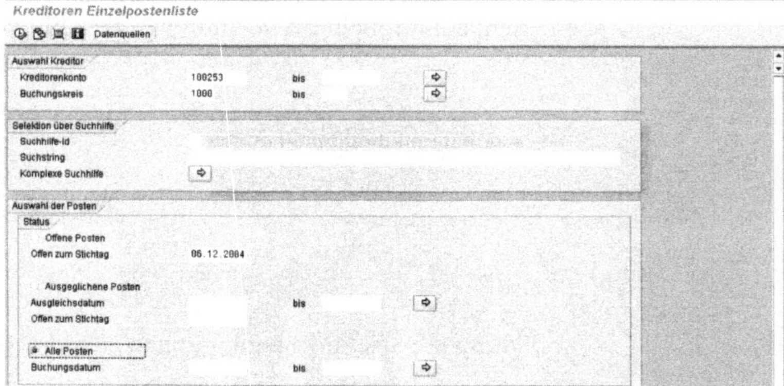

Abbildung 91: Einzelpostenliste – Startbild (©SAP AG)

Anschließend drücken Sie „F8" oder klicken auf das nebenstehende Symbol. Hierdurch wird das Analyseprogramm gestartet.

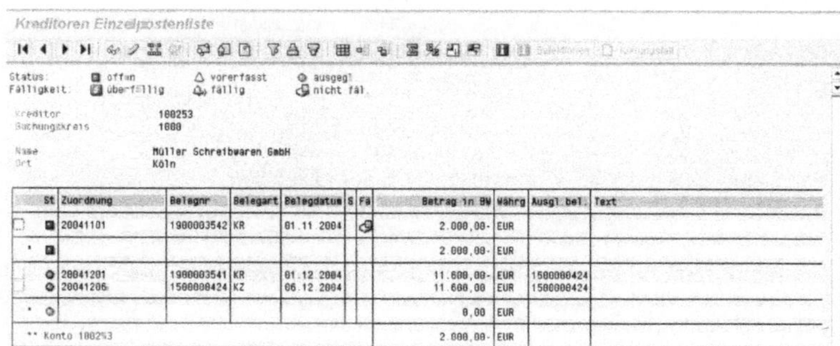

Abbildung 92: Ausgeglichene Posten (©SAP AG)

Sie können im unteren Bildbereich die Belegnummern für die Zahlung sowie Rechnung erkennen.

4.6.3 Fallbeispiel: Teilzahlung Kreditorenrechnung

Teilzahlungen gleichen offene Posten zunächst nicht aus. Das System vermerkt die Belegnummer des offenen Postens im Teilzahlungsbeleg. Die Belege (Rechnung, Teilzahlung) bleiben bis zum Ausgleich offen. Im ersten Beispiel wird eine Teilzahlung erfasst, im zweiten Beispiel wird die Restzahlung gebucht.

AUFGABENSTELLUNG

Erfassen Sie zunächst erneut eine Kreditorenrechnung. Gleichen Sie die Rechnung teilweise aus (Teilzahlung von 5.000,- . Der Bruttobetrag beträgt 11.600,- , die Vorsteuer beläuft sich auf 16 %. Die Teilzahlung in Höhe von 5.000,-   erfolgt per Überweisung vom Konto 113100 Deutsche Bank. **LÖSUNG**

Menüpfad   **Rechnungswesen ⇒ Finanzwesen ⇒ Kreditoren ⇒ Buchung ⇒ Zahlungsausgang**

Transaktion   **FB5-3 Buchen**

In der Erfassungsmaske sind wiederum die aus den vorigen Fallbeispielen bekannten Daten zu erfassen. Allerdings wird das Betragsfeld nur mit dem Teilzahlungsbetrag, nicht dagegen mit dem Rechnungsbetrag gefüllt.

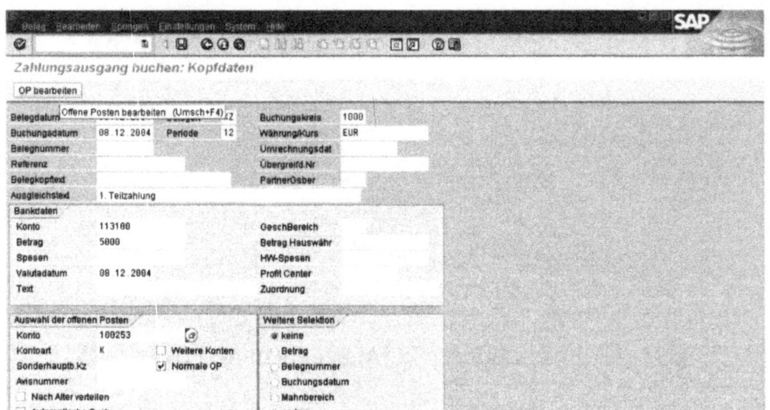

Abbildung 93: Zahlungsausgang – Startbild (©SAP AG)

Anschließend können Sie mit **OP bearbeiten** oder **Umsch+F4** in das nächste Fenster gelangen. Dort sehen Sie die selektierten Belege. Ggf. sind nicht relevante Belege (hier Beleg über 2000 Euro zu deaktivieren (Beleg markieren und Doppelclick).

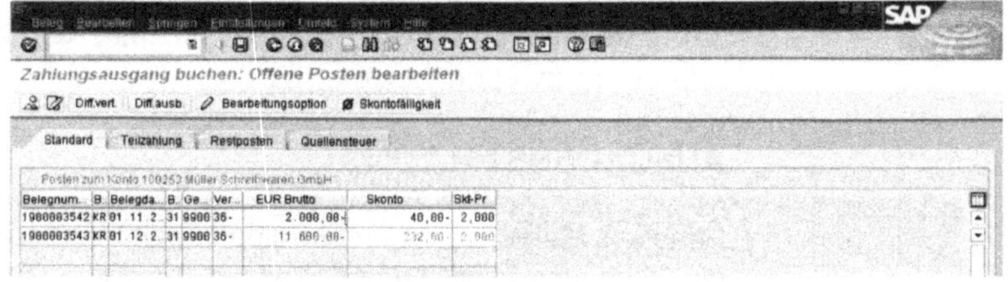

Abbildung 94: Bearbeitung offener Posten (©SAP AG)

Um dem System mitzuteilen, dass die Zahlung zunächst als Teilzahlung zu verstehen ist, aktivieren Sie das Registerblatt „Teilzahlung". Dort überschreiben Sie in der Spalte Zahlungsbetrag den Wert 11.600 mit dem Betrag 5.000.

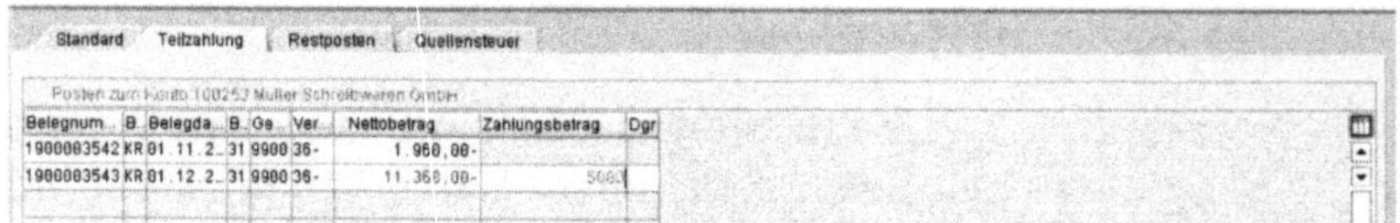

Abbildung 95: Teilzahlungsbetrag erfassen (©SAP AG)

Jetzt können Sie den Buchungsbeleg simulieren oder mit **Strg+S** buchen.

4.6.4   Fallbeispiel: Restzahlung Kreditorenrechnung

AUFGABENSTELLUNG

Gleichen Sie den Restbetrag aus, der nach Durchführung des vorigen Fallbeispieles verbleibt. Die Restzahlung in Höhe von 6.500,- erfolgt ebenfalls per Überweisung vom Konto 113100 Deutsche Bank.LÖSUNG

Menüpfad   **Rechnungswesen ⇒ Finanzwesen ⇒ Kreditoren ⇒ Buchung ⇒ Zahlungsausgang**

Transaktion   **FB5.3 Buchen**

In der Erfassungsmaske sind zunächst die Ausgleichsdaten zu erfassen: Restlicher Zahlbetrag, Texte, Bankkonto, Ausgleichskonto. Eine Selektion im Konto ist entbehrlich, da neben der Rechnung auch die Anzahlung selektiert werden muss.

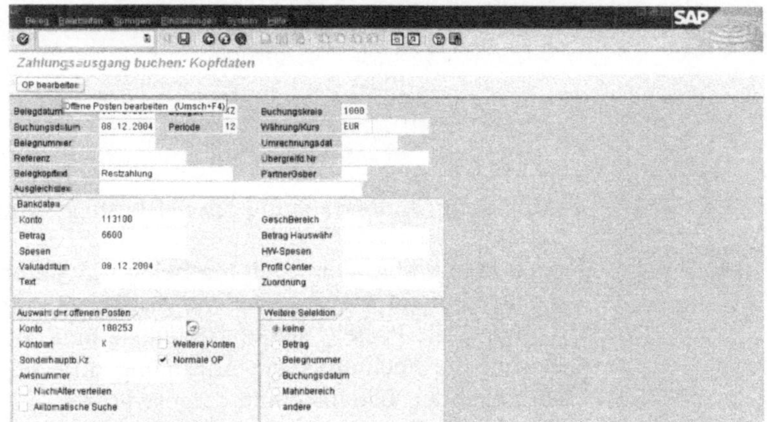

Abbildung 96: Zahlungsausgang – Startbild (©SAP AG)

Anschließend können Sie mit *OP bearbeiten* oder *Umsch+F4* in das nächste Fenster gelangen. Dort sehen Sie alle vom System selektierten Belege. Der Zahlbetrag von 6.500,- stimmt allerdings nicht mit der Selektion überein.

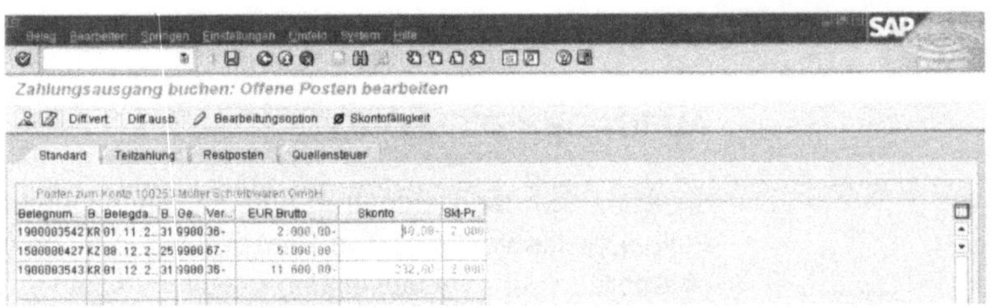

Abbildung 97: Bearbeitung offener Posten (©SAP AG)

Es ist erforderlich, nicht relevante Belege zu deaktivieren. Markieren Sie jeden Beleg und drücken den Button „Posten inaktivieren". Mit der Funktion „Block markieren" (linkes Symbol) können Sie alternativ auch mehrere Belege gleichzeitig bearbeiten. Im nächsten Bild sehen die das Ergebnis, d. h. nur die Rechnung und Teilzahlung über 5.000 sind noch aktiv.

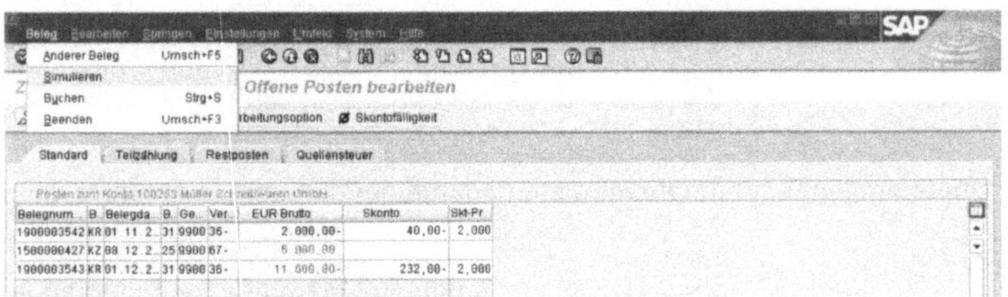

Abbildung 98: Bearbeitung offener Posten (©SAP AG)

Jetzt können Sie den Buchungsbeleg simulieren oder mit *Strg+S* buchen. Wenn Sie anschließend die Einzelpostenanzeige mit der Option „Alle Posten" starten, sehen sie unter den ausgeglichenen Posten die Rechnung, die Anzahlung und die Restzahlung, wie im folgenden Bildausschnitt dargestellt.

	St	Zuordnung	Belegnr	Belegart	Belegdatum	S	Fä		Betrag in BW	Währg	Ausgl.bel	Text
☐	▣	20041101	1900003542	KR	01.11.2004		⟠		2.000,00-	EUR		
*	▣								2.000,00-	EUR		
☐	⟠	20041201	1900003541	KR	01.12.2004				11.600,00-	EUR	1500000424	
	⟠	20041206	1500000424	KZ	06.12.2004				11.600,00	EUR	1500000424	
	⟠	20041201	1500000427	KZ	08.12.2004				5.000,00	EUR	1500000428	
	⟠	20041201	1900003543	KR	01.12.2004				11.600,00-	EUR	1500000428	
	⟠	20041208	1500000428	KZ	08.12.2004		ausgegl		6.600,00	EUR	1500000428	

Abbildung 99: Ausschnitt Kreditorenkonto (©SAP AG)

Die Fallbeispiele haben das Ziel, den manuellen Ausgleichsvorgang darzustellen. Für das Massengeschäft steht ein spezielles Programm zum automatisierten Kontenausgleich zur Verfügung.

4.6.5   **Fallbeispiel: Erstellung Dauerbuchungs-Urbeleg**

Zahlungen wie z. B. Miete, Pacht, Versicherungen oder Kosten für die Reinigung von Gebäuden, bestimmte Steuerzahlungen und ähnliche Ausgaben, die regelmäßig in gleicher Höhe anfallen, können komfortabel im System über so genannte Dauerbuchungen abgewickelt werden. Hier wird in einem ersten Schritt zunächst ein Dauerbuchungs-Urbeleg angelegt, der die Schablone für die spätere Buchung darstellt. Er löst noch keine Fortschreibung der Verkehrszahlen aus, führt also nicht zu einem „echten" Buchungsbeleg. Zu einem späteren Zeitpunkt, z. B. monatlich im Rahmen des Monatsabschlusses, erfolgt aus den Dauerbuchungs-Urbelegen die Generierung echter Buchungsbelege. Der Dauerbuchungs-Urbeleg enthält Angaben zum Zeitpunkt ab dem die Dauerbuchung aktiviert wird, wann die letztmalige Buchung vorgenommen werden und in welchem zeitlichen Abstand dies erfolgen soll. Weiterhin kann der Anwender vorgeben, dass die Buchung z. B. am jeweils Monatsersten erfolgen soll. Über die Hinterlegung von Ausführungsplänen können Gruppen von Dauerbuchungs-Urbelegen gebildet werden, die gleichartig behandelt werden sollen.

AUFGABENSTELLUNG

Sie erhalten monatlich zum Ersten eine Rechnung in Höhe von 20.000,-   für Maschinenmiete zzgl 16 % Vorsteuer. Die Kosten werden auf das Sachkonto 471000 Maschinenmiete gebucht. Verwenden Sie Ihren Kreditorenstammsatz. Erstellen Sie zur Vereinfachung der Buchungen einen Dauerbuchungs-Urbeleg für die monatliche Rechnung.

LÖSUNG

Menüpfad   **Rechnungswesen ⇒ Finanzwesen ⇒ Kreditoren ⇒ Buchung ⇒ Referenzbelege**

Transaktion   **FBD1 Dauerbeleg**

In der Erfassungsmaske sind zunächst die Urbelegsdaten zu erfassen: Ausführungstag, Beginn und Ende der Ausführung und Abstand in Monaten. Da eine Rechnung gebucht werden soll, ist die Belegart mit „KR" (Kreditorische Rechnung) anzulegen.

Erste Buchungszeile

Anschließend ist die erste Buchungszeile zu erfassen. Hierzu tragen Sie unter „Erste Belegposition" den Buchungsschlüssel „31" und Ihr Kreditorenkonto ein.

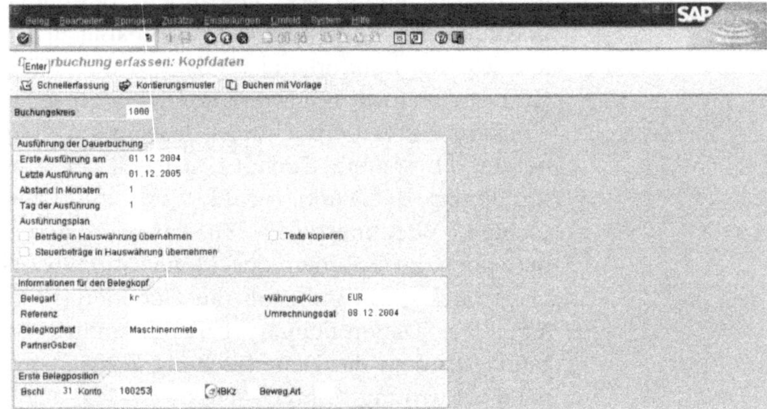

Abbildung 100: Dauerbuchung Urbeleg – Startbild (©SAP AG)

Rechnungsda-
ten

Anschließend drücken Sie **ENTER** oder **Schnellerfassung**. Dort geben Sie die Rechnungsdaten ein (Betrag, ggf. Zahlungsbedingung). Im unteren Bildfenster erfolgt der Aufruf der Sachkonten-Belegposition: Buchungsschlüssel = 40, Konto = 471000.

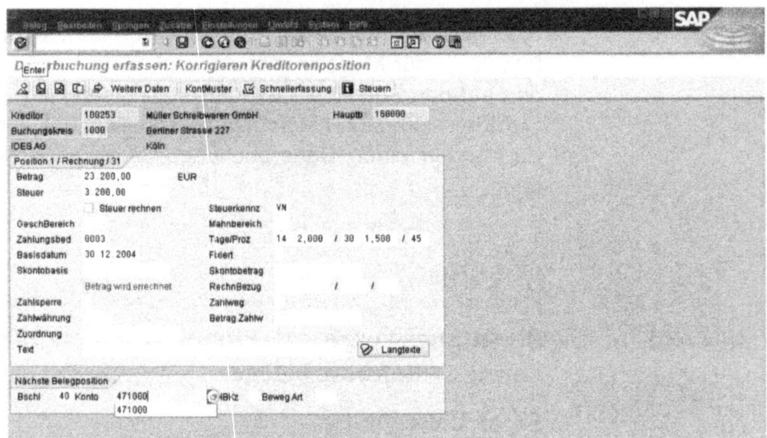

Abbildung 101: Erfassen Dauerbuchung (©SAP AG)

Umsatzsteuer

Im nächsten Bild erfassen Sie den Betrag, das Umsatzsteuerkennzeichen (VN für 16 %) sowie die Kostenstellen-Kontierung (Kostenstelle = 1000). Anschließend können Sie den Beleg buchen.

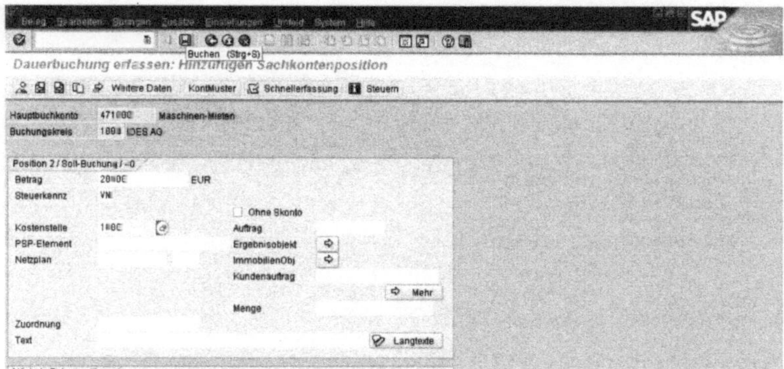

Abbildung 102: Erfassen Sachkontenposition (©SAP AG)

4.6.6 Fallbeispiel: Ausführung Dauerbuchung

Die Ausführung der Dauerbuchung erzeugt einen (echten) Buchungsbeleg, der die Verkehrszahlen der Buchhaltung fortschreibt. Zu diesem Zeitpunkt ist vorzugeben, in welche Buchungsperiode gebucht werden soll.

AUFGABENSTELLUNG

Führen Sie den Dauerbuchungsbeleg aus dem vorangegangenen Fallbeispiel für den nächsten möglichen Monat aus.

Überprüfen Sie anschließend den gebuchten Beleg im Konto und stellen Sie fest, welcher Benutzer im Buchungsbeleg als Bearbeiter steht.

LÖSUNG

Menüpfad   **Rechnungswesen ⇒ Finanzwesen ⇒ Kreditoren ⇒ Periodische Arbeiten ⇒ Dauerbuchungen**

Transaktion   **F.14 Ausführen**

In der in der folgenden Abbildung dargestellten Erfassungsmaske sind die für die Ausführung relevanten Dauerbuchungsurbelege zu selektieren. Füllen Sie die Datenfelder Buchungskreis, Geschäftsjahr, Belegart (hier „KR"), und Buchungsdatum, um die relevanten Daten aus den Urbelegen zu selektieren. Die selektierten Daten werden in einer so genannten Batch-Input-Mappe erstellt, der Sie hier einen beliebigen Namen (hier „Dauerbuchung") geben. Die Batch-Input-Mappe enthält nach dem erfolgreichen Programmlauf die Buchungsdaten in Dateiform.

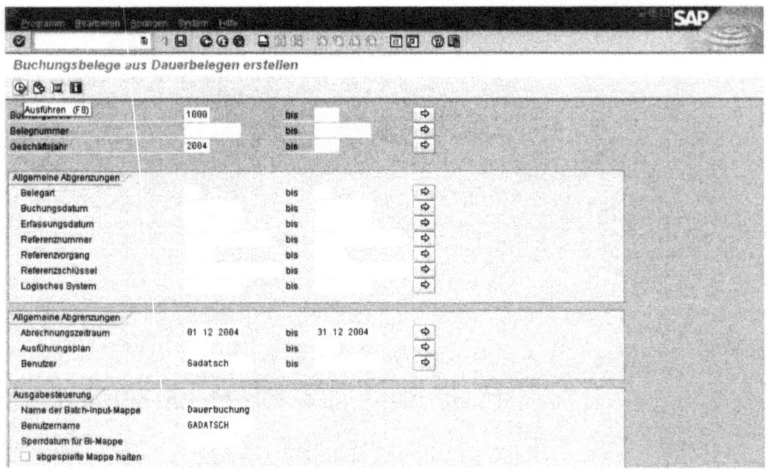

Abbildung 103: Ausführen Dauerbuchungen (©SAP AG)

Ausführung

Drücken Sie nach Erfassung der Daten ***Ausführen*** oder ***F8***. Nach erfolgtem Programmlauf erhalten Sie eine Meldung, dass die Batch-Input-Mappe erzeugt wurde. Anschließend starten Sie über das Kopfzeilen-Menü **System** ⇒ **Dienste** ⇒ **Batch-Input** ⇒ **Mappen** die Transaktion zum „Abspielen der Batch-Input-Mappen". Sie erhalten eine Übersicht über alle Mappen, die zur Bearbeitung anstehen. Selektieren Sie „Ihre" Mappe mit dem Mauszeiger und aktivieren den Button „Abspielen".

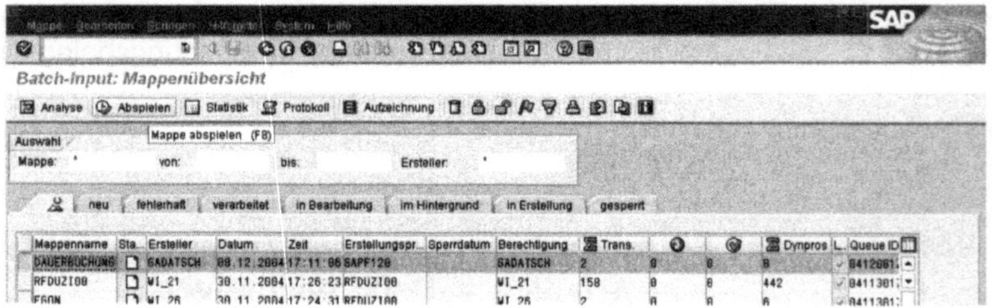

Abbildung 104: Mappenübersicht (©SAP AG)

Wenn Sie den Button aktiviert haben, öffnet sich ein Dialogfenster. Dort aktivieren Sie den Schalter ***Hintergrund*** im Block Abspielmodus und drücken nochmals ***abspielen***.

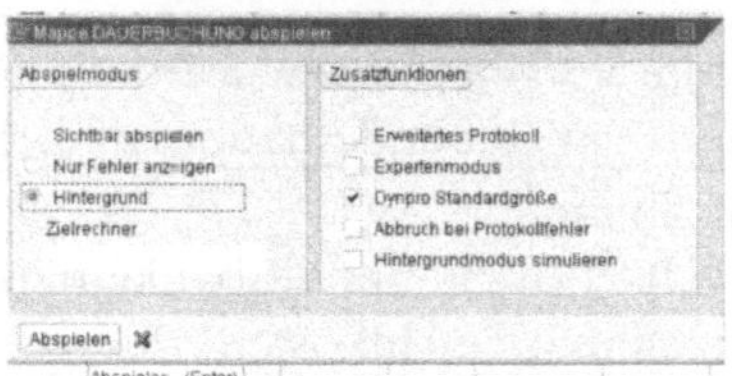

Abbildung 105: Abspielmodus (©SAP AG)

Hintergrundbe-
trieb

Hiernach erhalten Sie eine Quittung des Systems, dass die Mappe zur Verarbeitung im Hintergrundbetrieb übergeben wurde.

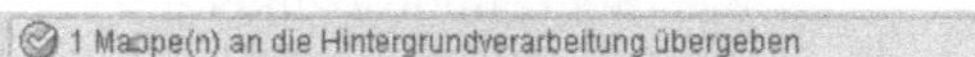

Nach einiger Zeit ist die Bearbeitung abgeschlossen. Sie können den Beleg im Konto überprüfen.

4.6.7   Buchung in Fremdwährung

Buchungsbelege können in beliebigen Währungen erzeugt werden. Belege, die in Fremdwährungen gebucht werden, können anhand einer Umrechnungstabelle in die Hauswährung umgerechnet werden.

Umrechnungs-
kurse

Manuell eingegebene Kurse werden gegen die Umrechnungstabelle geprüft. Weiterhin dient der Umrechnungskurs dazu, den Gewinn oder Verlust aus Kursdifferenzen automatisch zu ermitteln. Die Pflege dieser im System hinterlegten Tabelle erfolgt über das Menü für laufende periodische Arbeiten. Die Tabellenpflege kann entsprechend den individuellen Anforderungen in unterschiedlichen Zeiträumen erfolgen.

Umrechnungskurse werden zeitabhängig verwaltet. Sie gelten für alle Buchungskreise. Die unter dem Kurstyp „M" (Mittelkurs) abgelegten Kurse werden für Umrechnungen beim Buchen und Ausgleich von offenen Posten verwendet. Unter diesem Kurstyp muss ein Eintrag vorhanden sein.

4.6.8   Sonderhauptbuchvorgänge (Anzahlungen, Wechsel, Bürgschaft)

Einige spezielle Buchungen gehören prinzipiell in die Nebenbuchhaltung, werden jedoch im Rahmen der Bilanzierung speziell ausgewiesen. Beispiele sind „Anzahlungen", „Wechsel", „Bürgschaften", Wertberichtigungen u. a. Im SAP-System werden diese Sachverhalte über spezielle „Sonderhauptbuchkonten" abgebildet. Durch die Verwendung spezieller Buchungsschlüssel wird erreicht, dass auf den Abstimmkonten der Geschäftspartner keine Buchungen vorgenommen werden. Die Abbildung 106 zeigt exemplarisch einige Sonderhauptbuchkennzeichen

A	Anzahlung
B	Wechsel (nicht bundesbankfähig)
D	Anzahlung Frachtkosten
E	Einzelwertberichtigung
F	Anzahlungsanforderung
G	Gegebene Bürgschaft
L	Kreditbrief
P	Zahlungsanforderung
W	Wechsel (bundesbankfähig)
Z	Zinsforderungen

Abbildung 106: Sonderhauptbuchvorgänge (Auswahl)

4.6.9   Fallbeispiel: Zahlung mit Wechsel

AUFGABENSTELLUNG

1. Teil: Wir haben an unserem Kunden eine Rechnung über 10.000 zzgl. 16 % USt (=brutto 11.600   ) ausgestellt.

2. Teil: Der Kunde begleicht unsere Forderung mit einem Wechsel über 11.600   . Für Diskontgebühren werden 5%, als Inkassogebühr werden an den Kunden 20   berechnet

3. Teil: Der Besitzwechsel wird zur Refinanzierung an die Hausbank weitergegeben. Die Bank schreibt uns den Betrag auf unserem Bankkonto (113100) gut und belastet uns bei einer Restlaufzeit von 90 Tagen und einem Diskontsatz von 6% mit 174   und 10   Gebühr.

LÖSUNG

Menüpfad   **Rechnungswesen ⇒ Finanzwesen ⇒ Debitoren ⇒ Buchung ⇒ Wechsel**

Transaktion   **F-36 Zahlung**

In der in der nächsten Abbildung sind folgende Daten zu erfassen: Als Belegdatum erfassen Sie das Datum des Wechsels, ggf. einen Text nach Bedarf. Im Feld Konto geben Sie das auszugleichende Debitorenkonto ein. Im Feld SHBKz (Sonderhauptbuchkennzeichen) wählen Sie je nach Wechsel art B oder W (B = Bundesbankfähiger Wechsel oder W = Nicht bundesbankfähiger Wechsel).

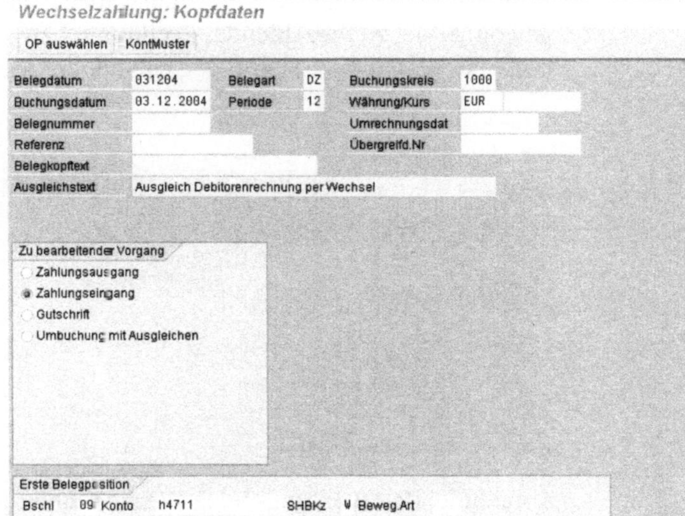

Abbildung 107: Startbild - Wechselzahlung (© SAP AG)

Mit **ENTER** gelangen Sie in das Detailbild zur Eingabe der Wechseldaten. Dort erfassen Sie als Betrag die Wechselsumme sowie das Fälligkeits- und Ausstellungsdatum des Wechsels. Der Diskontsatz wird mit 5%, die Inkassogebühr mit 20 erfasst.

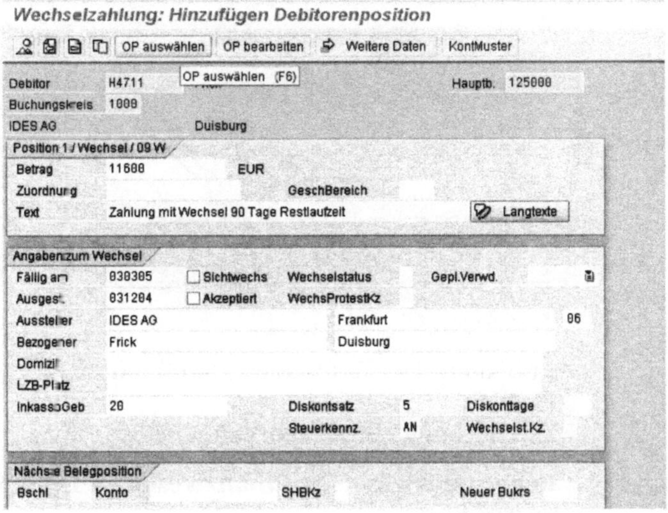

Abbildung 108: Detailbild Erfassen Wechsel (© SAP AG)

Anschließend wählen Sie „OP auswählen" und selektieren wie gewohnt die zu bezahlende Rechnung bzw. Rechnungen. Anschließen können Sie den Beleg simulieren oder buchen.

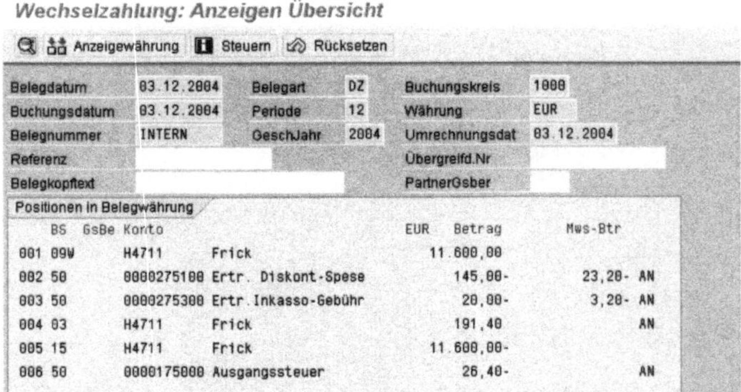

Abbildung 109: Buchungsbeleg Wechselzahlung (© SAP AG)

Wenn Sie anschließend das Debitorenkonto prüfen, werden Sie feststellen, dass die Rechnung ausgeglichen ist und Sie anstelle der Rechnung eine Wechselforderung sowie eine weitere Forderung in Höhe der Diskontspesen / Inkassogebühr finden.

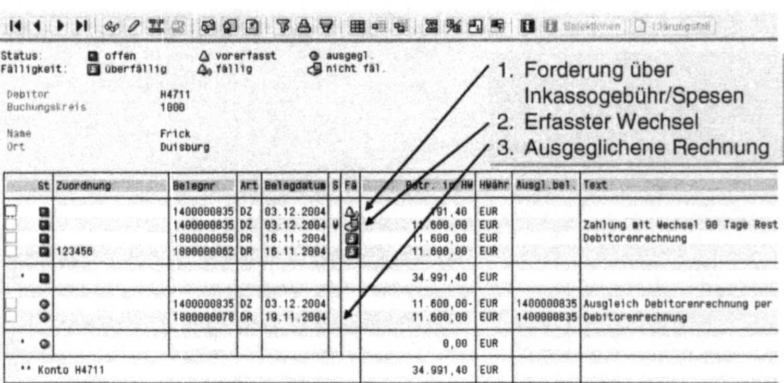

Abbildung 110: Kontoübersicht (© SAP AG)

Die Buchung der Refinanzierung erfolgt über:

Menüpfad **Rechnungswesen ⇒ Finanzwesen ⇒ Debitoren ⇒ Buchung ⇒ Wechsel**

Transaktion **F-33 Diskontierung**

In Diskontierungsmaske sind folgende Daten zu erfassen: Als Belegdatum: Datum des Wechsels, ggf. einen Text nach Bedarf.

Neben dem Auszahlungsbetrag (11600 - 184) sind die Spesen
(184), bestehend aus dem Diskontzins (174) und den Gebühren
(10) zu erfassen.

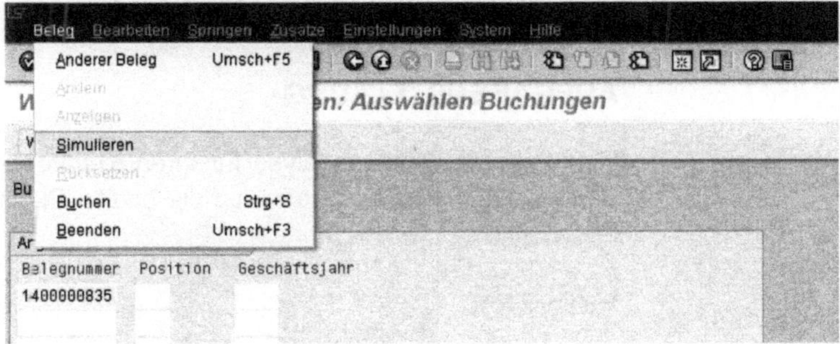

Abbildung 111: Diskontierungsdaten erfassen (© SAP AG)

Anschließend selektieren Sie über → **Bearbeiten** → **Wechsel**
die Wechselnummer (Belegnummer der Wechselzahlung) und
ordnen Sie dem Diskontierungsvorgang zu.

Abbildung 112: Selektion des Wechsels (© SAP AG)

Danach kann der Buchungsbeleg simuliert oder gebucht werden.

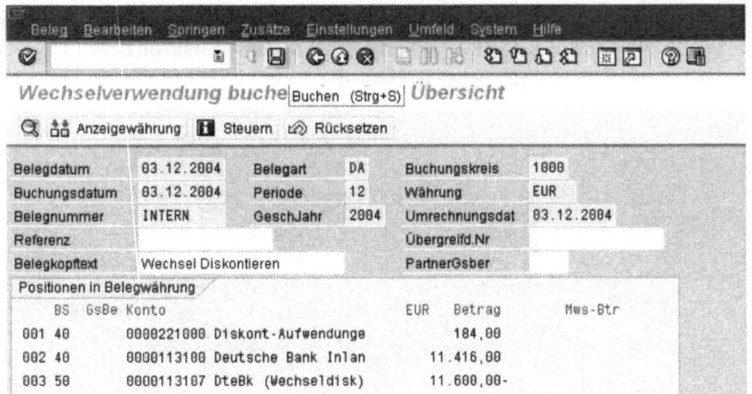

Abbildung 113: Diskontierungsbuchungsbeleg (© SAP AG)

4.7 Berichtswesen und regelmäßige Arbeiten

4.7.1 Fallbeispiel Reporting: Anpassung Kontenanalyse

Das SAP-System stellt eine Vielzahl von Auswertungen für die tägliche Arbeit zur Verfügung. Über eine Menüfunktion lassen sich die gewünschten Auswertungsprogramme selektieren und ausführen. Reports können oft individuell an persönliche Bedürfnisse angepasst werden. So ist es z. B. einfach möglich, häufig genutzte Spalten einzublenden, anders zu positionieren oder selten genutzte Felder auszublenden

AUFGABENSTELLUNG

Rufen Sie die Kontenanalyse für Ihren Kreditor auf. Blenden Sie die Spalte „Ausgleichsbeleg" aus und die Spalte „Skontobetrag" ein.

LÖSUNG

Menüpfad   **Rechnungswesen ⇒ Finanzwesen ⇒ Kreditoren ⇒ Infosysteme ⇒ Kreditoren Posten ⇒ Konto**

Transaktion   **FBL1N Posten Anzeigen/Ändern**

Im Startbild erfassen Sie den Buchungskreis und den gewünschten Stichtag zu dem die Auswertung aufbereitet werden soll und aktivieren den Button *Ausführen* oder drücken die Taste *F8*.

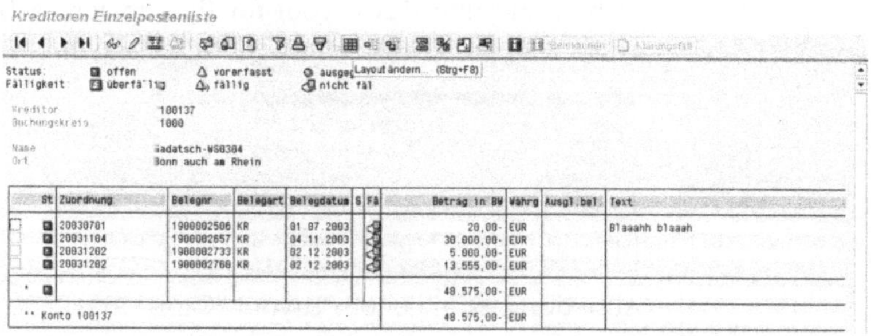

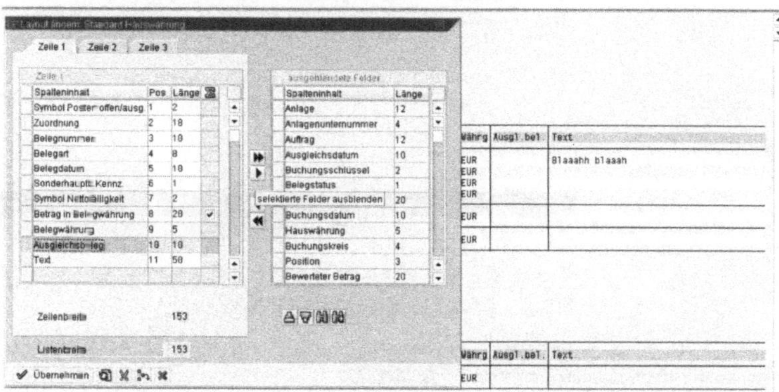

Abbildung 114: Kreditorenkonto - Standardlayout (©SAP AG)

Wählen Sie im obigen Bild die Funktion *Layout ändern*. Markieren Sie das nicht mehr gewünschte Feld *Ausgleichsbeleg* und verschieben Sie es in die rechte Spalte.

Abbildung 115: Anpassen Layout (Felder) (©SAP AG)

Markieren Sie das gewünschte Feld *Skontobetrag* und verschieben es in die linke Spalte. Übernehmen Sie die Änderungen. Ändern Sie ggf. noch die Spaltenposition durch Anpassung der Positionsnummer.

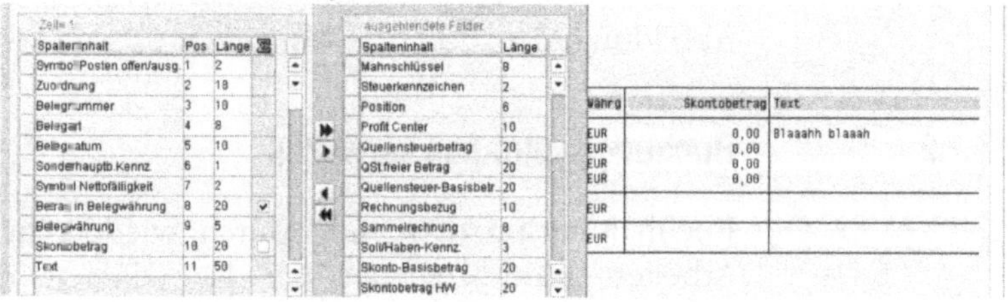

Abbildung 116: Anpassen Layout (Feldposition) (©SAP AG)

Sichern Sie nun das Layout für Ihre spätere Arbeit. Vergeben Sie einen Namen (/AAA) und sichern das Layout. S

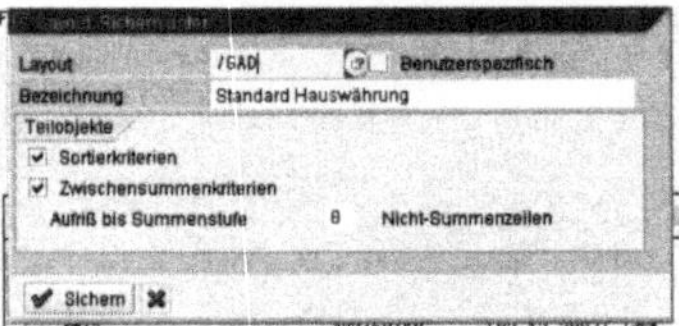

Abbildung 117: Sichern Layout (©SAP AG)

Sie können nun auf das von Ihnen gewählte Layout des Reports zugreifen.

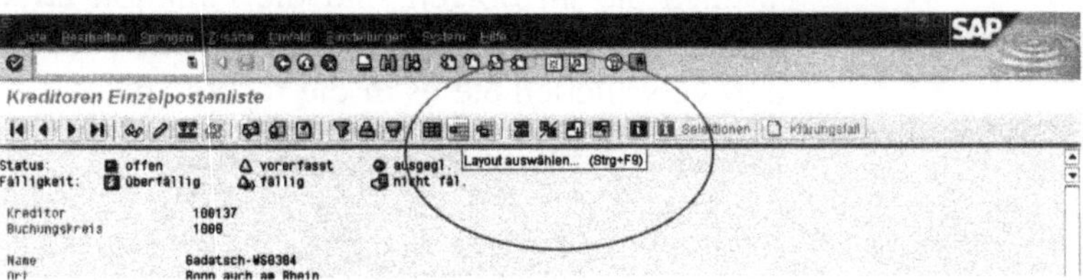

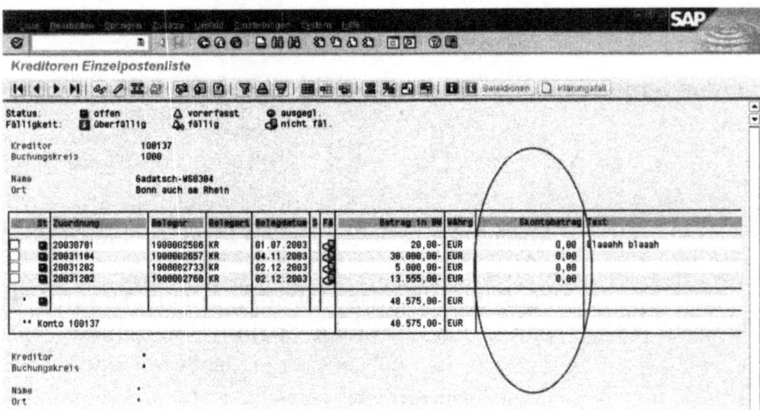

Abbildung 119: Modifiziertes Layout (©SAP AG)

4.7.2 Buchungszeiträume verwalten

Buchhaltungsprozesse sind durch wiederkehrende regelmäßige Arbeiten gekennzeichnet, die dazu dienen, den Buchungsstoff systematisch aufzubereiten und den regelmäßigen Abschlüssen (GuV, Bilanz) zuzuführen. Das System unterstützt diese Arbeiten mit einer Reihe von Funktionen, von denen einige ausgewählt und vorgestellt werden.

Buchungszeiträume aktualisieren	Beim Buchen eines Belegs wird geprüft, ob die ermittelte Periode bebucht werden kann. Welche Buchungsperioden zum Buchen offen sind, wird im System vom Anwender festgelegt. Es können beliebig viele Perioden gleichzeitig zum Buchen geöffnet sein. Welche Perioden für Buchungen offen sind, kann durch Intervalle festgelegt werden. Die Eingrenzung kann bis auf Kontenebene erfolgen.
Menüpfad	**Rechnungswesen ⇒ Finanzwesen ⇒ Hauptbuch ⇒ Umfeld ⇒ Lfd. Einstellungen**
Transaktion	**S_ALR_87003642 Buchungsperioden öffnen und schließen**

Es ist nicht erforderlich, dass die Buchungszeiträume mit dem Kalenderjahr übereinstimmen. Eventuelle Abweichungen können vom Anwender im Customizing festgelegt werden. Das System stellt zwölf normale Buchungsperioden (Perioden 1-12) für die Aufnahme von Geschäftsvorfällen und vier Sonderperioden (Periode 13-16) zur Verfügung. Diese können z. B. für die Durchführung von Abschlussarbeiten genutzt werden.

4.7.3   Automatisiertes Mahnen

Das Mahnprogramm dient zur automatischen Abwicklung des Mahnwesens. Es kann dazu eingesetzt werden, Kunden mit überfälligen Verbindlichkeiten oder Lieferanten mit einem Sollsaldo an die fälligen Zahlungen zu erinnern. Hierzu werden Mahnbriefe erstellt. Daneben werden zur Kontrolle des Zahlungsverhaltens und für eventuelle weitere Mahnungen im Beleg und im Personenkonto Mahnstufen fortgeschrieben (1. Mahnung, 2. Mahnung usw.).

Mahnverfahren	Es können beliebig viele **Mahnverfahren** definiert werden, welche den Mahnablauf steuern. Hierzu gehören z. B. Anzahl der Mahnstufen, der Mahnrhythmus und die zugehörigen Mahntexte. Es werden nur solche Personenkonten vom Mahnprogramm erfasst, die im Stammsatz ein Mahnverfahren hinterlegt haben.
Mahnstufen	Pro Mahnverfahren können mehrere **Mahnstufen** festgelegt werden, denen Mahntexte und Aktionen (z. B. Sperren des Stammsatzes) zugeordnet werden. Mahnstufen werden anhand der Anzahl der offenen Verzugstage ermittelt. Diese dienen z. B. der Ermittlung von Verzugszinsen offener Posten oder Mahngebühren. Die Organisation der Mahnungen kann nach **Mahnbereichen** erfolgen, d.h. nach Organisationseinheiten, die selb-

ständig Mahnungen abwickeln. Hier z. B. Sparten und dergleichen denkbar.

Mahntexte

Im System können mehrsprachige **Mahntexte** hinterlegt werden, die über Parameter individualisierbar sind (z. B. Angabe des zuständigen Sachbearbeiters). Abhängig vom Sprachkennzeichen des Geschäftspartners im Debitoren- bzw. Kreditorenstamm und von der Mahnstufe ermittelt das Mahnprogramm den richtigen Mahntext.

Mahnsperre

Eine Reihe von Einflussgrößen bestimmt die Wirkung des Mahnprogramms. Der Stammsatz muss eine korrekte Anschrift sowie ein Mahnverfahren enthalten. Es müssen überfällige Posten vorhanden sein und es darf keine Mahnsperre gesetzt sein.

Mahntexte

Im Customizing müssen die notwendigen Parameter (z. B. Mahntexte) gepflegt sein. Die aktuellen Steuerdaten, wie z. B. Mahndatum und die Belegabgrenzung müssen korrekt sein. Die Zusammenhänge werden im folgenden Fallbeispiel behandelt.

4.7.4   Fallbeispiel: Mahnlauf

AUFGABENSTELLUNG

Mahnen Sie Ihren Kunden. Prüfen Sie zuvor, ob das Konto überfällige Rechnungen enthält und buchen Sie ggf. Rechnungen nach. Der nächste Mahnlauf ist in zwei Wochen geplantLÖSUNG

Der Mahnvorgang wird in drei Schritten durchgeführt, die jeweils aus mehreren Einzelschritten bestehen, vgl. die Abbildung 120. Zunächst wird ein Mahnvorschlag erstellt. Dies ist eine temporäre Datei mit zu mahnenden Posten. Das Mahnprogramm ermittelt die Konten und Belege, die gemahnt werden müssen, die jeweilige Mahnstufe (1., 2. Mahnung usw.) und erstellt einen Mahnvorschlag. Dieser Vorgang ist beliebig wiederholbar. Es nehmen nur Personenkonten am Mahnlauf teil, bei denen im Stammsatz ein Mahnverfahren gesetzt ist.

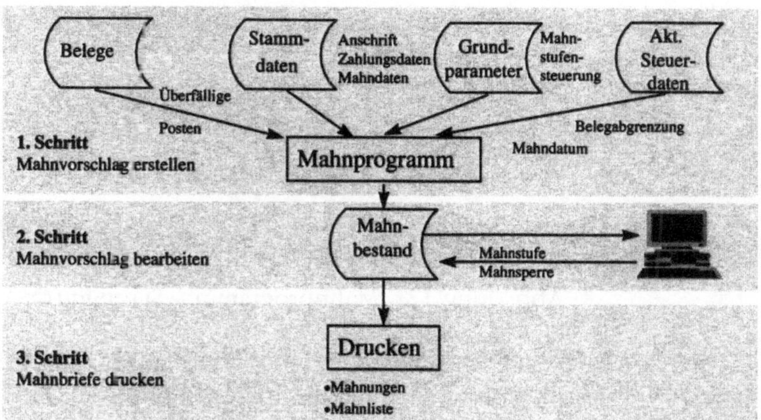

Abbildung 120: Ablaufübersicht Mahnprogramm

Der im 1. Schritt erzeugte Mahnbestand wird nun bearbeitet. Der Buchhalter kann Mahnsperren setzen oder zurücknehmen. Eine Mahnsperre unterdrückt die Erzeugung einer Mahnung. Das Druckprogramm druckt Mahnbriefe und führt den Update im Stammsatz des Geschäftspartners und Belegen durch. Ggf. kann ein Probedruck erstellt werden. Mahnformulare und Texte müssen zuvor im Customizing angepasst werden. Zunächst sind die erforderlichen Parameter zu erfassen. Danach kann das Mahnprogramm gestartet oder für einen späteren Zeitpunkt eingeplant werden. Wenn gewünscht, kann der Mahndruck gleichzeitig erfolgen. In diesem Fall entfällt die Möglichkeit, den Mahnbestand vorher zu bearbeiten.

Menüpfad **Rechnungswesen ⇒ Finanzwesen ⇒ Debitoren ⇒ Periodische Arbeiten**

Transaktion **F150 Mahnen**

Erfassen Sie zunächst das Ausführungsdatum (z. B. Tagesdatum) und eine beliebige Identifikation für den Mahnlauf. Drücken Sie anschließend ***ENTER***.

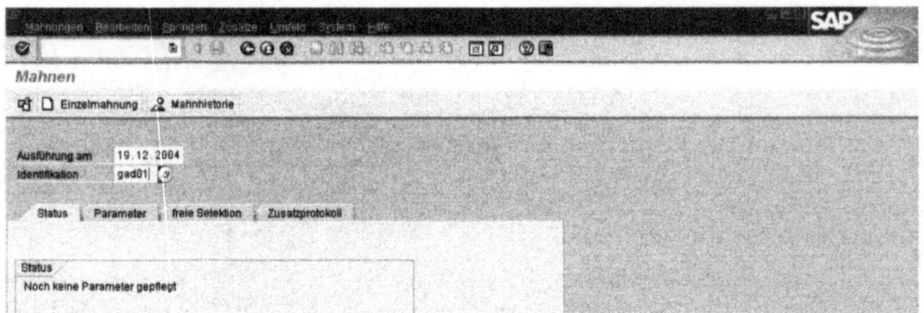

Abbildung 121: Mahnprogramm – Startbild (©SAP AG)

Aktivieren Sie nun das Registerblatt mit der Beschriftung „Parameter". Sie erhalten das folgende Bild:

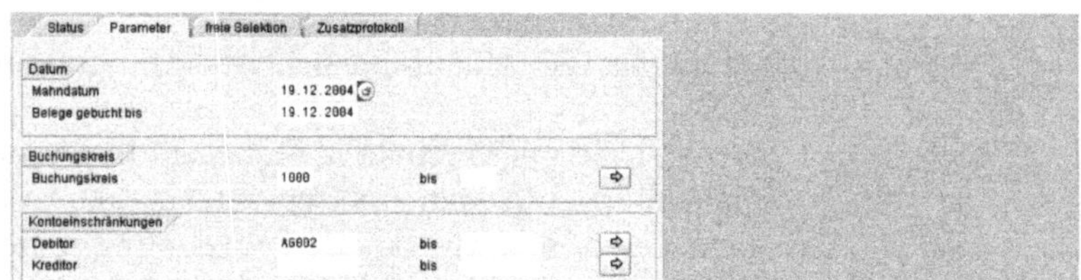

Abbildung 122: Mahnvorschlag erstellen (©SAP AG)

Erfassen Sie das Mahndatum, das Datum bis zu dem Belege berücksichtigt werden und ggf. den zu mahnenden Debitoren. Wenn Sie keine Debitorennummer angeben, werden alle Debitoren einbezogen. Sichern Sie die Parameter mit **Strg+S**. Sie erhalten eine Quittung des Systems. Gehen Sie in zurück in das Menü des Mahnprogramms mit **F3**. Sie sehen das folgende Bild:

Abbildung 123: Mahnlauf Übersicht (©SAP AG)

Sie können nun mit F7 den Mahnlauf einplanen. Geben Sie im nächsten Bild als Drucker den Namen LP01 ein oder selektieren einen anderen Drucker. Aktivieren Sie im darauf folgenden Bild den Jobparameter „Start sofort" und den Button **Einplanen** (bzw. **F5**), damit das Programm unmittelbar startet. Alternativ könnten Sie einen beliebigen Startzeitpunkt festlegen.

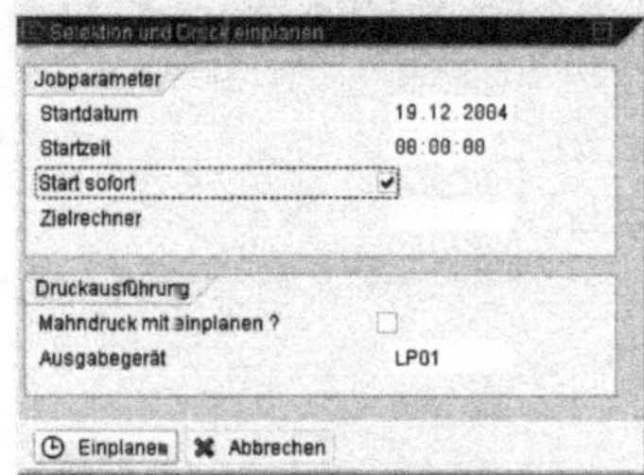

Abbildung 124: Mahnlauf einplanen (©SAP AG)

Sie erhalten eine Bestätigung über den Programmstart. Mit *EN-TER* können Sie das Bild auffrischen, bis die Vollzugsmeldung „Mahnselektion ist fertig" erscheint.

Abbildung 125: Mahnlauf Vollzugsmeldung (©SAP AG)

Der Mahnvorschlag kann durch Aktivieren des Buttons *Mahnungen ändern* geändert werden (oder *Umsch+F4*). Dieser Schritt ist optional, der Mahndruck kann auch sofort angestoßen werden. Sie erhalten ein Selektionsbild: Mit *Ausführen* oder *F8* starten Sie die Mahndatenselektion.

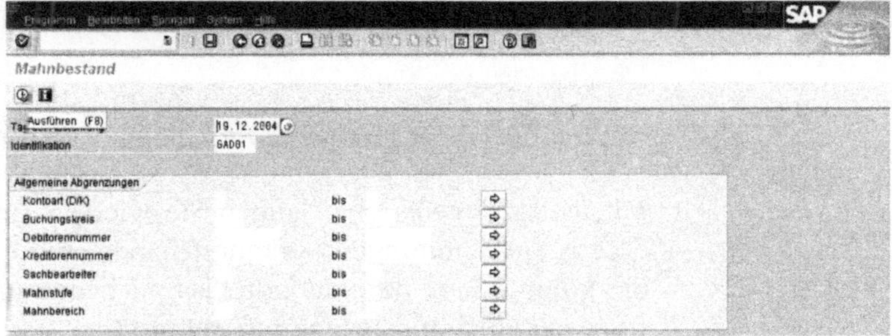

Abbildung 126: Mahnlauf Selektion (©SAP AG)

Sie erhalten nun eine Belegübersicht. Durch einen Doppelklick auf eine Zeile können Sie Mahnungen hinsichtlich der Mahnstufe ändern oder eine Mahnsperre verhängen, d. h. verhindern, dass für diese Belege eine Mahnung erstellt wird.

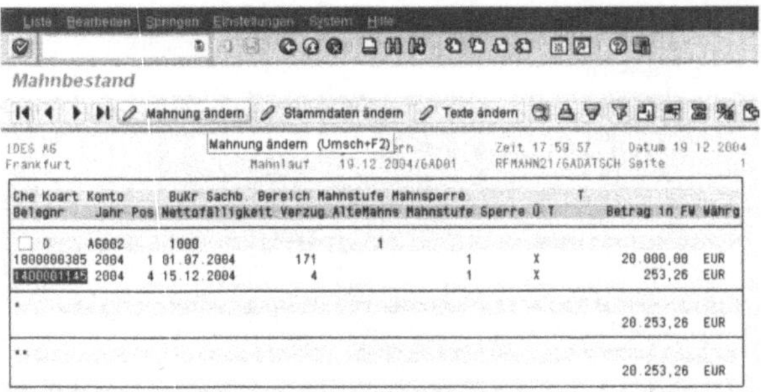

Abbildung 127: Selektierter Mahnbestand (©SAP AG)

Im nächsten Bild sehen Sie ein Beispiel für die Eintragung einer Mahnsperre.

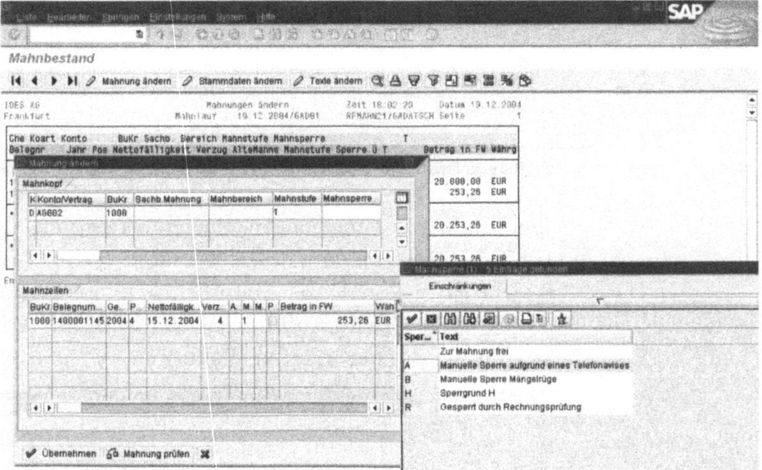

Abbildung 128: Mahnsperre verhängen (©SAP AG)

Mit mehrmaligem **F3** gelangen Sie wieder zurück in das Menü. Sofern Sie Mahnungen verändert haben, wird dies protokolliert. Sie können jetzt den Mahndruck und damit auch die Aktualisierung der Buchungsbelege mit Mahnstufen starten. Tragen Sie im nächsten Bild einen Drucker ein (z. B. „LP01"). Aktivieren Sie im hierauf folgenden Fenster **Start sofort**. Aktivieren Sie den Button **Drucken** oder **Strg+P,** um den Druck zu starten.

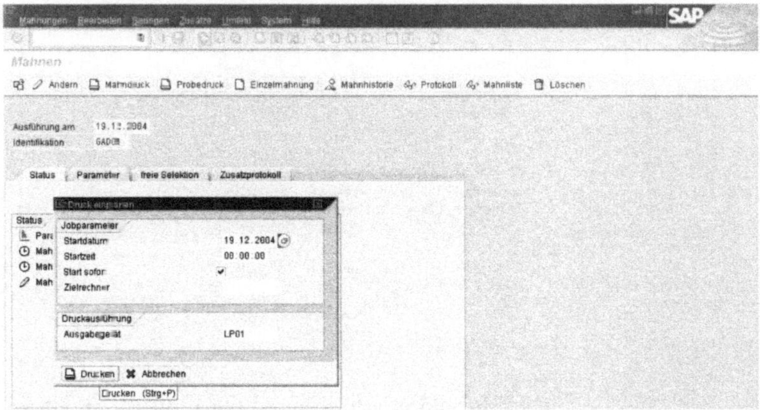

Abbildung 129: Mahndruck starten (©SAP AG)

Sie erhalten eine Bestätigung des Systems. Falls gewünscht, kann
ein Probedruck durchgeführt werden, ggf. sind dann noch Änderungen des Mahnbestandes möglich. Auch eine komplette Wiederholung des Mahnlaufes ist möglich. Mit dem Mahndruck werden die Mahnungen erzeugt und Tabellenänderungen durchgeführt. Sie können aus dem Menü über den Button ***Mahnliste***
oder über ***Umsch+F6*** eine Liste erzeugen, welche die Einzelbelege auflistet, für die Mahnungen erzeugt wurden. Ein Beispiel
für eine Mahnliste sehen Sie in der nächsten Darstellung.

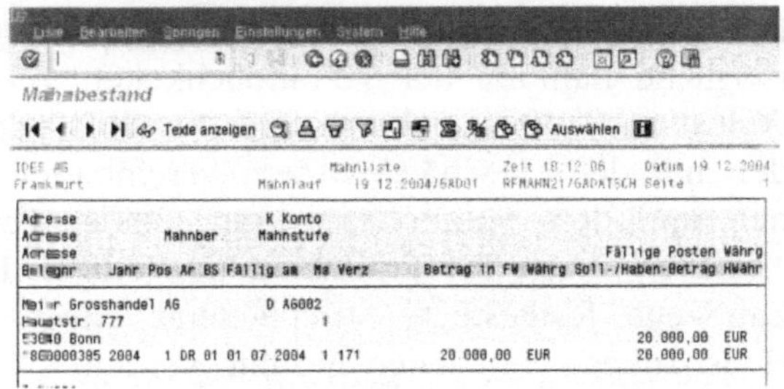

Abbildung 130: Mahnliste (©SAP AG)

Jeder gemahnte Beleg und die zugehörigen Kreditorenstammsät-
ze werden mit dem Mahndatum und der Mahnstufe markiert. Sie
finden die Einträge im Buchungsbeleg in der ersten Belegzeile.

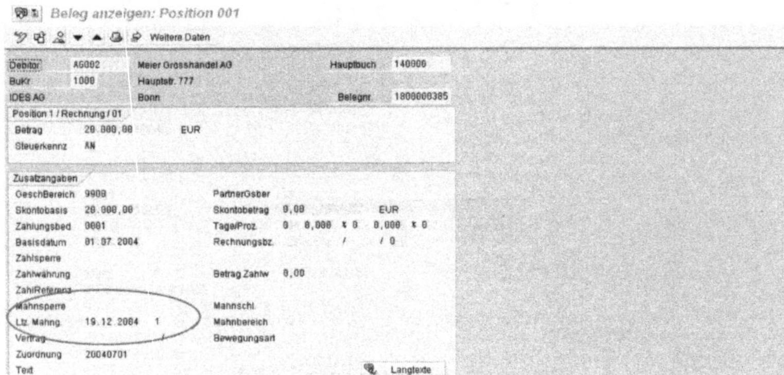

Abbildung 131: Buchungsbeleg mit Mahndatum (©SAP AG)

4.7.5   Automatisiertes Zahlen

Das Zahlprogramm dient dem maschinellen Ausgleich offener Posten. Es verarbeitet In- und Auslandszahlungen, erzeugt die Zahlungsbelege und unterstützt alle international gebräuchlichen Zahlverfahren (Zahlwege). Daneben werden Zahlungsträger (Scheckformulare, Magnetband, Disketten u. a.) sowie Zahlungsvorschlagslisten und verschiedene Protokolle erzeugt. Länderspezifische Besonderheiten werden im Rahmen des Customizing berücksichtigt.

Ermittlung fälliger Posten

Die Zielstrategie des Zahlungsprogramms ist die so spät wie mögliche Zahlung der Verbindlichkeiten, ohne hierbei Skontoverlust in Kauf zu nehmen. Die Postenfälligkeit ergibt sich aus den mit den Geschäftspartnern vereinbarten Zahlungskonditionen und dem Skontobasisbetrag. Beide Werte sind im Beleg enthalten. Nach der Ermittlung der fälligen Posten werden die Zahlwege festgestellt. Anschließend erfolgt die Auswahl der Hausbanken, von denen gezahlt werden soll und bei Überweisungen die Ermittlung der Bankverbindungen der Kreditoren. Hierbei stehen Optimierungsmöglichkeiten zur Verfügung, die auch durch direkte Vorgaben im Stammsatz des Kreditoren übersteuert werden können. Daneben bietet das R/3-System eine Scheckverwaltung, um den Scheckrücklauf zu verfolgen und auszuwerten.

Abweichende Zahlungsempfänger

Weitere Besonderheiten sind z. B. die Berücksichtigungen abweichender Zahlungsempfänger, wie dies oft bei großen Unternehmen der Fall ist, und die Möglichkeit, im Falle mehrerer eigener Buchungskreise Zahlungen für mehrere Buchungskreise durch einen „Zahlungsbuchungskreis" durchführen zu lassen. Alle hierbei anfallenden Verrechnungsbuchungen etc. werden vom Zahlungsprogramm erstellt.

Mehrere Einflussgrößen bestimmen die Wirkung des Zahlprogramms Der Stammsatz muss eine korrekte Anschrift sowie gültige Zahlwege enthalten. Zudem darf keine Zahlsperre (z. B. wegen eines Insolvenzverfahrens) gesetzt sein. Es müssen fällige Posten vorhanden sein. Im Customizing müssen die notwendigen Parameter (z. B. Bankenauswahl, Zahlungswegeauswahl) gepflegt sein.

Die aktuellen Steuerdaten wie z. B. Zahldatum, Datum der nächsten Zahlung (zur Ermittlung der Skontoabzugsbeträge) und die Belegabgrenzung müssen korrekt sein. Die Zusammenhänge werden im folgenden Fallbeispiel detailliert behandelt.

4.7.6   Fallbeispiel: Zahllauf

AUFGABENSTELLUNG

Begleichen Sie die fälligen Rechnungen des Lieferanten aus der Fallstudie mit dem Zahlprogramm. Gehen Sie von folgenden Daten aus: Die Zahlung soll noch im Laufe dieses Tages veranlasst werden. Der mit dem Lieferanten vereinbarte Zahlweg ist Zahlung per Scheck. Der nächste Zahllauf ist in etwa zwei Wochen

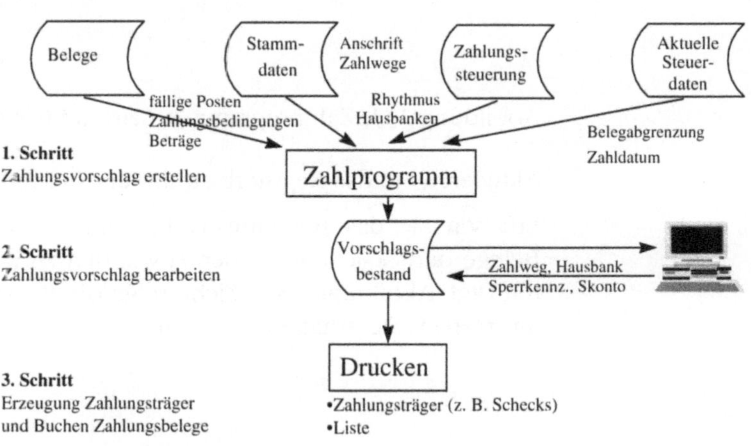

Abbildung 132: Ablaufübersicht Zahlprogramm

LÖSUNG

Die Ausführung des Zahllaufes erfordert Vorbereitungen: Anlegen von Hausbanken und Bankkonten, Festlegen von Zahlenden Buchungskreisen und zulässigen Zahlwegen (Scheck, Überweisung u. a.), Spezifikation der Bankenreihenfolge für die Gelddisposition). Die Transaktionen sind z. T. über den Menüpunkt Umfeld erreichbar..

1. Schritt: Parameterpflege

Zunächst ist das Kreditorenmenü anzuwählen. Anschließend sind der Ausführungstag und eine frei wählbare Identifikation vorzugeben. Danach sind Angaben zum Buchungskreis, der gewünschten Zahlwege und der zu regulierenden Kreditoren und ggf. Debitoren zu machen. Die Angabe des nächsten Zahlungstermins ist zur Fristenkontrolle notwendig.

Menüpfad

Rechnungswesen ⇒ Finanzwesen ⇒ Kreditoren ⇒ Periodische Arbeiten

Transaktion

F110 Zahlen

Im nächsten Bild sehen Sie die Startmaske des Zahlprogramms. Erfassen Sie das Ausführungsdatum (Tagesdatum) und eine beliebige Identifikation. Drücken Sie anschließend ***ENTER***.

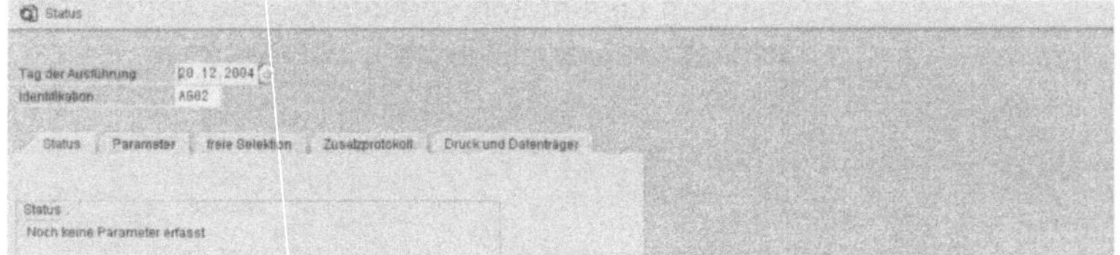

Abbildung 133: Zahlprogramm – Startbild (©SAP AG)

Aktivieren Sie das Registerblatt mit der Beschriftung „Parameter".

Erfassen Sie das Buchungsdatum und das Datum, bis zu dem Belege berücksichtigt werden sowie den zu mahnenden Kreditoren (vgl. Abbildung 134). Sichern Sie die Parameter anschließend mit ***Strg+S***. Sie erhalten eine Quittung des Systems.

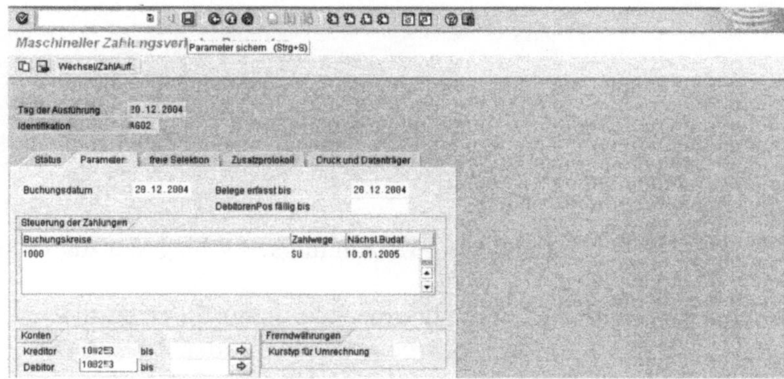

Abbildung 134: Zahlungsvorschlag erstellen (©SAP AG)

Gehen Sie zurück in das Menü des Zahlprogramms mit *F3*. Sie sehen folgendes Bild:

Abbildung 135: Zahllauf Übersicht (©SAP AG)

Sie können mit *F7* den Zahllauf einplanen. Aktivieren Sie den Jobparameter **Start sofort** und den Button *Einplanen* (bzw. *F5*), damit das Programm unmittelbar startet.

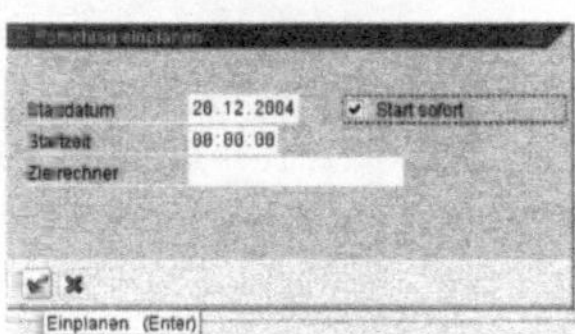

Abbildung 136: Zahllauf einplanen (©SAP AG)

Sie erhalten eine Bestätigung. Mit *ENTER* können Sie das Bild auffrischen, bis die Vollzugsmeldung „Zahlungsvorschlag wurde erstellt" erscheint.

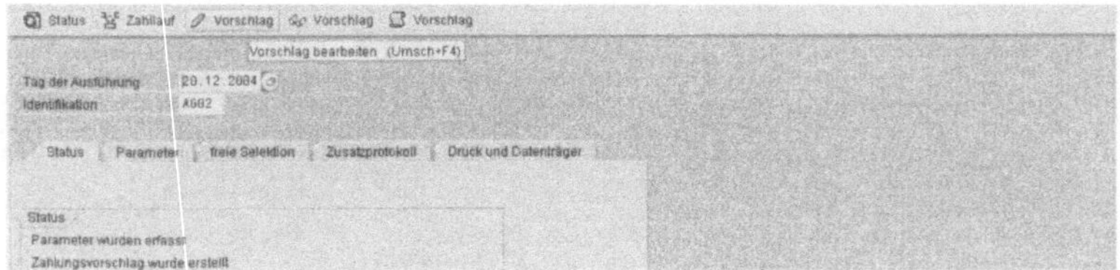

Abbildung 137: Zahlungsvorschlag Vollzug (©SAP AG)

Der Zahlungsvorschlag kann durch Aktivieren des Buttons **Vor-schlag** bearbeit werden (oder **Umsch+F4**). Dieser Schritt ist optional, der Zahllauf kann auch sofort angestoßen werden. Sie erhalten zunächst ein Selektionsbild: Mit **Ausführen** oder **F8** starten Sie das Programm zur Selektion des Zahlungsvorschlages.

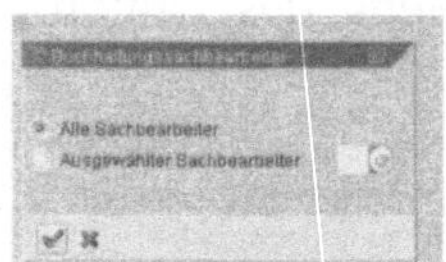

Abbildung 138: Zahllauf Selektion (©SAP AG)

Sie erhalten nun eine Übersicht über die selektierten Belege. Durch einen Doppelklick auf eine Zeile können Sie den Zahlungsvorschlag bearbeiten, z. B. den Skontobetrag verändern oder eine Zahlungssperre verhängen, d. h. verhindern, dass für diese Belege eine Zahlung durchgeführt wird.

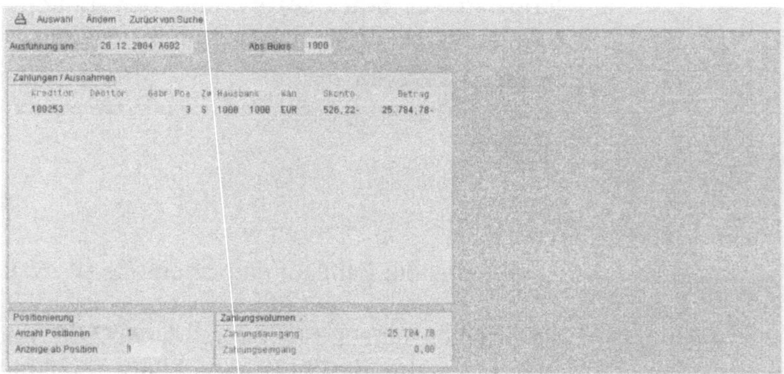

Abbildung 139: Selektierter Zahlungsbestand (©SAP AG)

Im nächsten Bild sehen Sie ein Beispiel für die Veränderung der Daten (Ändern Skontobetrag von 40 Euro auf Null). Stattdessen könnten Sie auch einen Beleg oder den Kreditor insgesamt sperren, d. h. die Zahlung verhindern.

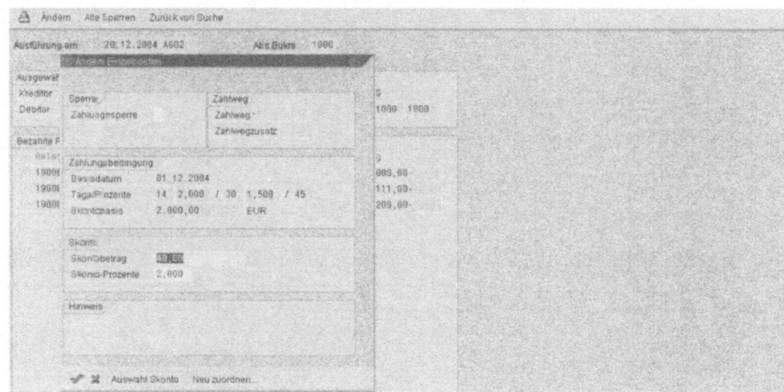

Abbildung 140: Zahlungssperre vermerken (©SAP AG)

Mit ggf. mehrmaligem **F3** gelangen Sie wieder zurück in das Menü. Sofern Sie den Zahlungsvorschlag verändert haben, wird dies protokolliert. Sie können nun den Zahllauf starten. Aktivieren Sie **Start sofort**. Aktivieren Sie den Button **Einplanen** oder **F7**, um den Zahllauf zu starten. Sie erhalten eine Bestätigung des Systems. Mit dem Zahllauf werden offene Posten ausgeglichen und Datenbankupdates ausgeführt. Sie können aus dem Menü über den Button **Zahlungsliste** eine Liste erzeugen, welche die Einzelbelege auflistet, für die Zahlungen erzeugt wurden. Ein Beispiel sehen Sie in der Abbildung 141.

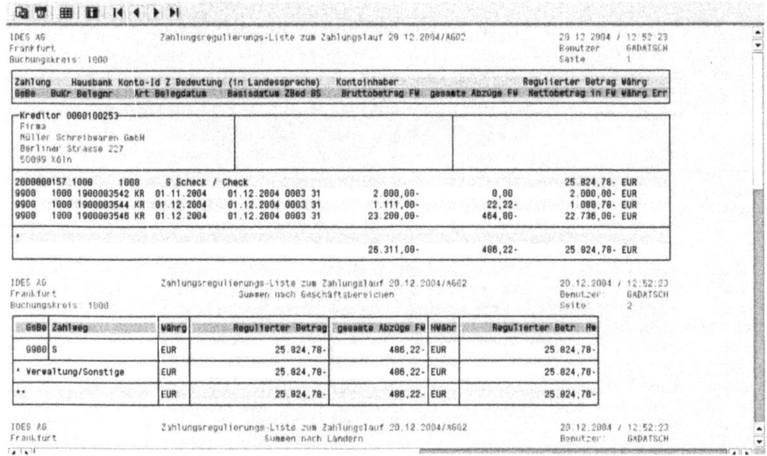

Abbildung 141: Zahlungsregulierungsliste (©SAP AG)

4.8 Kontrollfragen

- Welche Nebenbücher werden im Modul FI gehalten?

- Nennen und beschreiben Sie Organisationselemente in einem SAP-System zur Abbildung eines Unternehmens.

- Welche Funktion hat ein Abstimmkonto? Wo wird das Abstimmkonto benutzt?

- Wie sind die Stamm- und Bewegungsdaten in einem SAP-System strukturiert?

- Was versteht man unter einem CpD-Konto?

- Erläutern Sie den Aufbau von SAP-Belegen.

- Wie erfolgt die Stornierung eines SAP-Belegs?

- Was versteht man unter den Sonderhauptbuchvorgängen? Erläutern Sie dies an einem Beispiel.

5 Anwendung von SAP R/3-Enterprise im Controlling

5.1   Integration von Controlling und Finanzbuchhaltung

Die Finanzbuchhaltung integriert Rechnungswesen, Controlling, logistische Anwendungen (z. B. Materialwirtschaft, Vertrieb und Produktionsplanung) und Personalwirtschaft. Integrationsinstrumente sind der Kontenplan und die Sachkonten. Die Integration ist gekennzeichnet durch:

- Betriebswirtschaftliche und formale Prüfung der Daten bei ihrer Entstehung, d. h. Erfassung der Belege,

- Beschreibung von betriebswirtschaftlichen Objekten als Konten (Sachkonto, Kreditorenkonto, Debitorenkonto, Bankkonto, Materialkonto, Anlagekonto u. a. m.),

- Durchgängige Abbildung aller Geschäftsvorfälle nach dem Belegprinzip,

- Integration der Kosten- und Leistungsrechnung durch Zusatzkontierungen.

Gesetzliche Anforderungen

Ein leistungsfähiges Rechnungswesen muss verschiedenen Anforderungen genügen. Die externe Sicht erfüllt die Anforderungen des Gesetzgebers (z. B. HGB, Steuergesetze) und der Öffentlichkeit (z. B. Anteilseigner). Interne Anforderungen resultieren aus den Wünschen des Managements. Bei Nutzung des Gemeinkosten-Controllings werden kostenrechnungsrelevante Buchungen der Finanzbuchhaltung an das Controlling-Modul übergeben, z. B. Kostenstelle, Innenauftrag).

5.2   Kostenartenrechnung

5.2.1   Überblick

Die Aufgabe der Kostenartenrechnung besteht in der nach Einsatzfaktoren gegliederten Erfassung der in einer Abrechnungsperiode angefallenen Kosten. Die Kosten werden über Belege erfasst, die auch Angaben über die Art der Weiterverrechnung enthalten. Die Funktionen der Kostenartenrechnung erreichen Sie über:

Menüpfad

Rechnungswesen ⇒ Controlling ⇒ Kostenartenrechnung

Aus dem Finanzwesen wird der Begriff Sachkonto übernommen und in Verbindung zum Kostenrechnungsbegriff Kostenart gesetzt. Das Sachkonto wird im externen Rechnungswesen geführt. Kostenarten sind nur diejenigen Sachkonten, die für das Controlling relevant sind (z. B. Aufwendungen). Kostenarten sind dem Controlling zugeordnet. Primäre Kostenarten werden als Ist-Kosten bzw. Ist-Erlöse direkt in das Controlling übernommen. Beispiele hierfür sind die Finanzbuchhaltung, Anlagenbuchhaltung, Material- und Personalwirtschaft.

Kostenarten

Primäre Kostenarten erfordern ein Sachkonto. Sekundäre Kostenarten dienen der innerbetrieblichen Leistungsverrechnung. Für sie sind deshalb keine Sachkonten notwendig.

Wertefluss

Die Integration von Finanzwesen und Controlling sowie der weiteren Module ist eines der wesentlichen Merkmale des SAP-Systems. Der Kostenarten- und Erlösrechnung kommt hierbei die Rolle der Brücke zwischen dem Controlling und Daten liefern-den Modulen wie Finanzen, Materialwirtschaft usw. zu.

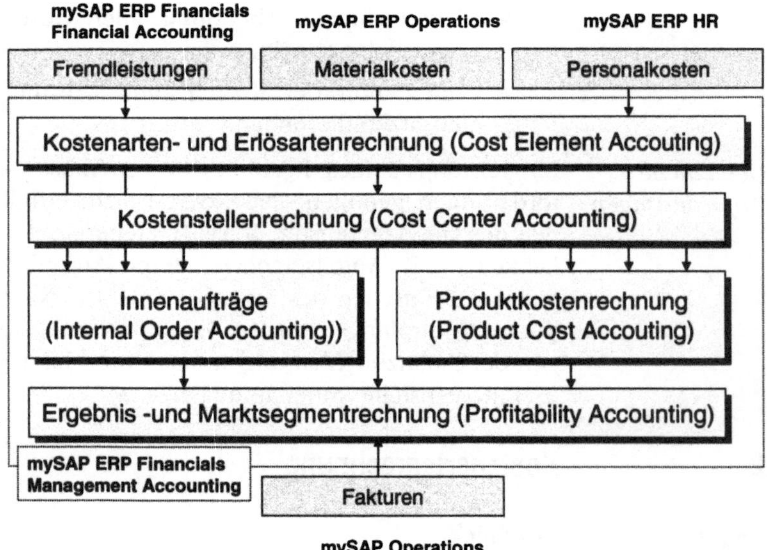

Abbildung 142: Controlling-Wertefluss (vereinfacht)

5.2.2 Stammdaten

Bewegungsdaten resultieren aus laufenden Geschäftsvorfällen. Sie können in gewissen Grenzen jederzeit geändert werden. Ein

typisches Beispiel ist eine Eingangsrechnung aus der Finanzbuchhaltung, die kostenwirksam auf eine Kostenstelle kontiert
wird oder Plandaten für eine Kostenstelle.

Stammdaten ändern sich während des laufenden Betriebs we-
niger häufig. Sie bestimmen die Struktur des Controlling-Systems.
Beispiele für Stammdaten in der Kostenarten- und Kostenstellenrechnung sind: Kostenarten, Kostenstellen, Leistungsarten und
Statistische Kennzahlen. Für jede Kostenart muss ein Stammsatz
angelegt werden. Kostenarten sind zeitabhängig, d. h. beim Anlegen beschreibt ein „Von-Datum" und ein „Bis-Datum" das Gültigkeitsintervall.

5.2.3   Fallbeispiel: Anlegen Primärkostenart

AUFGABENSTELLUNG

Legen Sie die Primärkostenart 475xxx mit der Bezeichnung „Kfz-
Kosten" und dem Kostenartentyp 1 im Kostenrechungskreis „1000" mit
Hilfe der Einzelbearbeitungsfunktion dar. Legen Sie ggf. vorher ein
Sachkonto an.

LÖSUNG

Menüpfad   **Rechnungswesen ⇒ Controlling ⇒ Kostenartenrechnung
⇒ Stammdaten ⇒ Kostenart ⇒ Einzelbearbeitung**

Transaktion   **KA01 Anlegen primär**

Mit einem Doppelklick auf das Feld „Anlegen" öffnen Sie die
Maske zur Erfassung des Kostenartenstammsatzes. Ggf. müssen
Sie vorher noch den Kostenrechnungskreis auf den Wert „1000"
setzen, d. h. Sie erhalten dann das in Abbildung 45 dargestellte
Bild. Dort tragen Sie die Kostenartennummer und das Gültig-
keitsintervall ein.

Abbildung 143: Kostenart anlegen – Startbild (©SAP AG).

Mit ***ENTER*** gelangen Sie in das nächste Bild. Selektieren Sie das
Auswahlfeld neben dem Feld Kostenartentyp und wählen den
Kostenartentyp „1 = Primärkosten". Bestätigen Sie mit ***ENTER***.

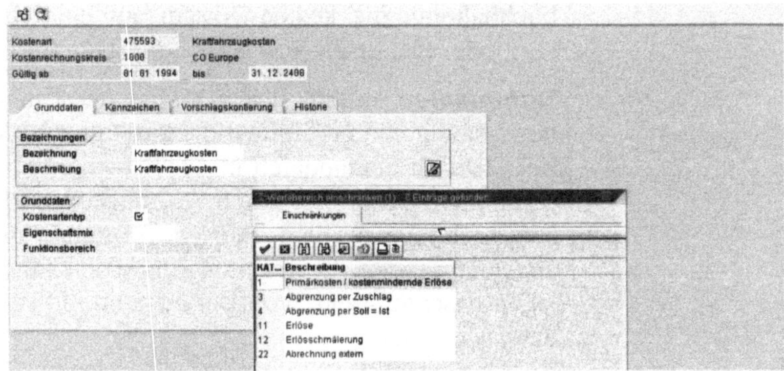

Abbildung 144: Erfassung Grunddaten (©SAP AG)

Anschließend können Sie Ihre Eingaben mit **Strg+S** oder dem nebenstehenden Symbol sichern. Sie erhalten eine Bestätigung:

5.2.4   Fallbeispiel: Anlegen Sekundärkostenart

AUFGABENSTELLUNG

Legen Sie die sekundäre Kostenart 609xxx mit der Bezeichnung „Umlage" und dem Kostenartentyp 42 „Umlage" im Kostenrechungskreis „1000" an.

LÖSUNG

Menüpfad

Rechnungswesen ⇒ Controlling ⇒ Kostenartenrechnung ⇒ Stammdaten ⇒ Kostenart ⇒ Einzelbearbeitung

Transaktion

KA06 Anlegen sekundär

Mit einem Doppelklick auf das Feld „Anlegen" öffnen Sie die Maske zur Erfassung des Kostenartenstammsatzes. Ggf. müssen Sie vorher noch den Kostenrechnungskreis auf den Wert „1000" setzen. Im folgenden Bild tragen Sie die Kostenartennummer (hier „609104") und den Gültigkeitsintervall ein.

Abbildung 145: Kostenart anlegen – Startbild (©SAP AG).

Mit **ENTER** gelangen Sie in das nächste Bild. Tragen Sie im Feld
Kostenartentyp den Kostenartentyp „42 = Umlage" ein. Bestätigen Sie mit **ENTER**.

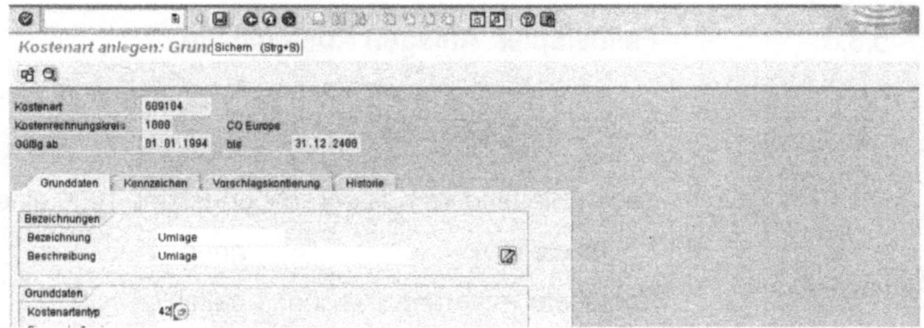

Abbildung 146: Erfassung Grunddaten (©SAP AG)

Anschließend können Sie mit Strg+S oder dem nebenstehenden
Symbol sichern. Sie erhalten eine Bestätigung.

5.2.5   Kostenartengruppen

Eine Kostenartengruppe dient der Zusammenfassung mehrerer
Kostenarten mit ähnlichen Eigenschaften. Praktische Einsatzfelder
sind z. B. die Sammelbearbeitung und das Berichtswesen. Die
Verwaltung erfolgt über **Rechnungswesen ⇒ Controlling ⇒
Kostenarten ⇒ Stammdaten ⇒ Kostenartengruppen**.

5.3   Kostenstellenrechnung

5.3.1   Stammdaten

Die Kostenstellenrechnung ist der Kern der SAP-R/3-Controlling-
Funktionalität, denn Sie schafft in Verbindung mit der Kostenartenrechnung die Grundlage für die Planung und Abrechnung
und damit für weitergehende Aufgaben wie Produktkalkulation
und Ergebnisrechnung.

Für das Gemeinkosten-Controlling sind folgende Stammdaten
von Bedeutung: Kostenarten, Kostenstellen, Leistungsarten sowie
statistische Kennzahlen und Innenaufträge. Sie legen die Art und
Weise der Verarbeitungsmöglichkeiten fest.

5.3.2   Kostenstellen

Kostenstellen dienen der Erfassung und Verrechnung von Ge-
meinkosten. Sie stellen den kleinsten Verantwortungsbereich dar.

Im Rahmen des Gemeinkosten-Controllings werden sie zu Entscheidungsbereichen zusammengefasst, die in Form als Kostenstellen-Hierarchien dargestellt werden.

5.3.3 Fallbeispiel: Anlegen Kostenstelle

AUFGABENSTELLUNG

Legen Sie bitte im Kostenrechnungskreis 1000 eine Kostenstelle an.

Kostenstelle	nnnn	
Kostenstellenverantwortlicher	beliebig	
Kostenstellenbezeichnung	beliebig	
Art der Kostenstelle	4	Verwaltung
Hierarchiebereich	H2210	Verwaltung
Geschäftsbereich	9900	Verwaltung/Sonstige

LÖSUNG

Menüpfad

Rechnungswesen ⇒ Controlling ⇒ Kostenstellenrechnung ⇒ Stammdaten ⇒ Kostenstelle ⇒ Einzelbearbeitung

KS01 Anlegen

Transaktion

Mit einem Doppelklick auf das Feld „Anlegen" erhalten Sie das folgende Bild. Ggf. müssen Sie vorher den Kostenrechnungskreis auf den Wert „1000" setzen. Tragen Sie die gewünschte Nummer der Kostenstelle und ein passendes Gültigkeitsintervall in die entsprechenden Felder ein. Bestätigen Sie mit *ENTER*.

Abbildung 147: Kostenstelle anlegen – Startbild (©SAP AG)

Im nächsten Bild tragen Sie die Daten entsprechend der Aufgabenstellung in die entsprechenden Felder ein. Die Datenfelder der restlichen Registerblätter werden für diese Fallstudie nicht benötigt. Bei Bedarf können Sie dort weitere Angaben machen. Anschließend können Sie die Einträge mit *Strg+S* sichern.

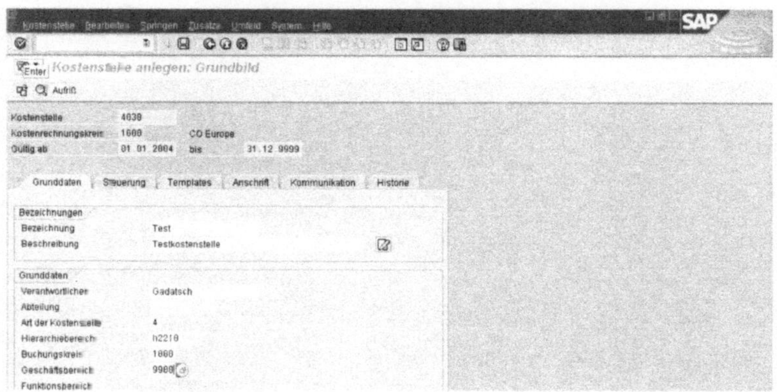

Abbildung 148: Kostenstellen-Grunddaten (©SAP AG)

Möglicherweise erhalten Sie einen Hinweis, den Sie mit **ENTER** übergehen können. Abschließend erhalten Sie eine Bestätigung, dass Ihre Kostenstelle angelegt wurde.

5.3.4   Fallbeispiel: Kontierung auf Kostenstelle

AUFGABENSTELLUNG

Kontieren Sie eine Kreditorenrechnung auf Ihre Kostenstelle. Analysieren Sie anschließend die Daten. Die Eingangsrechnung betrifft den Kreditor aus dem Fallbeispiel auf Seite 49.

Rechnungsdatum: Tagesdatum

Bruttobetrag   10.000

Die Umsatzsteuer beträgt 16 % (Vorsteuerschlüssel VN). Der Rechnungsbetrag verteilt sich auf mehrere Kostenarten:

3000   für Verpackungsmaterial (Konto 405000),

1000   für Ersatzteile (Konto 404000),

6000   für Reparaturlohn (Konto 475000 Kfz-Kosten).### LÖSUNG (1. SCHRITT: BUCHEN RECHNUNG)

Um die Kostenstelle zu belasten öffnen Sie die bereits bekannte Transaktion **FB60 Rechnung.** Erfassen Sie die Rechnungsdaten.

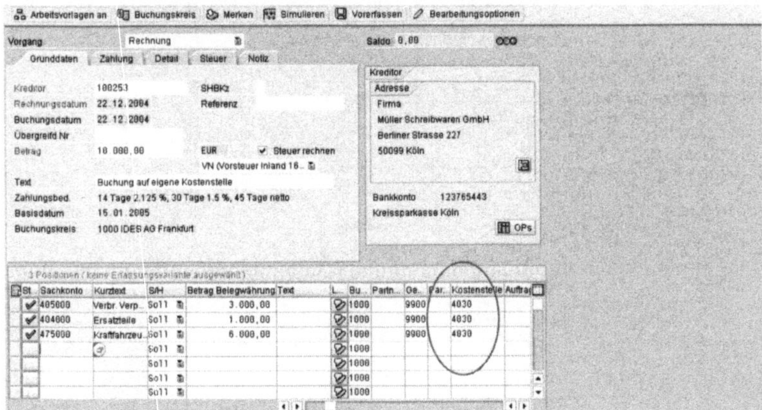

Abbildung 149: Rechnung kontieren (©SAP AG)

Anschließend können Sie die Rechnung buchen. Nachdem Sie den Beleg erfasst haben, können Sie den Beleg sowohl im Kontokorrentkonto des Finanzwesens, als auch im Controlling sehen. Im Folgenden wird die Analyse über die Funktionen des Gemeinkosten-Controllings gezeigt.

LÖSUNG (2. SCHRITT: ANALYSE KOSTENSTELLE)

Menüpfad

Rechnungswesen ⇒ Controlling ⇒ Kostenstellenrechnung ⇒ Infosystem ⇒ Berichte zur Kostenstellenrechnung ⇒ Soll/Ist-Vergleiche

Transaktion

S_ALR_87013625-Kostenstellen-Ist/Soll/Abweichung

Tragen Sie im Startbild Nummer Ihrer Kostenstelle ein, die Sie soeben belastet haben.

Abbildung 150: Kostenstelle analysieren (©SAP AG)

Nachdem Sie die notwendigen Angaben erfasst haben, starten Sie das Programm mit *Ausführen* bzw. *F8*.

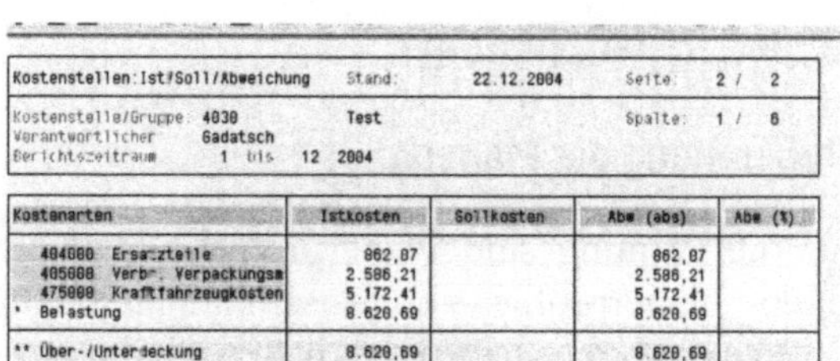

Abbildung 151: Kostenstellenbericht (©SAP AG)

5.3.5   Kostenstellenhierarchien

Bevor mit der Kostenstellenplanung begonnen werden kann, muss eine Standardhierarchie für die Kostenstellen festgelegt sein. Sie legt die Über-/Unterordnungsbeziehungen der Kostenstellen fest. Der Hierarchiepfad lautet:

Menüpfad   **Rechnungswesen ⇒ Controlling ⇒ Kostenstellenrechnung ⇒ Stammdaten ⇒ Standardhierarchie**

Transaktion   **OKENN Anzeigen**

5.3.6   Leistungsarten

Leistungsarten sind Maßgrößen für die Kostenverursachung, die den Leistungsoutput einer Kostenstelle beschreiben. Sie werden für die Ermittlung der Sollkosten und die innerbetriebliche Verrechnung benötigt und als Stammsätze gespeichert.

Menüpfad   **Rechnungswesen ⇒ Controlling ⇒ Kostenstellenrechnung** und dann **Stammdaten ⇒ Leistungsart ⇒ Einzelbearbeitung**

Transaktion   **KL 03 Anzeigen**

5.3.7   Statistische Kennzahlen

Statistische Kennzahlen werden für die innerbetriebliche Verrechnung benötigt. Als Beispiel seien die statistischen Kennzahlen „Anzahl Mitarbeiter", „Quadratmeter Grundfläche" oder „Anzahl Telefone" aufgeführt.

Fest- und Sum-   Eine statistische Kennzahl wird ohne Zeitbezug angelegt. Fest-
menwerte   werte sind für jeden Monat eines Geschäftsjahres beginnend mit dem Startmonat gleich. Sie werden vom System für die Folgemonate vorgetragen (Beispiel: Quadratmeter Grundfläche). Summenwerte werden nicht fortgeschrieben (Beispiel: Anzahl Kundenanfrage).

5.4 Kostenstellenplanung

5.4.1 Vorbereitung der Planung

Planerprofile

Für die Planung sind Planerprofile und Planversionen vorzubereiten. Planerprofile sind Zusammenfassungen von Layouts für die Planung, die nach inhaltlichen Planungsgebieten unterschieden werden (z. B. Kostenstellenrechnung, Prozesskostenrechnung). Planungslayouts sind Formulare, die zur Erfassung der Planungsdaten verwendet werden. Sie bestimmen die betriebswirtschaftlichen Möglichkeiten der Planung. Planerprofile werden im Customizing gepflegt. Das Customizing von Planerprofilen ist sehr komplex, so dass es an dieser Stelle nicht behandelt wird. Wichtig ist jedoch festzuhalten, dass die Möglichkeit besteht, detailliert zu steuern, welche Anwender welche Aufgaben im Rahmen der Planung durchführen dürfen. Bestandteile der Einstellungen sind die Verwendungsbereiche (Geschäftsjahr, Planversion, Periode sowie die Planungszeilen und -spalten.

Planversionen

Planungen werden in der Praxis häufig auf Basis eines Ausgangsplanes mehrmals iterativ überarbeitet, so dass bis zur endgültigen Freigabe eines verbindlichen Kostenstellenplans mehrere Versionen erstellt werden. Üblicherweise werden auch pessimistische, optimistische oder wahrscheinliche Planversionen erstellt, um Risikobetrachtungen zu ermöglichen. SAP-R/3 erlaubt es, mehrere Planversionen zu erstellen. Jeder Plan wird separat gespeichert und steht für Analysezwecke zur Verfügung (z. B. Planversion 1 mit Planversion 3).

Nach einer Neuinstallation steht zunächst die Planversion „000" zur Verfügung. Diese Planversion ist Standard, während alle anderen Planversionen eigens angelegt werden müssen. Nur unter der Planversion „000" werden Ist-Kosten im Rahmen der Primärkostenerfassung oder der innerbetrieblichen Leistungsverrechnung gebucht. Andere Planversionen enthalten keine Istkosten. Für die Plan-Ist-Analyse ist daher die Planversion „000" erforderlich. In der Praxis werden daher die alternativen Pläne separat angelegt und die finalen Plandaten (der freigegebene Plan) in die Planversion „000" übertragen.

Menüpfad

Rechnungswesen ⇒ Controlling ⇒ Kostenstellenrechnung ⇒ Planung ⇒ Laufende Einstellungen

Transaktion

S_ALR_87005830 Versionen pflegen

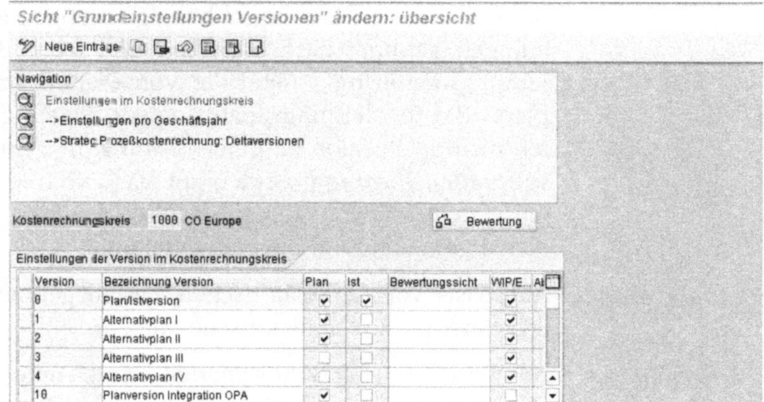

Abbildung 152: Planversionen (©SAP AG)

Die Reihenfolge der Planungsschritte orientiert sich an den betriebswirtschaftlichen Anforderungen. Ein möglicher Ablauf ist in Abbildung 153 dargestellt.

1 Planung statistischer Kennzahlen

2 Planung von Leistungsarten

3 Planung der Primärkosten

4 Planung der Sekundärkosten

5 Durchführung der Planabgrenzung

6 Durchführung der Planverteilung

7 Durchführung der Planumlage

8 Ermittlung der Tarife

Abbildung 153: Ablauf der Kostenstellenplanung

Planung statistischer Kennzahlen

Da viele statistische Kennzahlen (z. B. Anzahl MA je Kostenstelle, Anzahl m^2 Grundfläche) für die Planung mehrerer Kostenstellen erforderlich sind, ist es sinnvoll, deren Planung an den Anfang zu stellen.

Planung von Leistungsarten

Die Planung der Leistungsarten legt den mengenmäßigen Output, d. h. die Leistung der Kostenstelle fest. (Beispiel: Anzahl Fertigungsstunden oder Programmiererstunden). Die Planung der Leistungsarten ist eine Voraussetzung für die Planung der Primär- und der Sekundärkosten.

Planung der Primärkosten

Nach Abschluss der Planung der Leistungsarten können die Primärkosten geplant werden. Bei der **manuellen Planung** werden die Primärkosten leistungsabhängig (bezogen auf eine Leistungsart, ggf. getrennt nach variablen und fixen Bestandteilen) und leistungsunabhängig mit Hilfe von Planungsmasken online geplant. Bei der leistungsunabhängigen Planung werden die Kosten nicht in Relation zu einer Leistungsart gebracht. Bei der *maschinellen Planung* werden auf Basis vom im System hinterlegten Regeln Primärkosten automatisch ermittelt. Beispiele sind die Planabgrenzung und die Planverteilung.

Planabgrenzung	Auf Basis von kalkulatorischen Zuschlägen werden die Kosten errechnet (z. B. kalkulatorische Mieten).
Planverteilung	Auf Basis von Primärkostenarten erfolgt unter Beibehaltung der Originalkostenart eine Verteilung der primären Kosten auf andere Kostenstellen (z. B. Verteilung von Raumkosten anhand der statistischen Kennzahl m² Grundfläche von einer „Raumkostenstelle, auf der die Eingangsrechnungen gebucht werden".
Planung der Sekundärkosten	Nach der Planung der Primärkosten kann die Planung der Sekundärkosten erfolgen. Analog zur Primärkostenplanung bietet das SAP-System wiederum die Möglichkeiten der manuellen und maschinellen Sekundärkostenplanung an. Bei der *manuellen Planung* werden Leistungsaufnahmen in Planungsmasken online geplant. Somit werden die *Liefermengenbeziehungen* zwischen den Kostenstellen dargestellt. Die *Bewertung* erfolgt erst im Rahmen der Tarifermittlung. Im Rahmen der *maschinellen Planung* stehen wiederum technische Hilfen des R/3-Systems zur Verfügung, für die Regeln vorzugeben sind.
Planumlage	Die Sekundärkosten werden bei der Planumlage wertmäßig ermittelt, d. h. die Kosten der Senderkostenstellen werden auf die Empfängerkostenstellen verteilt.
Indirekte Leistungsverrechnung	Anhand von Verrechnungsschlüsseln erfolgt bei der indirekten Leistungsverrechnung die Verteilung der Kosten auf die Empfängerkostenstellen.

Im Rahmen der Tarifermittlung werden die Kosten der Leistungsarten in mehreren Iterationsläufen ermittelt. Die Tarife dienen später als Verrechnungspreise für die Bewertung der internen Leistungsbeziehungen.

5.4.2   Planung statistischer Kennzahlen

Zunächst muss die technische Durchführung der Planung vorbereitet werden, indem ein Planerprofil ausgewählt wird. Für die **Primärkostenplanung** steht das Planerprofil **SAP101** und für die **Sekundärkostenplanung** das Planerprofil **SAP102** zur Verfügung. Für die Planung der **statistischen Kennzahlen** können beide Profile verwendet werden.

5.4.3   Fallbeispiel: Setzen Planerprofil

AUFGABENSTELLUNG

Bereiten Sie die Planung der statistischen Kennzahlenplanung vor. Setzen Sie ein hierfür geeignetes Planerprofil.**LÖSUNG**

Menüpfad	**Rechnungswesen** ⇒ **Controlling** ⇒ **Kostenstellenrechnung** ⇒ **Planung**
Transaktion	**KP04 Planerprofil setzen**

Mit einem Doppelklick auf das Feld „Planerprofil setzen" wird ein Fenster aufgeblendet, in das Sie den Wert SAP101 eintragen können oder mit der Matchcodefunktion auswählen können.

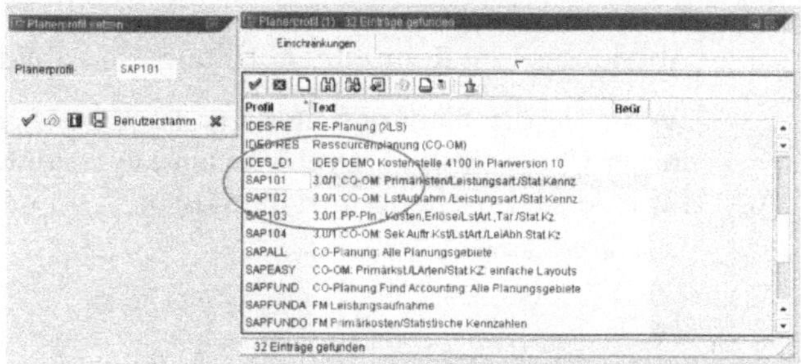

Abbildung 154: Matchcodesuche (©SAP AG)

Bestätigen Sie anschließend Ihre Eingaben mit ***ENTER***. Hiernach kann die Planung der statistischen Kennzahlen erfolgen.

5.4.4   Fallbeispiel: Planung statistische Kennzahl

AUFGABENSTELLUNG

Planen Sie für die Kostenstelle die statistischen Kennzahlen:

Kennzahl	Bezeichnung	Wert
9101	Fläche	600 qm
9202	Telefone	12 Stück

LÖSUNG

Menüpfad   **Rechnungswesen ⇒ Controlling ⇒ Kostenstellenrechnung ⇒ Leistungsart ⇒ Einzelbearbeitung**

Transaktion   **KP46 Ändern**

Mit einem Doppelklick auf das Feld „Ändern" erhalten Sie eine Planungsmaske. Dort erfassen sie die Planversion „0", die Planungsperiode (01-12) und das Planjahr, die von Ihnen zu beplanende Kostenstelle und des Kennzahlenintervall aus der Aufgabenstellung (hier 9101-9202).

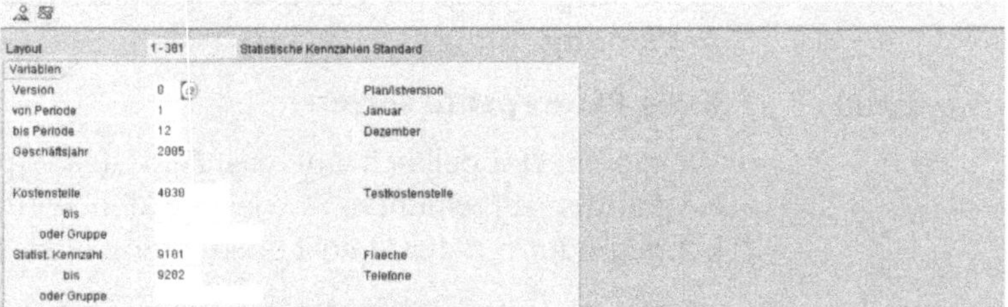

Abbildung 155: Kennzahlenplanung – Startbild (©SAP AG)

Wenn Sie die Planungsdaten erfasst haben, gelangen Sie mit *F5* in ein Übersichtsbild. Dort können Sie zeilenweise die Planwerte für jede statistische Kennzahl erfassen.

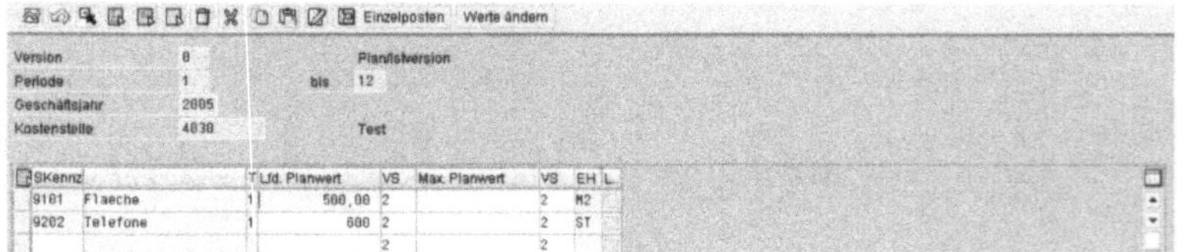

Abbildung 156: Kennzahlenplanung – Übersicht (©SAP AG)

Bei Bedarf können Sie durch Markierung einer Zeile und *F6* in ein Periodenbild gelangen und dort unterjährige Anpassungen der Planwerte (z. B. monatlich schwankende Werte) vornehmen. Anschließend kann die Planung gesichert werden (*Strg+S*).

5.4.5   Fallbeispiel: Informationssystem Planungsübersicht

Nach der Erfassung der Plandaten besteht die Möglichkeit, das Informationssystem zu nutzen, um eine aktuelle Planungsübersicht zu erhalten.

AUFGABENSTELLUNG

Stellen Sie im Informationssystem den Planungsüberblick für Ihre Kostenstelle zusammen.

LÖSUNG

Menüpfad

Rechnungswesen ⇒ Controlling ⇒ Kostenstellenrechnung ⇒ Infosystem ⇒ Berichte zur Kostenstellenrechnung ⇒ Planungsberichte

Transaktion

KSBL Kostenstellen Planungsübersicht

Mit einem Doppelklick auf das Feld „Ändern" erhalten Sie eine Maske zur Erfassung der Berichtsparameter. In diesem Fall ist die Kostenstellennummer, das betrachtete Geschäftsjahr und die Periode (1-12) zu erfassen.

Abbildung 157: Planungsübersicht – Startbild (©SAP AG)

Anschließend erhalten Sie einen Bericht, der bisher nur wenige Einträge umfasst. Im weiteren Verlauf des Buches werden wir auf diesen Bericht zurückkommen und Ergänzungen darstellen.

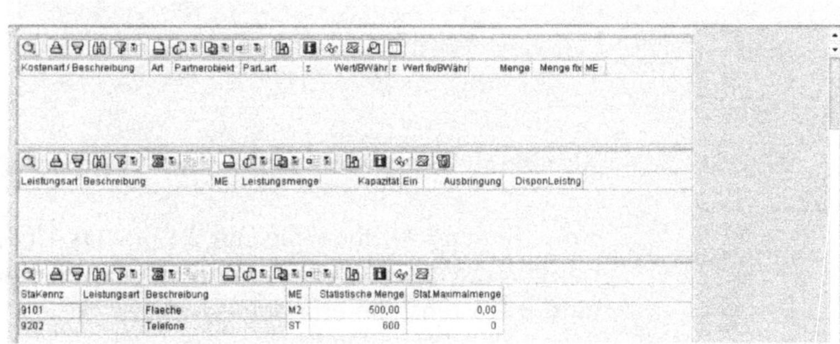

Abbildung 158: Planungsübersicht – Bericht (©SAP AG)

5.4.6   Fallbeispiel: Planung einer Leistungsart

Leistungsarten bestimmen den planmäßigen Output von Kostenstellen. Sie sind für die Ermittlung der Soll-Kosten, den Soll-Ist-
Vergleich der Kostenstellen und die innerbetriebliche Leistungsverrechnung erforderlich. Tarife (Preise der Kostenstellen) können politisch gesetzt oder iterativ unter Berücksichtigung der
Leistungsverflechtungen errechnet werden.

AUFGABENSTELLUNG

Planen Sie für die Kostenstelle die Leistungsart 1412 DV-Kosten mit
120.000 h. Die Kapazität der Kostenstelle beträgt 150.000 h. Verwenden Sie das Planerprofil „SAP101". Kontrollieren Sie die Planung mit
Hilfe der Planungsübersicht.

LÖSUNG

Menüpfad
Transaktion

**Rechnungswesen ⇒ Controlling ⇒ Kostenstellenrechnung
⇒ Planung ⇒ Leistungserbringung / Tarife**

KP26 Ändern

Mit einem Doppelklick auf das Feld „Ändern" erhalten Sie eine
Maske zur Erfassung der Planungsparameter. In diesem Fall sind
die Kostenstellennummer, das betrachtete Geschäftsjahr und die
Periode (1-12) sowie die Leistungsart (1412) zu erfassen.

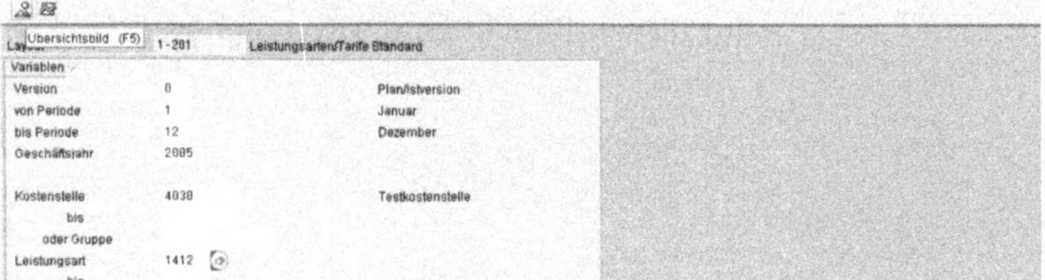

Abbildung 159: Leistungsplanung – Startbild (©SAP AG)

Anschließend können Sie mit **F5** in das Übersichtsbild der Planung verzweigen. Dort können Sie die Planleistung und Kapazität der Kostenstelle erfassen.

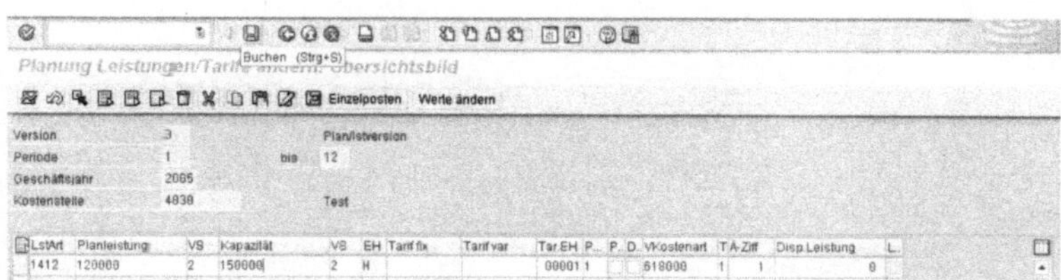

Abbildung 160: Leistungsplanung – Übersicht (©SAP AG)

Verzweigen Sie ggf. mit *F6* in das Periodenbild, wenn Sie monatlich schwankende Werte erfassen möchten. Sichern Sie die Plandaten mit *Strg+S* und rufen die Planungsübersicht auf.

5.4.7   Fallbeispiel: Leistungsabhängige Primärkostenplanung

Bei der manuellen Planung der Primärkosten kann leistungsabhängig und leistungsunabhängig geplant werden.

Leistungsab-hängig

Primärkosten werden abhängig von einer Leistungsart oder einer Leistungsartengruppe geplant. Hierbei ist zwischen fixen und variablen Kostenbestandteilen zu unterscheiden

Leistungsunab-hängig

Primärkosten werden unabhängig von einer Leistungsart geplant. Hierbei ist zu beachten, dass nur fixe Kosten geplant werden können.

Die Primärkostenplanung erfolgt mit dem **Planerprofil SAP101**.

AUFGABENSTELLUNG

Planen Sie für die Kostenstelle abhängig von der Leistungsart 1412 DV-Kosten unter der Kostenart: 475000 (10.000   fix/120.000   variabel). Verwenden Sie das Planerprofil SAP101. Kontrollieren Sie die Plandaten mit Hilfe der Planungsübersicht des Infosystems.

LÖSUNG

Menüpfad

Rechnungswesen ⇒ Controlling ⇒ Kostenstellenrechnung ⇒ Planung ⇒ Kosten/Leistungsaufnahmen

Transaktion

KP06 Ändern

Mit einem Doppelklick auf das Feld „Ändern" erhalten Sie eine Maske zur Erfassung der Planungsparameter. In diesem Beispiel sind die Kostenstelle, das Geschäftsjahr, die Periode (1-12) sowie die Leistungsart (1412) und die Kostenart (475000) zu erfassen.

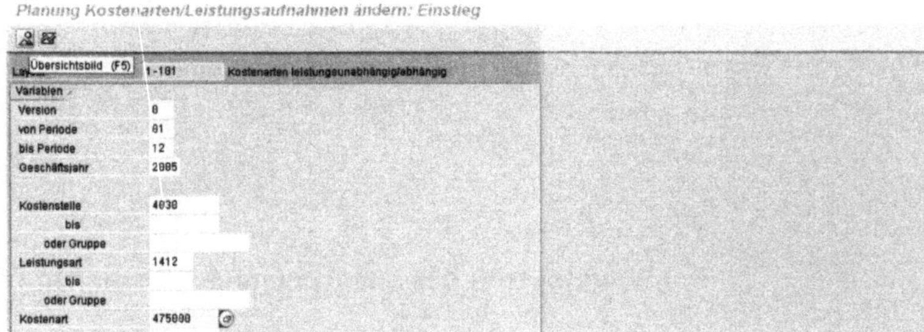

Abbildung 161: Primärkostenplanung (©SAP AG)

Anschließend können Sie mit **F5** in das Übersichtsbild der Planung verzweigen und die Kostenwerte eintragen

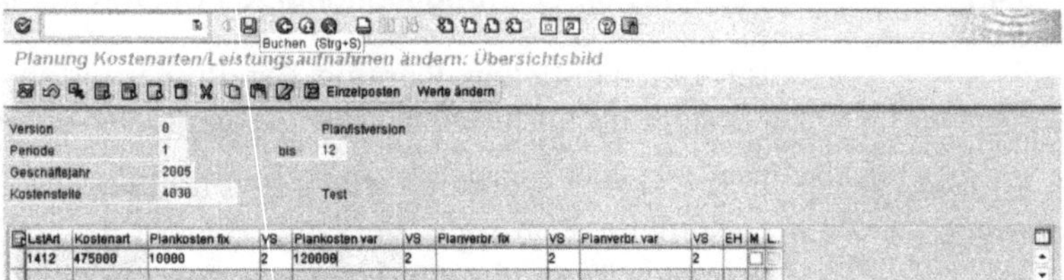

Abbildung 162: Planung Leistungen und Tarife (©SAP AG)

Sichern Sie die Daten mit **Strg+S** und rufen die Planungsübersicht auf und überprüfen die Daten mit der Planungsübersicht.

5.4.8 Fallbeispiel: Leistungsunabhängige Primärkostenplanung

AUFGABENSTELLUNG

Planen Sie für die Kostenstelle die Kostenart 405200 Bürobedarf in Höhe von 1.200,-   p.a. unabhängig von Leistungsarten. Verwenden Sie das Planerprofil SAP101. Kontrollieren danach die Plandaten mit Hilfe der Planungsübersicht des Infosystems.

LÖSUNG

Menüpfad   **Rechnungswesen ⇒ Controlling ⇒ Kostenstellenrechnung ⇒ Planung ⇒ Kosten/Leistungsaufnahmen**

Transaktion   **KP06 Ändern**

Mit einem Doppelklick auf **Ändern** erhalten Sie eine Maske zur Erfassung der Planungsparameter. Erfassen Sie die Kostenstellennummer, das Geschäftsjahr und die Periode (1-12) sowie die Leistungsart (1412). Achtung: Keine Leistungsart erfassen.

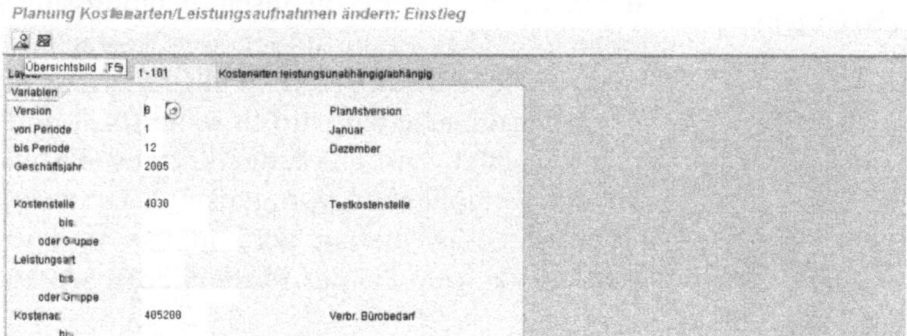

Abbildung 163: Primärkostenplanung (©SAP AG)

Anschließend können Sie mit *F5* in das Übersichtsbild der Planung verzweigen und die Fixkosten eintragen.

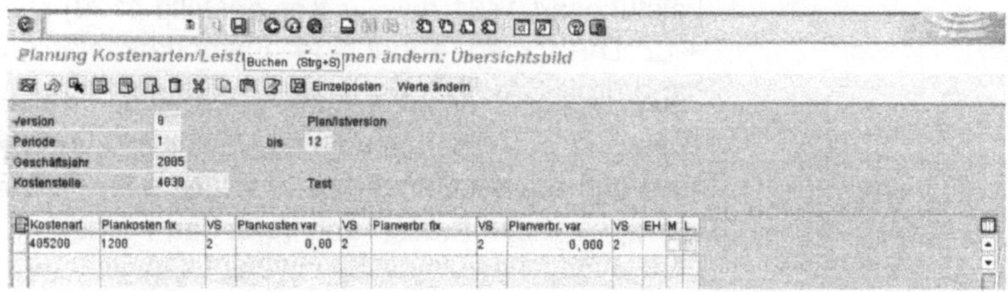

Abbildung 164: Planung Kostenarten - Übersicht (©SAP AG)

Sichern Sie mit *Strg+S* und rufen die Planungsübersicht auf.

5.4.9   Fallbeispiel: Leistungsabhängige Sekundärkostenplanung

Sekundärkosten entstehen, wenn eine Kostenstelle z. B. Leistungen bezieht, um Ihre eigenen Leistungen zu erstellen (z. B. Rechnerkapazität). Bei der manuellen Sekundärkostenplanung müssen die Leistungsaufnahmen erfasst werden. Die Bewertung erfolgt später im Rahmen der Tarifermittlung. Dies ergibt die Sekundärkosten als Planmenge mal Plantarif.

Leistungsunab-
hängige Sekun-
därkostenpla-
nung

Die von der Senderkostenstelle aufgenommene Leistungsmenge hängt nicht von den Leistungsarten der Empfängerkostenstelle ab. Die geplante Menge wird mit dem Plantarif der abgebenden Kostenstelle multipliziert und geht in die Sekundärkosten der aufnehmenden Kostenstelle ein. Die Senderkostenstelle wird mit dem ermittelten Betrag entlastet. Der gleiche Wert wird der aufnehmenden Kostenstelle belastet.

*Leistungsab-
hängige Sekun-
därkostenpla-
nung*

Die Leistungsartenmengen der aufnehmenden Empfängerkostenstelle hängen von der Leistungsart der abgebenden Kostenstelle
ab (z. B. die Höhe von Instandhaltungsstunden hängt von den
leistenden Maschinenstunden der Kostenstelle ab). Die Senderkostenstelle wird um den Betrag Menge mal Plantarif entlastet.
Der Entlastungsbetrag wird in seine fixen und variablen Bestandteile gesplittet. Die Empfängerkostenstelle wird mit dem Betrag
aus der Multiplikation von geplanter Leistungsmenge und Plantarif belastet. Der Betrag wird in fixe und variable Bestandteile
gesplittet. Nutzen Sie das **Planerprofil SAP102**.

AUFGABENSTELLUNG

Die von Ihnen angelegte Kostenstelle bezieht Leistungen (Berater-
stunden) von der Kostenstelle 4120 EDV-Abteilung, die abhängig vom
Output der Kostenstelle anfallen. Planen Sie 1.200 Beraterstunden
(Leistungsart 1461 auf der Kostenstelle 4120) als von der Leistungsart
1412 DV-Kosten abhängige Sekundärkosten. Verwenden Sie das
Planerprofil SAP102. Kontrollieren Sie die Planung.

Hinweis zur Vorbereitung des Fallbeispiels: Die Leistungsart 1461
muss ggf. auf der Senderkostenstelle zuvor geplant und mit einem von
Ihnen gewählten Preis (Tarif) versehen werden.

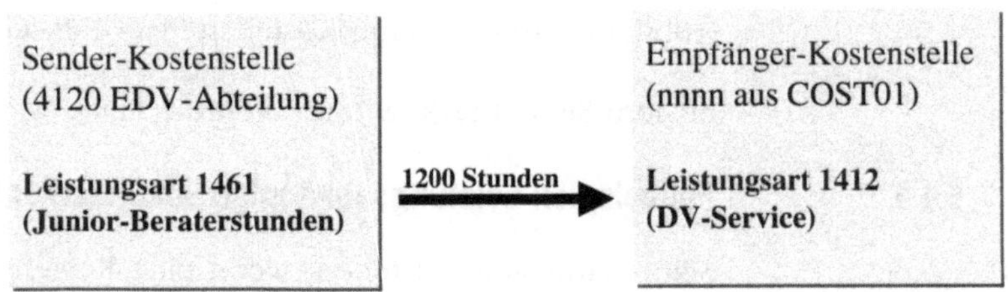

Abbildung 165: Leistungsabhängige Sekundärkostenplanung

LÖSUNG

Menüpfad

**Rechnungswesen ⇒ Controlling ⇒ Kostenstellenrechnung
⇒ Planung ⇒ Kosten / Leistungsaufnahmen**

Transaktion

KP06 Ändern

Mit einem Doppelklick auf das Feld **Ändern** erhalten Sie eine
Maske zur Erfassung der Planungsparameter. Hier sind die Emp-
fänger-Kostenstelle („1199"), das Geschäftsjahr und die Periode
(„1-12") sowie die Leistungsart („1412"), die Sender-Kostenstelle
(„4120") und die Sender-Leistungsart („1461") zu erfassen.

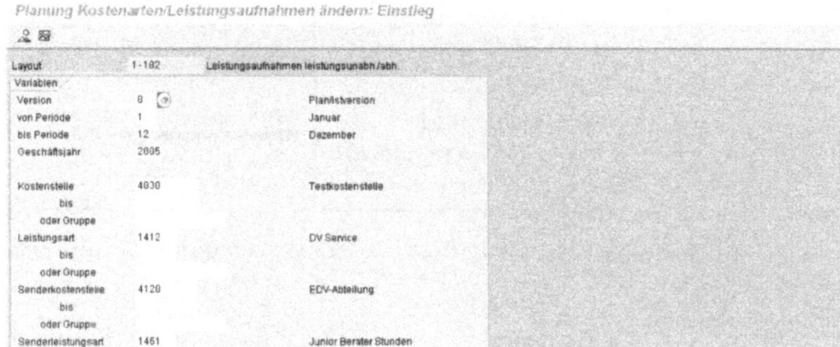

Abbildung 166: Sekundärkostenplanung (©SAP AG)

Anschließend können Sie mit *F5* in das Übersichtsbild der Planung verzweigen. Erfassen Sie dort den Planverbrauch.

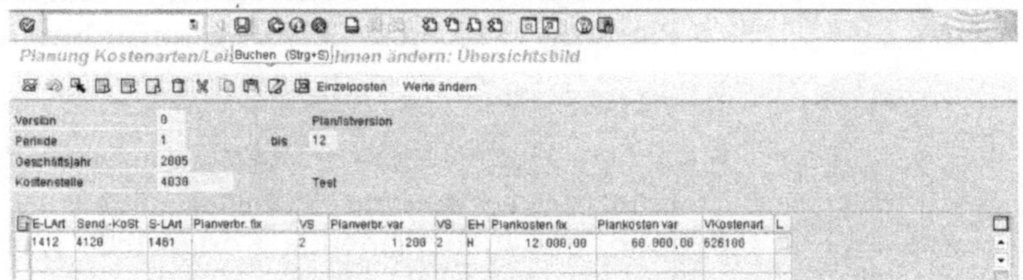

Abbildung 167: Planung Verbrauch - Übersicht (©SAP AG)

Sichern Sie die Plandaten mit *Strg+S*.

5.4.10   Fallbeispiel: Leistungsunabhängige Sekundärkostenplanung

AUFGABENSTELLUNG

Die von ihnen erfasste Kostenstelle bezieht eine geringe Anzahl von Leistungen (Beraterstunden) von der Kostenstelle 4120 EDV-Abteilung zur Erledigung interner Aufgaben. Planen Sie daher weitere 120 Beraterstunden als leistungsunabhängige Sekundärkosten auf Ihre Kostenstelle.

Die Senderkostenstelle lautet 4120, die Senderleistungsart 1461. Verwenden Sie das Planerprofil SAP102.

Kontrollieren Sie nach der Erfassung der Plandaten den aktuellen Stand der Planung mit Hilfe der Planungsübersicht des Infosystems.

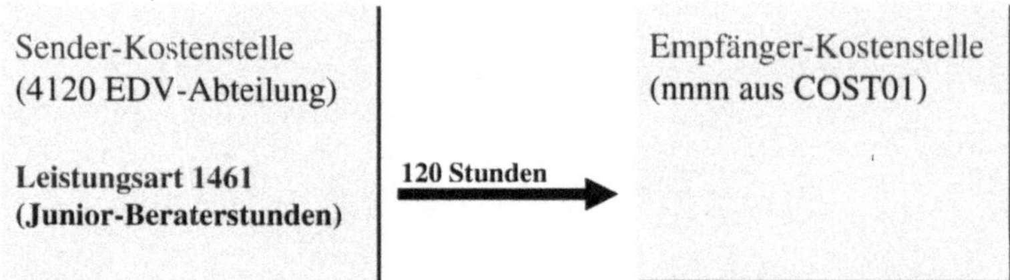

Abbildung 168: Leistungsunabhängige Sekundärkostenplanung

LÖSUNG

Setzen Sie zunächst das Planerprofil „SAP102". Anschließend öffnen Sie die Baumstruktur:

Menüpfad **Rechnungswesen ⇒ Controlling ⇒ Kostenstellenrechnung ⇒ Planung ⇒ Kosten/Leistungsaufnahmen**

Transaktion **KP06 Ändern**

Mit einem Doppelklick auf *Ändern* erhalten Sie eine Maske zur Erfassung der Planungsparameter. Zunächst sind Planversion, Periode, die zu beplanende Kostenstelle („1199") und die Senderkostenstelle   („4120")   einzutragen

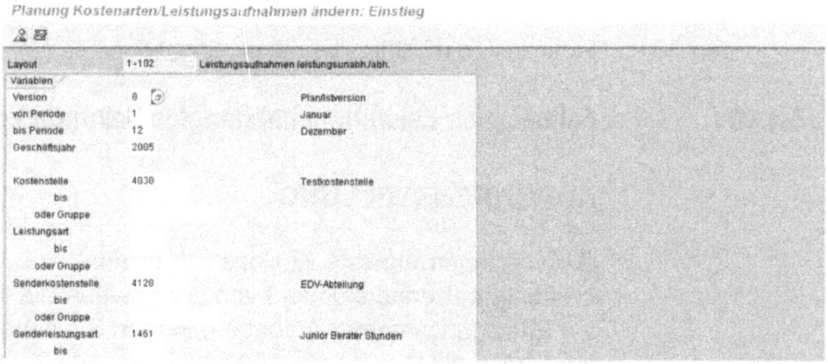

Abbildung 169: Sekundärkostenplanung (©SAP AG)

Anschließend können Sie mit *F5* in das Übersichtsbild der Planung verzweigen. Erfassen Sie dort den Planverbrauch.

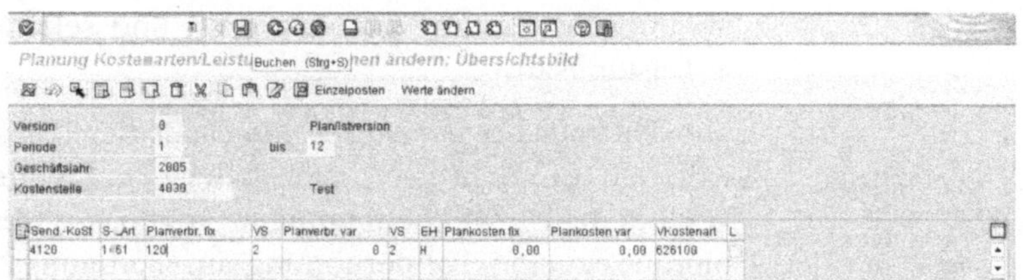

Abbildung 170: Planung Verbrauch – Übersicht (©SAP AG)

Sichern Sie die Plandaten mit *Strg+S* und starten die Planungsübersicht.

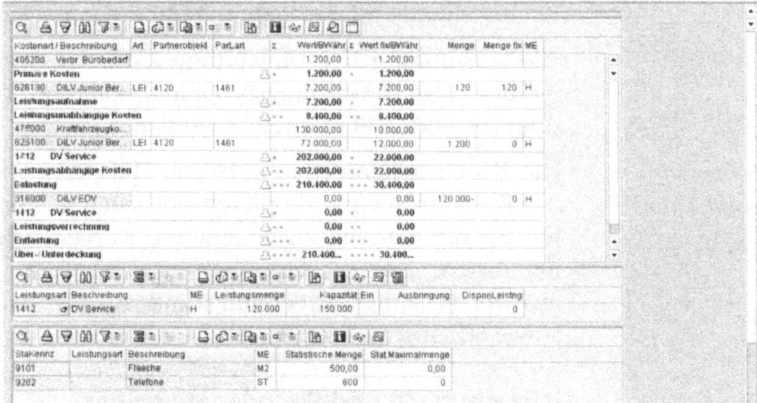

Abbildung 171: Planungsübersicht – Bericht (©SAP AG)

5.4.11   Planungshilfen

Planabstimmung

Mit Hilfe der Planabstimmung kann das Netzwerk der Leistungsverrechnungen während der Planung überprüft und abgestimmt werden. Hierbei wird die Planung der Leistungsarten der Senderkostenstellen mit denen der Empfängerkostenstellen verglichen. Mit Hilfe der Planabstimmung können Differenzen zwischen den geplanten Leistungsabgabe- und Leistungsaufnahmemengen ermittelt werden.

Ermittlung der Plantarife

Im Rahmen der Ermittlung der Plantarife werden die Verrechnungspreise (Plantarife oder kurz Tarife) je Kostenstelle und Leistungsart ermittelt. Der bei der Tarifermittlung errechnete Gesamttarif besteht aus einem fixen und aus einem variablen Bestandteil. Der variable Bestandteil resultiert aus der leistungsabhängigen Planung von primären und sekundären Kostenarten je Leistungsart.

Plan-Umwertung

Mit der Plan-Umwertung können auf der Basis unterschiedlicher Kriterien (z. B. Kosten, Verbrauch) die Werte der Planung an veränderte Umweltbedingungen angepasst werden. Ein Beispiel hierfür ist eine Lohnerhöhung im Fertigungsbereich oder eine Erhöhung der Preise für Verbrauchsmaterialien. Mit der Planumwertung können alternative Planungsszenarien simuliert werden. Die Umwertung kann z. B. auf einzelne Kostenstellen oder Kostenarten eingeschränkt werden. Die Umwertung vollzieht sich in zwei Schritten. Zunächst werden die Regeln, nach denen die Umwertung erfolgen soll, definiert. Anschließend werden die Plandaten anhand der Regeln neu berechnet (umgewertet).

Die Ausführung der Umwertung kann wiederholt und storniert werden. Das Umwertungsprogramm kann im Kostenstellenmenü über folgenden Pfad erreicht werden:

Kopier-funktionen

Die Kostenstellenrechnung ist mit Hilfsprogrammen ausgestattet, um Planversionen zu kopieren und auch aus Ist-Daten Grunddaten für die Planung zu generieren. Kopiert werden können Primärkosten, Erlöse, Leistungsarten und Tarife, Sekundärkosten aus der Leistungsverrechnung und aus der Auftragsabrechnung sowie statistische Kennzahlen.

5.5 Istbuchungen und Periodenabschluss

5.5.1 Grundlagen zu Istbuchungen

Istbuchungen im Controlling sind zu unterscheiden von Istbuchungen von Primärkosten, die aus anderen Modulen stammen (z. B. Eingangsrechnung, die direkt im Finanzmodul gebucht wird). Die im Folgenden behandelten Istbuchungen betreffen Bewegungen innerhalb des Controllings, also Umbuchungen von Kosten oder Erlösen (z. B. Umbuchung von Kostenstelle 1000 auf Kostenstelle 2000 oder Innenauftrag 50000), Buchungen von Leistungsmengen im Rahmen der innerbetrieblichen Leistungsverrechnung oder Buchungen von statistischen Kennzahlen. Auch die Perioden- bzw. Jahresabschlussbuchungen zählen hierzu. Die Erfassungsmasken für Istbuchungen sind im SAP-Menü im Kostenstellenmenü über ***Rechnungswesen*** ⇒ ***Controlling*** ⇒ ***Istbuchungen*** zu erreichen.

5.5.2 Fallbeispiel: Umbuchung Kosten

AUFGABENSTELLUNG

Buchen Sie von Ihrer auf die Kostenstelle 4120 einen Betrag von 5.000,-   unter der Primärkostenart 475000 Kfz-Kosten um.

LÖSUNG

Menüpfad   **Rechnungswesen ⇒ Controlling ⇒ Kostenstellenrechnung ⇒ Istbuchungen ⇒ Man. Umbuchung Kosten**

Transaktion   **KB11N Erfassen**

Tragen Sie in die Erfassungsmaske das Beleg- und Buchungsdatum, die Sender- und Empfängerkostenstelle und den Betrag ein.

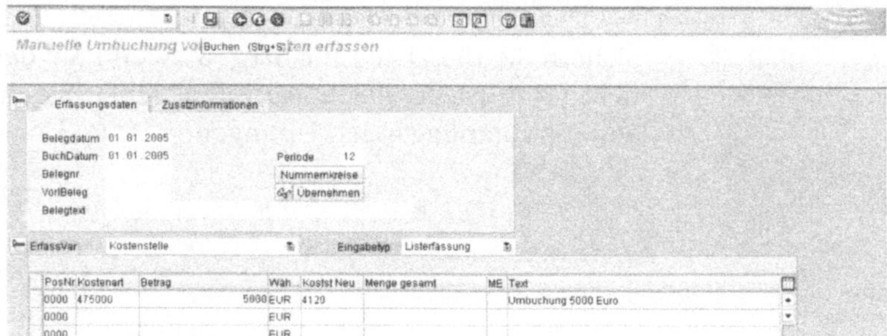

Abbildung 172: Umbuchung von Kosten (©SAP AG)

Sichern Sie die Daten mit *Strg+S* und überprüfen anschließend die Buchung mit einem Kostenstellenbericht.

5.5.3 Fallbeispiel: Leistungsverrechnung

AUFGABENSTELLUNG

Führen Sie eine Leistungsverrechnungen durch: Die Kostenstelle „4120 EDV-Abteilung" leistet im laufenden Monat für „Ihre" Kostenstelle 50 Stunden unter der Leistungsart „1461 Beraterstunden".

LÖSUNG

Menüpfad   **Rechnungswesen ⇒ Controlling ⇒ Kostenstellenrechnung ⇒ Istbuchungen ⇒ Leistungsverrechnung**

Transaktion

KB21N Erfassen

Mit einem Doppelklick auf das Feld „Erfassen" erhalten Sie eine Maske zur Erfassung der Verrechnungsdaten. Tragen Sie in die Maske das Beleg- und Buchungsdatum, die Sender- und Empfängerkostenstelle und den Betrag ein.

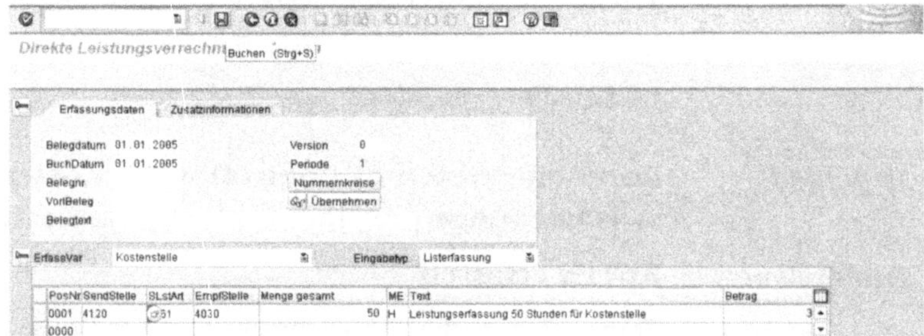

Abbildung 173: Leistungsverrechnung (©SAP AG)

Sichern Sie die Daten mit **Strg+S**. Wenn Sie den Kostenstellenbericht „Plan/Ist-Vergleich" aufrufen, sehen Sie die Plan- und Istdaten der vorangegangen Übungen.

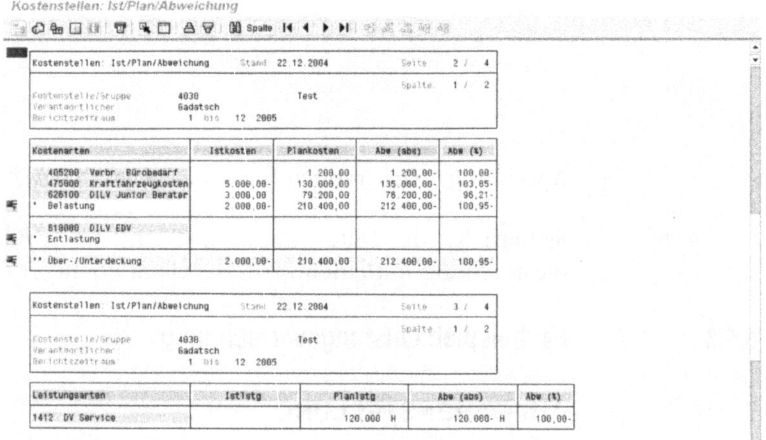

Abbildung 174: Plan/Ist-Vergleich nach Istbuchung (©SAP AG)

5.5.4 Periodenabschluss

Der Periodenabschluss ist in einer fest definierten Reihenfolge durchzuführen. Im SAP-Menü wurden diese Schritte deshalb bereits in der sinnvollen Vorgehensweise implementiert: Periodische Umbuchungen, Abgrenzung, Verteilung, Umlage, indirekte

Leistungsverrechnung, Soll = Ist-Leistungsverrechnung, Übernahmen, Abweichungen, Fixkostenvorverteilung, Splittung und Tarifermittlung.

Periodische Umbuchungen

Mit Hilfe von periodischen Umbuchungen werden Korrekturen auf den Kostenstellen vorgenommen. Periodische Umbuchungen werden einmalig am Ende einer Abrechnungsperiode vorgenommen. Mit Hilfe von Verrechungskonten und Schlüsseln zur Ermittlung der Verrechnungen werden die Werte auf die zu verrechnenden Kostenstellen ermittelt und umgebucht.

Abgrenzung

Abgrenzungen sind notwendig, wenn der Aufwand in der Finanzbuchhaltung anders verrechnet wird als im internen Rechnungswesen. Beispiele sind Aufwände, die in der Finanzbuchhaltung aperiodisch (z. B. jährlich) anfallen, aber im Controlling monatlich erscheinen sollen (z. B. Jahresmiete). Das Soll = Ist-Verfahren wird dann eingesetzt, wenn die Kosten zwar leistungsabhängig geplant, aber nicht im Ist exakt ermittelt werden können. Beispiel: Abschreibungen. Das Plan-Zuschlagsverfahren wird dann angewendet, wenn die abzurechnenden Kosten als Zuschlag zu einer Basiskostenart verrechnet werden sollen. Die tatsächlichen Kosten werden auf einem Verrechnungskonto festgehalten (Beispiel: Weihnachtsgratifikation).

Verteilung

Die Verteilung von Kosten wird dort angewendet, wo Kosten auf einer Kostenstelle gesammelt und auf andere Kostenstellen unter der ursprünglichen Kostenart verteilt werden. Verteilungskriterien sind Schlüssel oder statistische Kennzahlen. Beispiel: Telefonkosten, Raummiete, Energie, Versicherungsbeiträge.

Indirekte Leistungsverrechnung

Die Leistungsmengen, die zwischen verschiedenen Kostenstellen anfallen, werden auf indirekte Weise ermittelt. Eingesetzt wird dieses Verfahren, wenn es nicht vertretbar erscheint, die Leistungsmengen der verteilenden Kostenstelle (Sender) zu erfassen. Erforderlich sind Angaben über den Verbrauch bei den Leistungsempfängern.

Jahres abschluss

Die Funktion „Jahresabschluss" wird benötigt, um Bestellwerte, die im laufenden Geschäftsjahr nicht realisiert wurden, in das nächste Geschäftsjahr zu übertragen. Dies bedeutet, dass das Modul Materialwirtschaft dazu genutzt wird, mit Hilfe von Bestellanforderungen Bestellobligos zu erzeugen und diese in das neue Geschäftsjahr übertragen werden.

5.6 Auftragsabrechnung

5.6.1 Auftragsarten

Innenaufträge dienen der Planung, Erfassung und Verrechnung von Kosten für innerbetriebliche Maßnahmen, soweit diese nicht in der Kostenstellenrechnung verarbeitet werden. Sie dienen unterschiedlichen Zwecken, z. B.

- Kontrolle von Maßnahmen wie Werbekampagnen, Messeauftritte, Reparaturen von Maschinen,

- Eigenherstellung von Produktions- oder Anlagegütern wie dem Bau einer Produktionshalle mit eigenem Personal,

- Erstellung von immateriellen Gütern wie der Einführung einer Standardsoftware.

Auftragsarten lassen sich nach der Verrechnungsmethode (Einzelauftrag, Dauerauftrag, statistischer Auftrag) und nach der Verwendung (Gemeinkostenauftrag, Investitionsauftrag, Abgrenzungsauftrag, Erlösaufträge, Musteraufträge) unterscheiden.

Einzelaufträge betreffen einmalige Maßnahmen mit begrenzter Laufzeit. Die Kostenverrechnung erfolgt monatsweise oder nach Abschluss des Auftrages. Das Verrechnungsschema für einen Einzelauftrag zeigt Abbildung 175 anhand eines Softwareprojektauftrages. Beispiele für Einzelaufträge sind z. B. Investitionsaufträge für selbst erstellte Anlagegüter, Entwicklungsaufträge für Softwaresysteme oder Konstruktionsaufträge für neue Motoren.

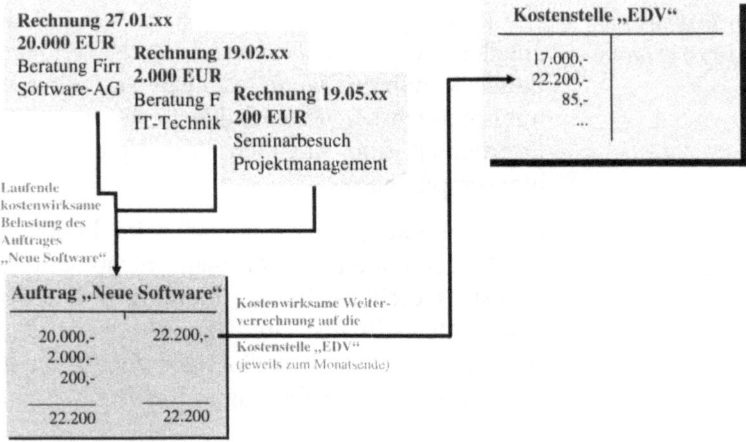

Abbildung 175: Einzelauftrag - Verrechnungsschema

Dauerauftrag

Ein Dauerauftrag wird für wiederkehrende Maßnahmen eröffnet. Die Weiterverrechnung der Kosten erfolgt typischerweise monatsweise. Durch die Kostensammlung auf dem Auftrag ist ein Controlling über den ganzen Lebenszyklus möglich, die Kostenstellenrechnung zeigt dagegen keine objektbezogenen Summen

BEISPIELE

Kostensammler für Kleinreparaturen

Kostensammler für Wartung von Anlagegütern

Statistischer Auftrag

Statistische Aufträge sind Aufträge für Objekte, für deren Kontrolle Detailinformationen benötigt werden, die nicht in der Kostenarten- oder Kostenstellenrechnung zur Verfügung stehen. Statistische Aufträge werden durch eine Zusatzkontierung klassifiziert. Die Kostenverrechnung entfällt, da sie keine kostenwirksamen Buchungen enthalten. Die Abbildung 176 zeigt das Verrechnungsschema am Beispiel des Fuhrparks, für den statistische Aufträge je Fahrzeug eingerichtet wurden.

BEISPIELE

Statistische Aufträge für jedes einzelne Fahrzeug eines Fuhrparks, jede Einzelreparatur, jeden Kundenauftrag

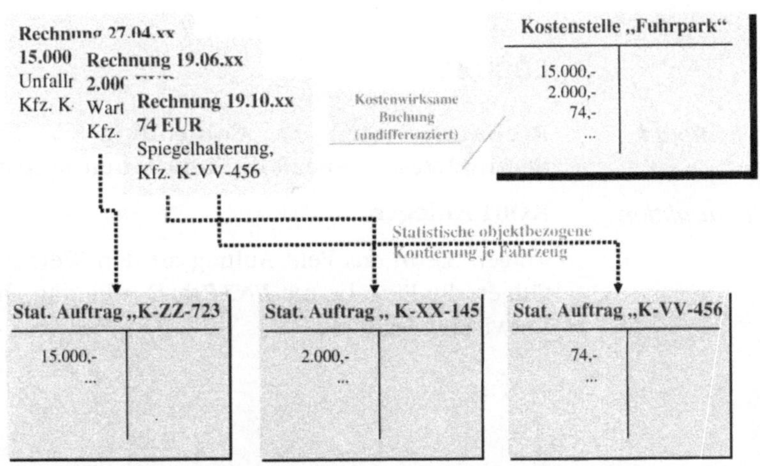

Abbildung 176: Statistische Aufträge - Verrechnungsschema

Gemeinkosten-auftrag

Gemeinkostenaufträge dienen der Überwachung von Maßnahmen im Gemeinkostenbereich (z. B. Messeauftritt).

Investitionsauf-trag Investitionsaufträge werden für die Überwachung aktivierungsfähiger Kosten, (z. B. selbst erstellte Fertigungshalle) eingesetzt.

Abgrenzungs-auftrag Abgrenzungsaufträge werden für Kosten, die in der Finanzbuchhaltung mit effektiven Werten gebucht und in der Kostenrechnung nur kalkulatorisch belastet werden (z. B. kalk. Sozialkosten) genutzt.

Erlösauftrag Erlösaufträge unterstützten die Überwachung von Kosten und Erlösen von Nebengeschäften (z. B. Erlöse beim Betriebsfest).

Musterauftrag Musteraufträge dienen als Schablone beim Anlegen neuer Innenaufträge.

5.6.2 Fallbeispiel: Anlegen Einzelauftrag

AUFGABENSTELLUNG

Legen Sie für das Controlling eines Softwareprojektes einen innerbetrieblichen Auftrag an. Verwenden Sie den Auftragstyp 01 (Innerbetrieblicher Auftrag) und die Auftragsart „0100 (Innenauftrag – Entwicklung). Verwenden Sie den Buchungskreis 1000, den Kostenrechnungskreis 1000 und als Geschäftsbereich 9900. Tragen Sie als verantwortliche Kostenstelle die Nummer der von Ihnen angelegten Kostenstelle ein. Der Auftrag soll monatlich zu 30% auf Ihre und zu 70% auf die Kostenstelle 1000 abgerechnet werden. Die Abrechnungskostenart lautet 650000.

LÖSUNG

Menüpfad **Rechnungswesen ⇒ Controlling ⇒ Innenaufträge ⇒ Stammdaten ⇒ Spezielle Funktionen ⇒ Auftrag**

Transaktion **KO01 Anlegen**

Tragen Sie in das Feld Auftragsart den Wert „0100" ein und bestätigen die Eingabe mit **ENTER**. Der Eintrag charakterisiert einen Entwicklungsauftrag.

Abbildung 177: Anlegen Auftrag - Startbild (©SAP AG)

Erfassen Sie im nächsten Bild Erfassen Sie den Kurztext, Buchungskreis, Geschäftsbereich und Kostenstelle. Gehen Sie dann auf ***Abrechnungsvorschrift***.

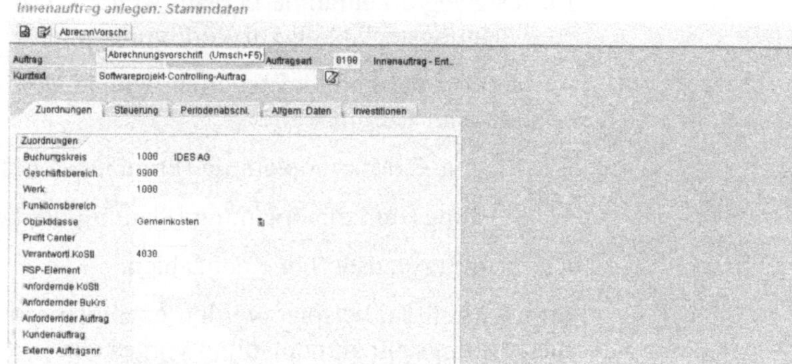

Abbildung 178: Anlegen Auftrag - Startbild (©SAP AG)

Erfassen Sie je Kostenstelle die vorgegebenen Prozentsätze. Als Verrechnungstyp wählen Sie „*KST*", d.h. Verrechnung der Auftragskosten auf eine Kostenstelle.

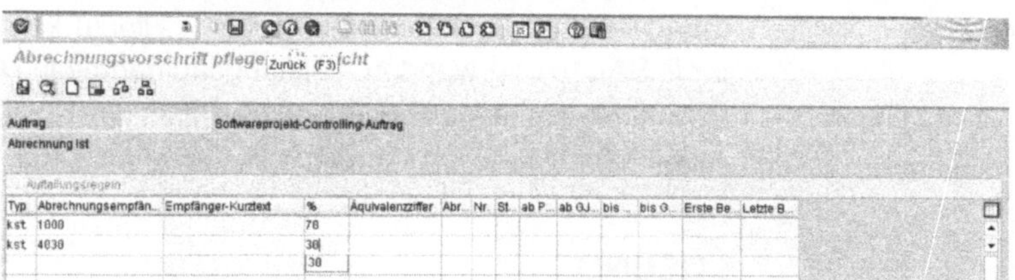

Abbildung 179: Erfassen Abrechnungsvorschrift (©SAP AG)

Gehen Sie nun mit *F3* zurück und wählen ***Steuerung*** um den Auftrag freizugeben. Sie erhalten eine Bestätigung der Freigabe.

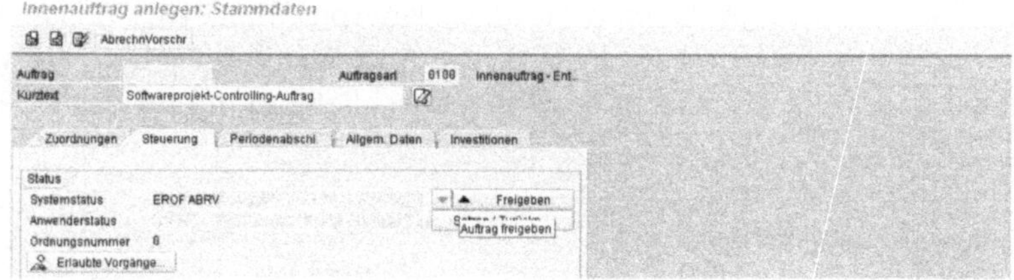

Abbildung 180: Auftragsfreigabe (©SAP AG)

Sichern Sie die Daten mit ***Strg+S***. Der Auftrag ist nun angelegt und kann mit Plandaten und Istdaten bebucht werden.

5.6.3   Planung und Budgetierung von Aufträgen

Aufträge können mit Mengen und Werten (Kosten und Erlöse) für festgelegte Zeiträume beplant werden. Das System stellt mehrere Planungstechniken zur Verfügung, u. a.:

- Gesamtplanung (kostenartenunabhängige Planung, nur Jahres oder Gesamtwerte),

- Kosten-/Erlösartenplanung (Primärkosten, Erlöse),

- Leistungsaufnahmeplanung (Planung der Sekundärkosten),

- Planung statistischer Kennzahlen.

Im nächsten Fallbeispiel werden exemplarisch die Kosten- sowie die Leistungsaufnahmeplanung vorgestellt.

5.6.4   Fallbeispiel: Auftragskosten- und -Leistungsplanung

AUFGABENSTELLUNG

Planen Sie Kosten für Ihr Softwareprojekt: Büromaterial unter der Kostenart 405200 in Höhe von 15.000   . Hierzu können Sie das Planerprofil SAP101 verwenden. Leistungsaufnahme in Höhe von 1000 Beraterstunden unter der Leistungsart 1461 von Kostenstelle 4120 (EDV-Abteilung). Hierzu nutzen Sie bitte das Planerprofil SAP102.

LÖSUNG

Menüpfad   **Rechnungswesen ⇒ Controlling ⇒ Innenaufträge ⇒ Stammdaten ⇒ Planung ⇒ Kosten-/Leistungsaufnahmen**

Transaktion   **KPF6 Ändern**

Aktivieren Sie das Planerprofil SAP101. Erfassen Sie die Planversion (z. B. „0"), die Auftragsnummer und die vorgegebene Kostenart und wählen anschließend mit *F5* das Übersichtsbild.

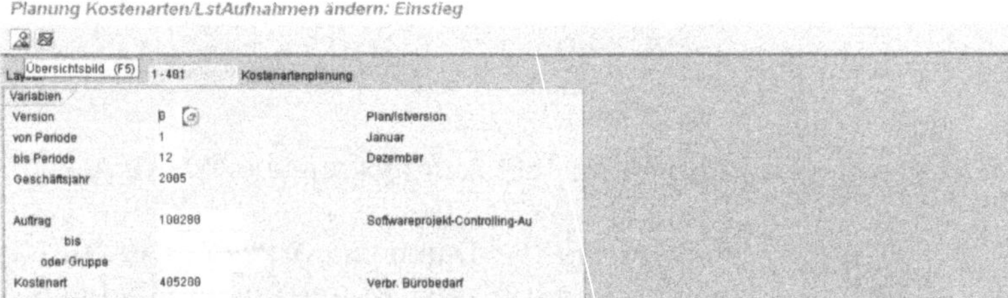

Abbildung 181: Planen Auftrag - Startbild (©SAP AG)

Erfassen Sie die Kosten für Büromaterial.

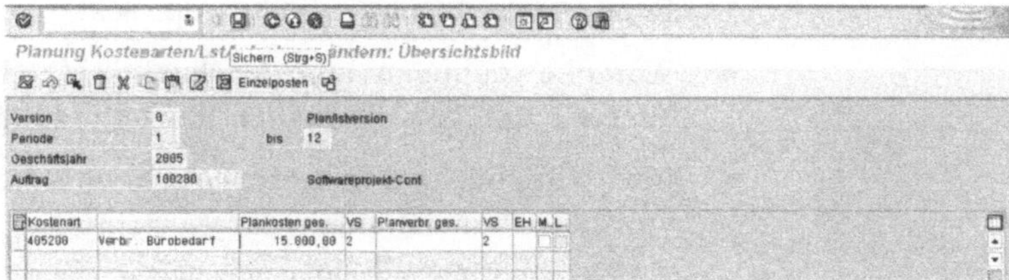

Abbildung 182: Planen Auftrag – Planungsbild (©SAP AG)

Wechseln Sie das Planerprofil (SAP102) und starten die Transaktion erneut. Nun können Sie die Leistungsaufnahme planen.

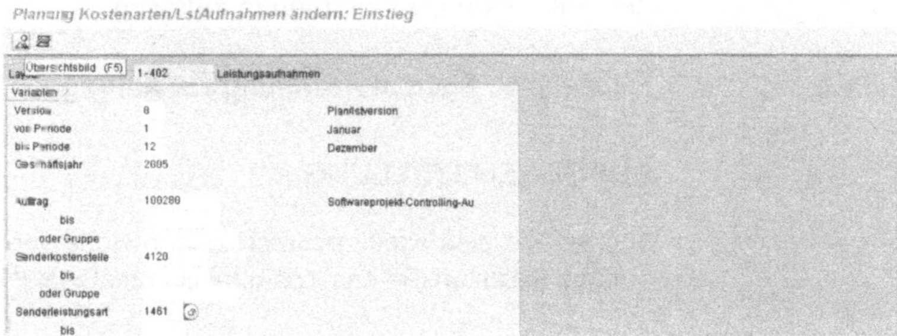

Abbildung 183: Planen Leistungsaufnahme (©SAP AG)

Erfassen Sie die Planversion, Auftragsnummer und Senderkostenstelle mit der vorgegebenen Senderleistungsart. Wählen Sie anschließend mit *F5* das Übersichtsbild.

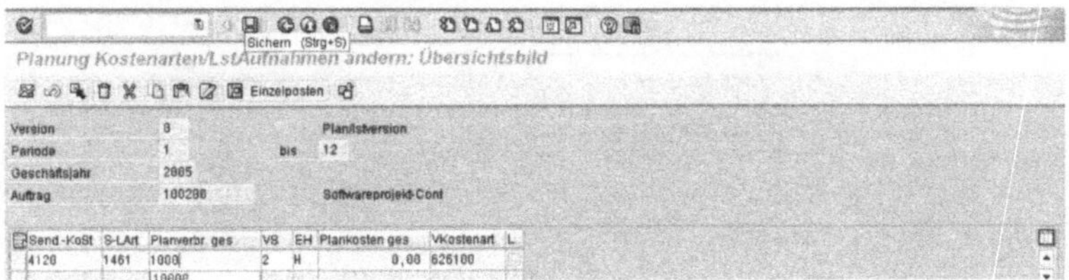

Abbildung 184: Leistungsaufnahme erfassen (©SAP AG)

Erfassen Sie die Beraterstunden und sichern die Planung mit *Strg+S*.

5.6.5   Ist-Buchungen auf Aufträge

Grundsätzlich können kostenrechnerisch relevante Vorgänge aus Vorsystemen übernommen werden. Dies können z. B. folgende Vorgänge sein:

145

- Buchungen aus der Finanzbuchhaltung (z. B. Rechnung über Beraterhonorar für ein Softwareprojekt),

- Warenbewegungen aus der Logistik (z. B. Entnahme von Material vom Lager für einen Reparaturauftrag),

- Innerbetriebliche Leistungsverrechnung (z. B. Verrechnung von 20 Arbeiterstunden der Kostenstelle „Haustechnik" auf einen Reparaturauftrag.

Das System bietet zudem die Möglichkeit zur Berechnung von Gemeinkostenzuschlägen (z. B. 30% MGK-Zuschlag auf Verbrauch von Kleinmaterial). Voraussetzung für Istbuchungen sind ein geeigneter Auftragsstatus (Freigegeben) und die Auftragsart des Auftrags muss Buchungen zulassen.

5.6.6 Fallbeispiel: Buchen Rechnung auf Auftrag

AUFGABENSTELLUNG

Buchen Sie eine Kreditorenrechnung in Höhe von 10.000 € auf Ihren Auftrag. Belasten Sie das Konto für Büromaterial (Konto 405200)

LÖSUNG

Verwenden Sie die Transaktion FB60 (vgl. S. 71 ff.). Im Gegensatz zu den bisherigen Übungen kontieren Sie auf einen Auftrag anstatt auf eine Kostenstelle.

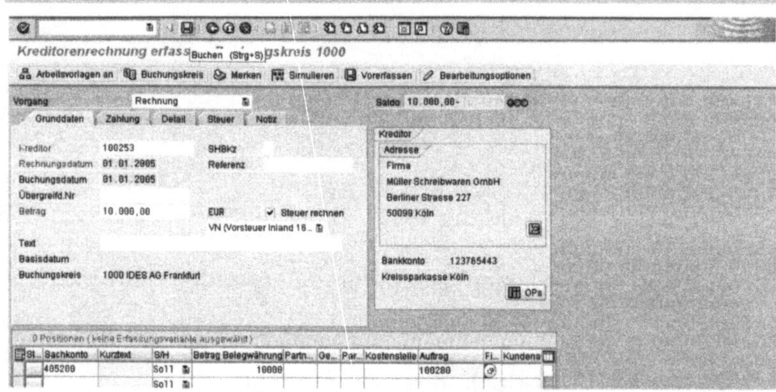

Abbildung 185: Kontierung auf Auftrag (©SAP AG)

5.6.7   Fallbeispiel: Leistungserfassung auf Auftrag

AUFGABENSTELLUNG

Die Kostenstelle „4120 EDV-Abteilung" leistet im laufenden Monat für ihren Auftrag 50 Stunden unter der Leistungsart „1461 Beraterstunden".

LÖSUNG

Verwenden Sie die bereits bekannte Transaktion KB21N (vgl. S. 129 ff.). Wählen Sie eine geeignete Erfassungsvariante (von Kostenstelle auf Auftrag).

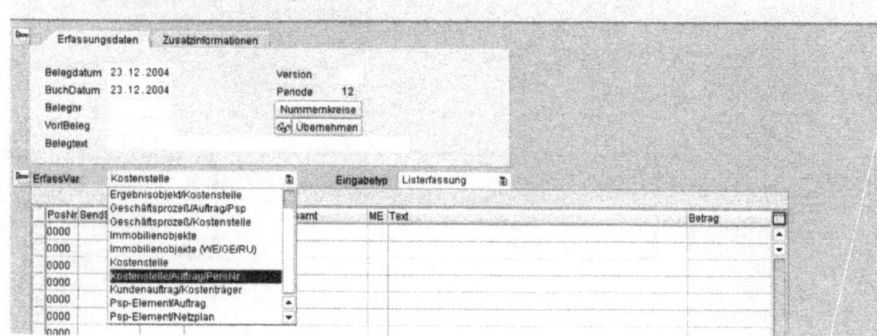

Abbildung 186: Erfassungsvariante wählen (©SAP AG)

Erfassen Sie Senderkostenstelle, den empfangenden Auftrag sowie Leistungsart und –menge. Buchen Sie danach die Daten

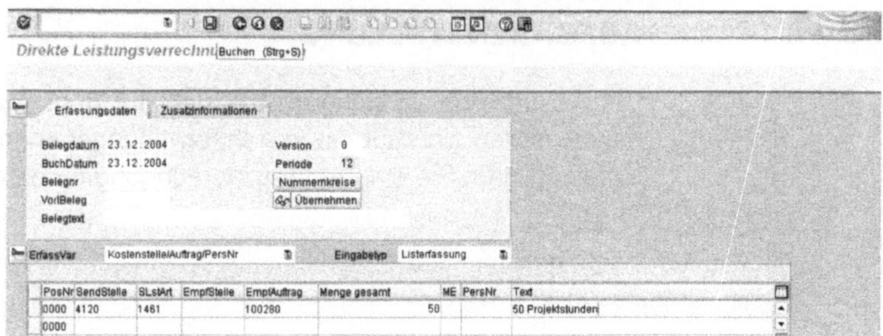

Abbildung 187: Leistungserfassung buchen (©SAP AG)

5.6.8 Auftragsabrechnung

Die Abrechnung dient der Weiterverrechnung der auf einem Auftrag angefallenen Kosten und Erlöse auf weitere Kontierungsobjekte. Die Abrechnung ist möglich ins innerbetriebliche Rechnungswesen (Kostenrechnung). Mögliche Kontierungsobjekte sind z. B. Kostenstellen, Aufträge, Projekte oder Kundenaufträge. Alternativ können Aufträge auch in das externe Rechnungswesen abgerechnet werden. Mögliche Kontierungsobjekte sind z. B.: Sachkonten der Finanzbuchhaltung oder Anlagen im Bau oder aktivierte Anlagen der Anlagenbuchhaltung.

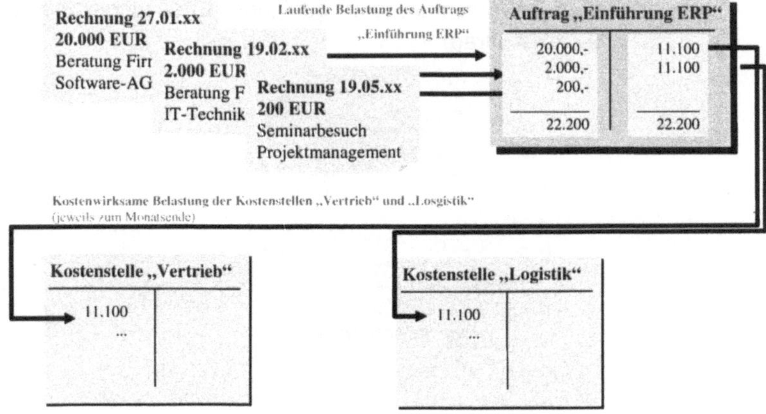

Abbildung 188: Auftragsabrechnung – Schema

5.6.9 Fallbeispiel: Abrechnung Auftrag auf Kostenstelle

AUFGABENSTELLUNG

Die Kosten und Leistungen, die sich auf dem Auftrag angesammelt haben, sollen sich auf die von Ihnen angegebenen Kostenstellen entlasten. Führen Sie eine Auftragsabrechnung für diesen Auftrag durch.

LÖSUNG

Menüpfad **Rechnungswesen ⇒ Controlling ⇒ Innenaufträge ⇒ Periodenabschluss ⇒ Abrechnung**

Transaktion **KO88 Einzelabrechnung**

Ergänzen Sie Abrechnungsperiode, Buchungsperiode, Geschäftsjahr und Bezugsdatum. Prüfen Sie ggf. vorher die Abrechnungsvorschrift.

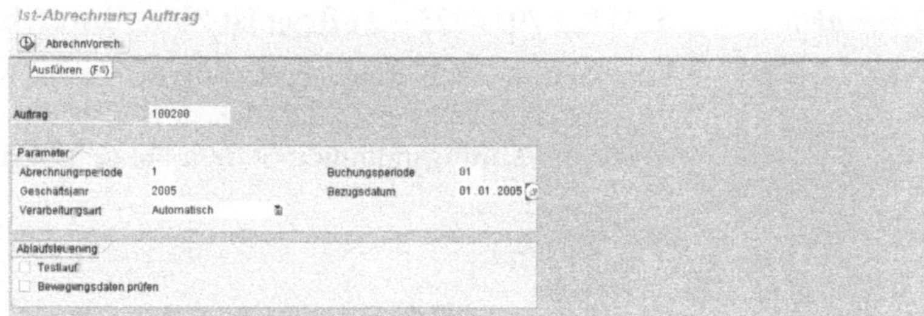

Abbildung 189: Abrechnung starten (©SAP AG)

Prüfen Sie das Protokoll der Test-Abrechnung. Drücken Sie *EN-TER*, um die Abrechnungssummen zu überprüfen.

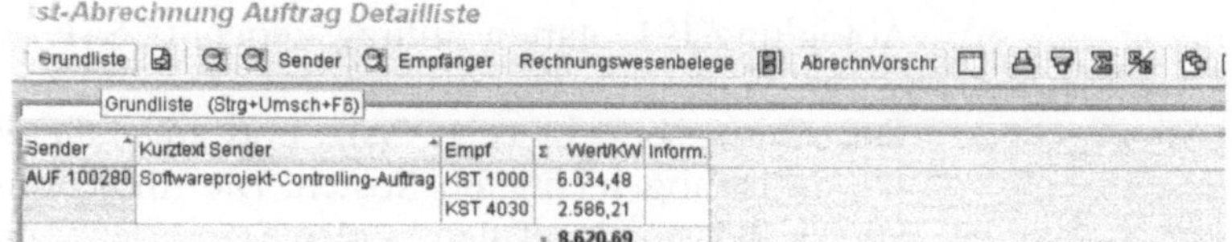

Abbildung 190: Abrechnungsprotokoll Auftrag (©SAP AG)

5.6.10   Fallbeispiel: Auftragsbericht

Das Controlling-Informationssystem stellt zahlreiche Standardberichte für Aufträge zur Verfügung. Beispiele sind Nachweis von Belastungen und Entlastungen, Plan-/Ist-Vergleiche, Zeitreihenanalysen oder Einzelpostenberichte. Kundenspezifische Berichte können mit einem Report-Painter erzeugt werden

AUFGABENSTELLUNG

Überprüfen Sie die Plankosten, Ist-Kosten und Ist-Leistungen sowie die abgerechneten Kosten auf Ihrem Auftrag. Überprüfen Sie zusätzlich die Istkosten Ihrer Kostenstelle dahingehend, ob die abgerechneten Auftragskosten dort „angekommen" sind.

LÖSUNG

Menüpfad

Rechnungswesen ⇒ Controlling ⇒ Innenaufträge ⇒ Infosystem ⇒ Berichte zu Innenaufträgen ⇒ Plan-/Ist-Vergleiche

Transaktion **S_ALR_87012993 – Auftrag Ist-Plan-Abweichung**

Ergänzen Sie den Kostenrechnungskreis, die Abrechnungsperiode, das Geschäftsjahr und die gewünschten Analyse-Perioden sowie die Auftragsnummer. Starten Sie den Bericht mit ***F8***.

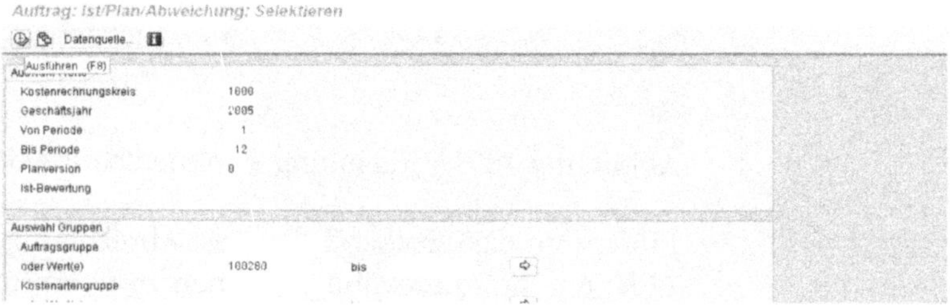

Abbildung 191: Starten Auftragsbericht (©SAP AG)

Der Auftragsbericht zeigt Plan- und angefallene Istkosten sowie die im Ist abgerechneten Kosten. Die Abrechnungskosten finden Sie als Belastung auf den beiden Stammsatz hinterlegten Kostenstellen wieder.

Kostenarten	Ist	Plan	Abw (abs)	Abw (%)
405200 Verbr. Bürobedarf	8.620,69	15.000,00	6.379,31-	42,53-
626100 DILV Junior Berater		60.000,00	60.000,00-	100,00-
* Kosten	8.620,69	75.000,00	66.379,31-	88,51-
651000 Auftragsabrechnung Material	8.620,69-		8.620,69-	
* abgerechnete Kosten	8.620,69-		8.620,69-	
** Saldo		75.000,00	75.000,00-	100,00-

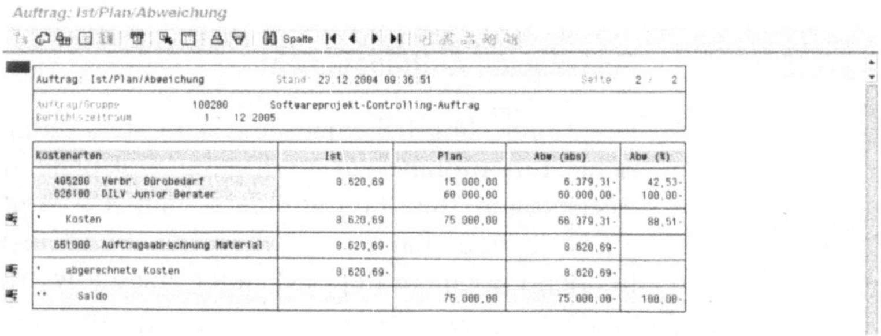

Abbildung 192: Auftragsbericht (©SAP AG)

5.7 Produktkalkulation

5.7.1 Grundlagen

Die Produktkalkulation dient dazu, auftragsneutrale Kalkulationen von Erzeugnissen zu erstellen, die z. B. für Bewertungszwecke oder die Preisbildung erforderlich sind. Die Kalkulationsergebnisse können in die Ergebnisrechnung übernommen werden.

Kosten elemente

Kostenelemente aus der Kalkulation (Gruppierungen von Kostenarten in der Kalkulation, z. B. Materialkosten, Fertigungskosten, Montagekosten) können an die Ergebnisrechnung weitergegeben werden, um sie dort für die Ergebnisplanung und –analyse (z. B. Deckungsbeitragsrechnung) zu nutzen.

Auftragskalkulation

Hiervon zu unterscheiden ist die mengenbezogene Auftragskalkulation, die beispielsweise dazu verwendet wird um konkrete Fertigungsaufträge oder Kundenaufträge zu kalkulieren.

5.7.2   Arten der Produktkalkulation

Im Rahmen der Produktkalkulation werden zwei Verfahren der Produktkalkulation (bzw. auch Materialkalkulation genannt) unterschieden:

- Erzeugniskalkulation ohne Mengengerüst und

- Erzeugniskalkulation mit Mengengerüst.

Kalkulation ohne Mengengerüst

Die Erzeugniskalkulation ohne Mengengerüst wird ohne Stücklisten und Arbeitspläne manuell, d.h. je Materialnummer, durchgeführt.

Kalkulation mit Mengengerüst

Die Erzeugniskalkulation mit Mengengerüst wird maschinell durchgeführt. Sie setzt neben den Materialstämmen das Vorhandensein von Stücklisten und Arbeitsplänen im Modul „Produktionsplanung und –steuerung" voraus. Sie rechnet komplette Baugruppen bzw. Erzeugnisstrukturen durch. Aus den Stücklisten werden Einsatzmengen, aus den Arbeitsplänen Bearbeitungszeiten (z. B. Fertigungszeiten, Montagezeiten) übernommen.

Material stamm

Bei beiden Kalkulationsformen werden aus den Materialstämmen Preise für Einsatzmaterialien übernommen. Dies bedeutet, dass in jedem Fall vor einer Produktkalkulation für das zu kalkulierende Produkt ein Materialstamm vorhanden sein muss.

Die Kostenstellenrechnung liefert Verrechnungssätze für die Bewertung der Bearbeitungszeiten sowie Zuschlagssätze für ein Kalkulationsschema.

Abbildung 193 stellt den Zusammenhang zwischen den Kalkulationsarten dar.

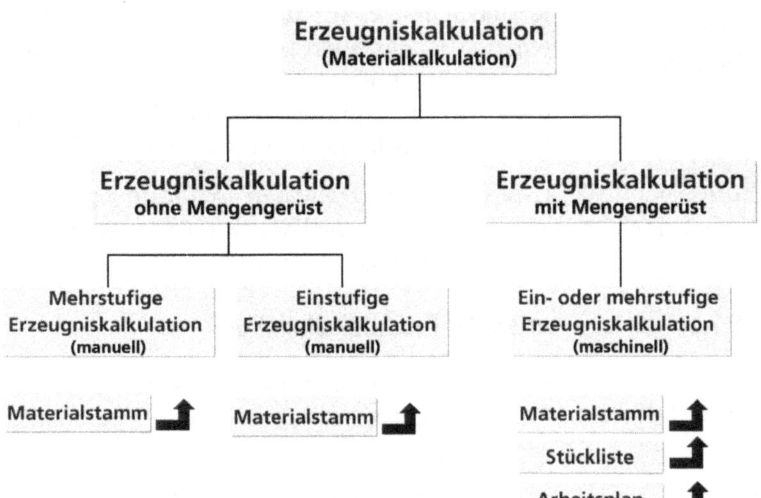

Abbildung 193: Arten der Erzeugniskalkulation

Nach dem Zeitpunkt der Durchführung der Erzeugniskalkulation werden Plankalkulation (auch Standardkalkulation genannt), Inventurkalkulation, Sollkalkulation und Ist-Kalkulation (auch aktuelle Kalkulation) unterschieden (vgl. Abbildung 194).

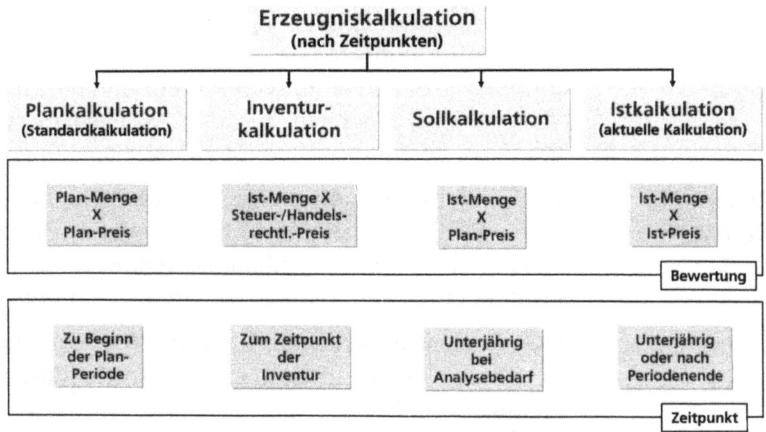

Abbildung 194: Erzeugniskalkulation nach Zeitpunkten

Plankalkulation Plankalkulationen werden zu Beginn einer Planperiode, d.h. i.d.R. jährlich, durchgeführt. Sie dienen der Ermittlung von Plan-werten bzw. Standardwerten (z. B. für die unterjährige Bewertung von Lagerentnahmen, Preislisten). Es erfolgt eine Bewertung von Plan-Mengen mit Planpreisen auf der Basis von Standardlosgrößen. Hinweis: Im Rahmen einer Auftragskalkulation werden konkrete Auftragslosgrößen benutzt.

Inventurkalku-
lation

Zum Inventurzeitpunkt sind Inventurkalkulationen erforderlich, die der Ermittlung von handelsrechtlichen und steuerrechtlichen Bewertungsansätzen dienen. Bei der Inventurkalkulation werden aktuelle Mengen (Ist-Mengen lt. Inventurerhebung) mit steuer- bzw. handelsrechtlichen Wertansätzen bewertet.

Sollkalkulation

Zur Unterstützung unterjähriger Analysen von mengenmäßigen Veränderungen (z. B. Mehr- oder Minderverbrauch) werden Sollkalkulationen als Vorgabe- bzw. Vergleichswerte erstellt. Sie bewerten aktuelle Mengen (Ist-Mengen) mit Planpreisen. Sollkalkulationen können konkreten Auftragskalkulationen als Vergleichsgrundlage gegenübergestellt werden.

Ist-Kalkulation

Bei Bedarf oder ex post nach Periodenabschluss können Ist-Kalkulationen erzeugt werden. Sie ermitteln die „tatsächlichen" Kosten durch die Bewertung von aktuellen Mengen (Ist-Mengen) mit Ist-Preisen.

5.7.2   Fallbeispiel: Anlegen Produktkalkulation ohne Mengengerüst

AUFGABENSTELLUNG

Legen Sie einen Materialstamm für das Fertigerzeugnis „Pumpe" mit den Sichten Grunddaten, Buchhaltungsdaten 1+2, Kalkulationsdaten 1+2 an. Kalkulieren Sie anschließend die Pumpe mit folgenden Daten als Plankalkulation ohne Mengengerüst

Kalkulationsvariante	PPC1 (Plankalkulation)	
Werk	1000	
Kalkulationsdatum	1. des Folgemonats	
Kalkulationslosgröße	100 Stück	
Einsatzmaterialien		
z. B. Materialnummer	100-110	10 Stück
z. B. Materialnummer	100-120	10 Stück
Eigenleistungen (z. B. von Kostenstelle 4220)		
z. B. Leistungsart 1420 Maschinenstunden		2 h
z. B. Leistungsart 1421 Lohnstunden		2 h
z. B. Leistungsart 1422 Rüststunden		0,5 h

LÖSUNG 1. SCHRITT: ANLEGEN MATERIALSTAMM

Menüpfad   **Logistik ⇒ Materialwirtschaft ⇒ Materialstamm ⇒ Material ⇒ Anlegen allgemein**

Transaktion   **MM01 – Sofort**

Ergänzen Sie die Felder Branche mit dem Eintrag „Maschinenbau" und Materialart mit dem Eintrag „Fertigerzeugnis". Wählen Sie anschließend **Sichtenauswahl** und markieren dort die in der Aufgabenstellung genannten Sichten.

Abbildung 195: Material anlegen - Einstieg (©SAP AG)

Nach Eingabe von **Weiter** wird das Werk (1000) erfasst. Im Bild „Grunddaten 1" erfassen Sie die Materialbezeichnung (Pumpe) und die Basismengeneinheit Stück (ST).

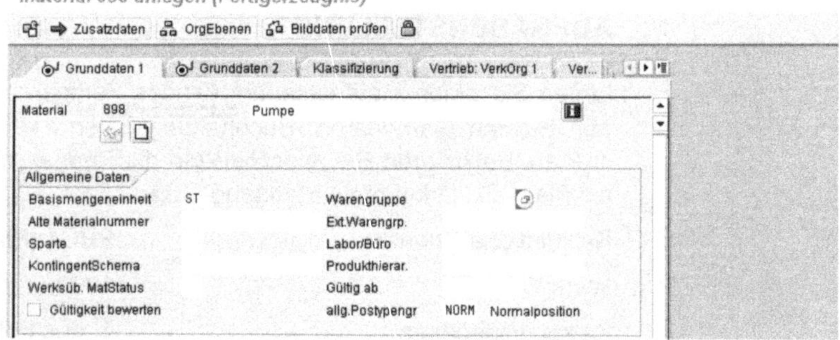

Abbildung 196: Grunddaten erfassen (©SAP AG)

Selektieren Sie nun die Sicht „Buchhaltungsdaten 1" und tragen dort einen vorläufigen Standardpreis (1 Euro) ein. Gehen Sie in das Bild „Kalkulation 1" und wählen die Losgröße 100. Danach können Sie ihre Eingaben sichern. Die erzeugte Materialnummer sollten Sie sich für den zweiten Lösungsschritt notieren.

LÖSUNG 2. SCHRITT: ANLEGEN KALKULATION

Menüpfad

Rechnungswesen ⇒ Controlling ⇒ Produktkostencontrolling ⇒ Produktkostenplanung ⇒ Materialkalkulation ⇒ Kalkulation ohne Mengengerüst

Transaktion   **KKPAN – Anlegen**

Ergänzen Sie die Felder Materialnummer (siehe 1. Schritt), Werk (1000), Kalkulationsvariante (PPC1 für Plankalkulation) und Kalkulationsversion(1). Das Ankreuzfeld „Vorlage: aktivieren" markieren Sie und wählen **ENTER**.

Abbildung 197: Kalkulationsdaten anlegen (©SAP AG)

Im nächsten Bild legen Sie die Zeiträume für die Gültigkeit der Kalkulation fest. Nach **ENTER** gelangen Sie ins Elementeschema.

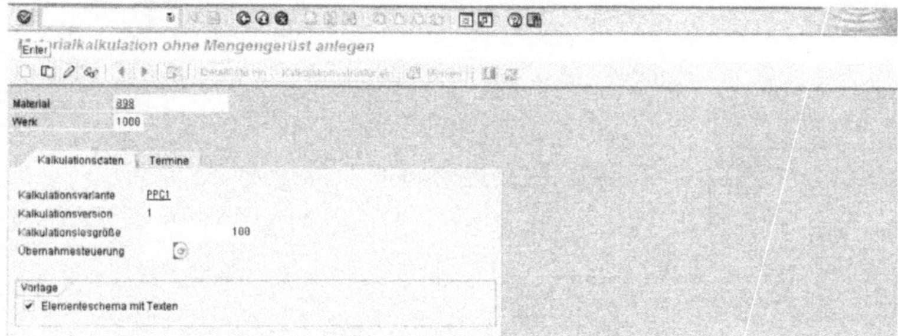

Im Elementeschema erfassen Sie das Mengengerüst der Kalkulation. Für die beiden Einsatzmaterialien legen Sie in der Spalte T (Positionstyp) den Eintrag M für Material fest. In der Spalte Ressource geben Sie die Materialnummern 100-110 bzw. 100-120 ein und in der Spalte Menge die Stückzahl 10. Die von der Kostenstelle erbrachten Eigenleistungen erfassen Sie mit dem Positionstyp E = Eigenleistung. Als Ressource erfassen Sie die Kostenstelle 4220 und in der Spalte Werk/Leistung die Leistungsarten 1420, 1421 und 1422. In der Spalte Menge erfassen Sie 2 bzw. 0,5 Stunden.

Hinweis: Sollte die im Fallbeispiel gewählte Kostenstelle nicht in dem Ihnen zur Verfügung stehenden System angelegt sein, legen Sie bitte entsprechende Kostenstellenstammsätze und Planungsdaten wie in den vorigen Kapiteln beschrieben an.

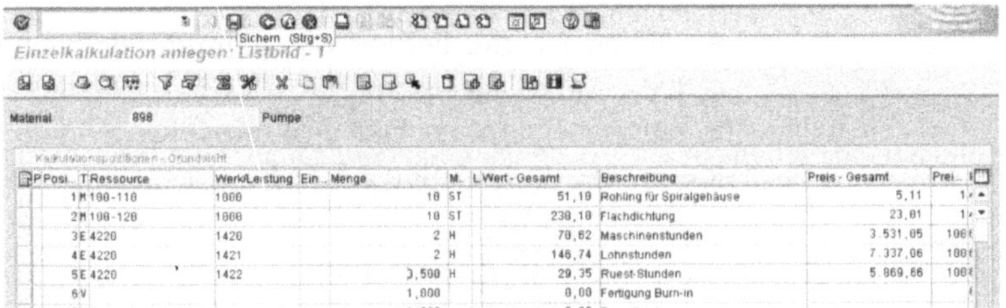

Abbildung 199: Kostenelemente erfassen (©SAP AG)

Nachdem Sie die Kostenelemente erfasst haben können Sie die Kalkulation sichern.

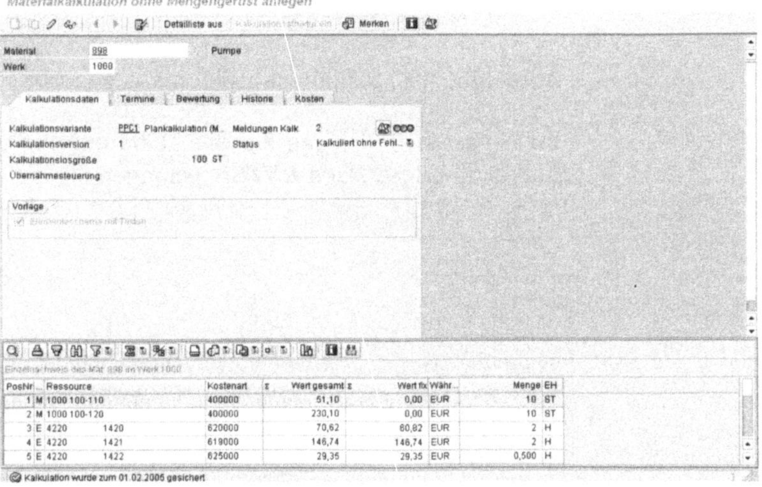

Abbildung 200: Kalkulation (©SAP AG)

5.7.3 Fallbeispiel: Kopieren und Ändern einer Produktkalkulation mit vergleichender Analyse

AUFGABENSTELLUNG

Verändern Sie die Einsatzmengen für die Materialien auf 100 Stück sowie die Losgröße auf 100. Kalkulieren Sie anschließend die Pumpe als Plankalkulation ohne Mengengerüst erneut.

Wählen Sie eine andere Versionsnummer als bei der ursprünglichen Kalkulation, damit beide Kalkulationen gespeichert werden. Führen Sie anschließend einen Kalkulationsvergleich durch.

LÖSUNG 1. SCHRITT: ANLEGEN KALKULATION

Menüpfad   **Rechnungswesen ⇒ Controlling ⇒ Produktkostencontrolling ⇒ Produktkostenplanung ⇒ Materialkalkulation ⇒ Kalkulation ohne Mengengerüst**

Transaktion   **KKPAN – Anlegen**

Erfassen Sie die Materialnummer aus der vorigen Übung, das Werk 1000, die Kalkulationsvariante PPC1 und die Kalkulationsversion 2. Dieser Eintrag bewirkt, dass die neue Kalkulation unter einem eigenen Schlüsselbegriff abgelegt wird.

Abbildung 201: Kalkulationsdaten anlegen (©SAP AG)

Gehen Sie dann auf das Feld ***Vorlage kopieren***. Im unteren Fenster geben Sie die Daten der bereits angelegten Kalkulation an. Diese Daten werden in die obere Kalkulation kopiert.

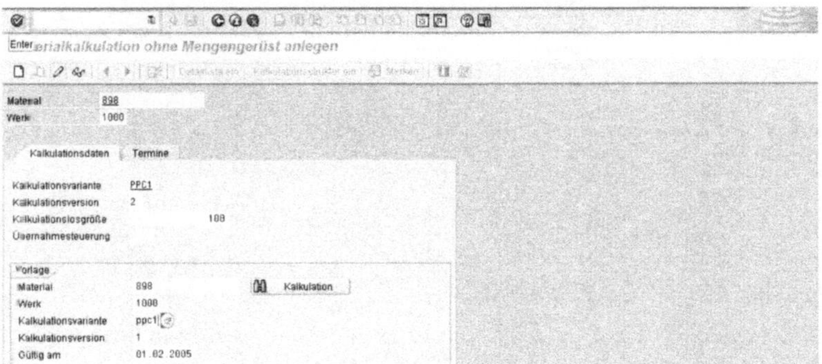

Abbildung 202: Quell-Kalkulationsdaten festlegen (©SAP AG)

Nach zweimal **ENTER** gelangen Sie in das bekannte Elementeschema. Ändern Sie die Kalkulationsdaten laut Aufgabenstellung ab und speichern die Kalkulation.

LÖSUNG 2. SCHRITT: KALKULATIONSVERGLEICH

Menüpfad **Rechnungswesen ⇒ Controlling ⇒ Produktkostencontrolling ⇒ Produktkostenplanung ⇒ Materialkalkulation ⇒ Kalkulation ohne Mengengerüst**

Transaktion **CK33 – Vergleichen**

Erfassen Sie die Kalkulationsschlüssel, Materialnummern, Werke, Kalkulationsvariante und die Version 1 (links) bzw. 2 (rechts). Starten Sie das Programm mit **F8** oder **Ausführen**.

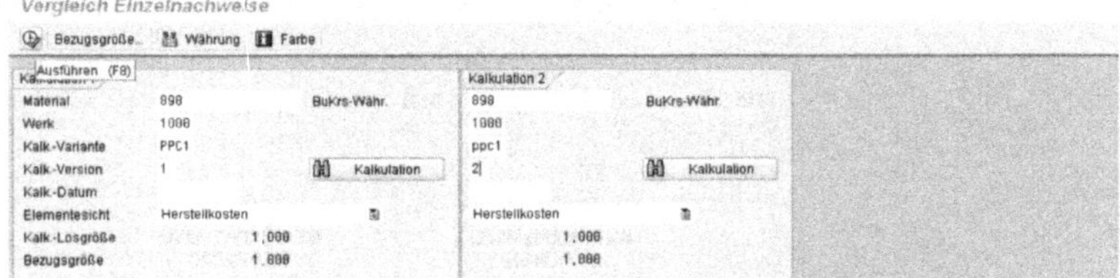

Abbildung 203: Kalkulationsvergleich starten (©SAP AG)

Anschließend erfolgt eine Darstellung der beiden Kalkulation im direkten Vergleich mit mehreren Analysemöglichkeiten.

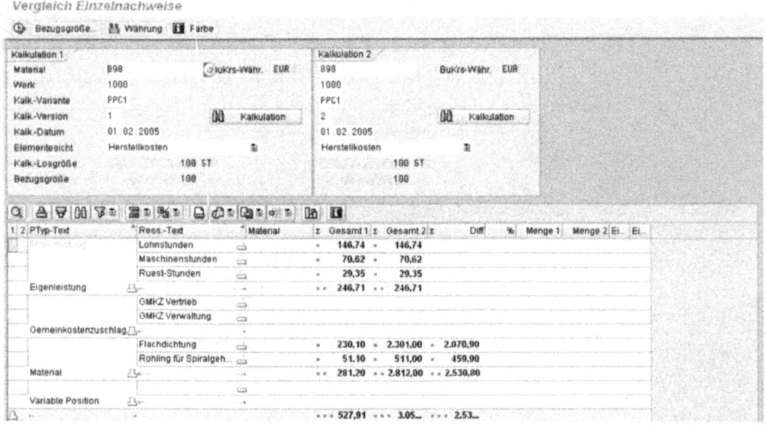

Abbildung 204: Kalkulationsanalyse -Ergebnis (©SAP AG)

5.8   Kontrollfragen

- Welche Teilbereiche des internen Rechnungswesens werden im SAP-System abgedeckt?

- Welches ist das zentrale Organisationselement zur Strukturierung der Kostenrechnung in SAP?

- Erläutern Sie den Unterschied zwischen einer primären und einer sekundären Kostenart. Gehen Sie hierbei sowohl auf die Zusammenhänge zwischen Finanzbuchhaltung und Controlling als auch auf die im SAP-System angesprochenen Software-Module ein.

- Welche Funktion hat eine Kostenstelle? Welche Voraussetzungen müssen für die Anlage einer Kostenstelle erfüllt sein?

6 Betriebswirtschaftliche Analysen mit SAP BW

6.1   Analyseorientierte Informationssysteme

mySAP BI (Business Intelligence)

Im Kapitel 2 wurden bereits die betriebswirtschaftlichen und die technologischen Komponenten der SAP Produktlandschaft vorgestellt. Die Komponente mySAP BI (Business Intelligence) ist dabei integraler Bestandteil von SAP Netweaver, also der technologischen Komponente. Im SAP Netweaver werden verschiedene Integrationsebenen unterschieden. mySAP BI ist dabei in der Ebene „Information Integration" zu finden.

SAP Business Information Warehouse (SAP BW)

Unter dem Begriff mySAP BI hat SAP verschiedene Anwendungskomponenten für die Analyse und Entscheidungsunterstützung zusammengefasst. Die Hauptkomponente ist dabei das SAP Business Information Warehouse (SAP BW) als Basis für die Datenhaltung. Daneben existieren noch weitere Anwendungen, wie z. B. der Business Explorer, welche die Datenauswertung und -aufbereitung unterstützen. Der Business Explorer nutzt dabei Microsoft Excel als Basistechnologie und ergänzt Excel für die Datenauswertung durch eine Reihe von Makros.

Analyseorientiertes Informationssystem

SAP BW ist die zentrale Data Warehouse-Lösung der SAP AG und unterstützt als analyseorientiertes Informationssystem die strategischen und dispositiven Prozesse in den Unternehmen. Weitere SAP-Komponenten, wie z. B. das SAP Strategic Enterprise Management (SAP SEM) benutzen SAP BW für die Datenhaltung. Das Zusammenspiel von SAP BW mit SAP CRM (Customer Relationship Management) führt dann zum analytischen CRM.

6.1.1   Data Warehouse

Ohne in die Tiefe der Data Warehouse-Systeme eintauchen zu wollen, soll dieser Abschnitt dazu dienen, eine Abgrenzung der Data Warehouse-Systeme von den klassischen transaktionalen ERP-Systemen vorzunehmen. Bisher hat sich dieses Lehrbuch mit mySAP ERP bzw. SAP R/3 Enterprise, also klassischen transaktionalen Systemen beschäftigt.

Online Transactional Processing (OLTP)

Transaktionale Systeme sind dadurch gekennzeichnet, dass sie das operative Tagesgeschäft unterstützen. Dabei werden sehr viele Anfragen an eine zentrale Datenbank gerichtet. Die Ergebnisse werden dabei in der Regel nur wenige Datensätze umfassen. Diese Anfragen werden durch eine große Anzahl von Anwendern (Sachbearbeitern) zur Erledigung ihrer betrieblichen Aufgaben ausgelöst. Dabei werden Daten gelesen, geschrieben, modifiziert oder gelöscht. In der Literatur bezeichnet man solche Systeme allgemein als Online Transactional Processing (OLTP).

Online Analytical Processing (OLAP)

Data Warehouse-Systeme oder allgemein Online Analytical Processing (OLAP) verfolgen demgegenüber eine völlig andere Zielsetzung. Hier steht die analyseorientierte Informationsverarbeitung im Vordergrund. Sie dienen also nicht dem operativen Tagesgeschäft, sondern der dispositiven und strategischen Entscheidungsunterstützung. In der Regel werden dazu nicht nur die Daten einer Datenquelle genutzt, sondern gerade die Verknüpfung der Daten über mehrere (auch unternehmensexterne) Datenquellen hinweg, führt erst zu dem erwünschten Mehrwert. Die Ergebnisse der Analyseanfragen umfassen in der Regel sehr viele Datensätze, die nach verschiedenen Dimensionen gruppiert werden können. Die Anfragen sind also in der Regel sehr komplex. Diese Anfragen werden von wenigen besonders ausgebildeten Benutzer (Analysten, Controller, Manager) ausgelöst. Dabei werden die Daten nur gelesen und nicht verändert oder gar gelöscht. Gerade der letzte Punkt ist ein hervorstechendes Merkmal von Data Warehouse-Systemen. Daten, die einmal in ein Data Warehouse-System eingebracht worden sind, werden in der Regel weder verändert noch gelöscht.

Eine sehr frühe Definition des Begriffs "Data Warehouse" stammt von Immon (Immon, 1996):

"A Data Warehouse is a subject oriented, integrated, non-volatile, and time variant collection of data in support of management' s decisions."

Hahne (Hahne, 2005) beschreibt die sich daraus folgenden Eigenschaften mit:

- ***Themenorientierung***, d.h. Ausrichtung auf den Informationsbedarf von Entscheidungsträgern.

- ***Vereinheitlichung***, d.h. vor der Übernahme der Daten muss evtl. eine Transformation hinsichtlich der Begriffe, Kodierungen und Maßeinheiten erfolgen.

- *Zeitorientierung*, d.h. die Daten sind jeweils nur mit einem konkreten Zeitbezug zu interpretieren.

- *Beständigkeit*, d.h. die Daten werden nur geladen und danach nicht mehr verändert.

6.1.2   Data Warehouse-Architektur

ETL-Prozess

In der Abbildung 205 ist eine allgemeine Data Warehouse-Architektur dargestellt. In dieser Architektur lassen sich eine Vielzahl der bereits genannten Bereiche wieder finden. Gefüllt wird das Data Warehouse-System mit den Daten aus verschiedenen Quellsystemen. Dabei ist der Aspekt sehr wichtig, dass auch (unternehmens-) externe Datenquellen genutzt werden können. Das Füllen des Data Warehouse-Systems erfolgt in einem sog. ETL-Prozess. Das Akronym ETL steht dabei für Extraktion, Transformation und Laden.

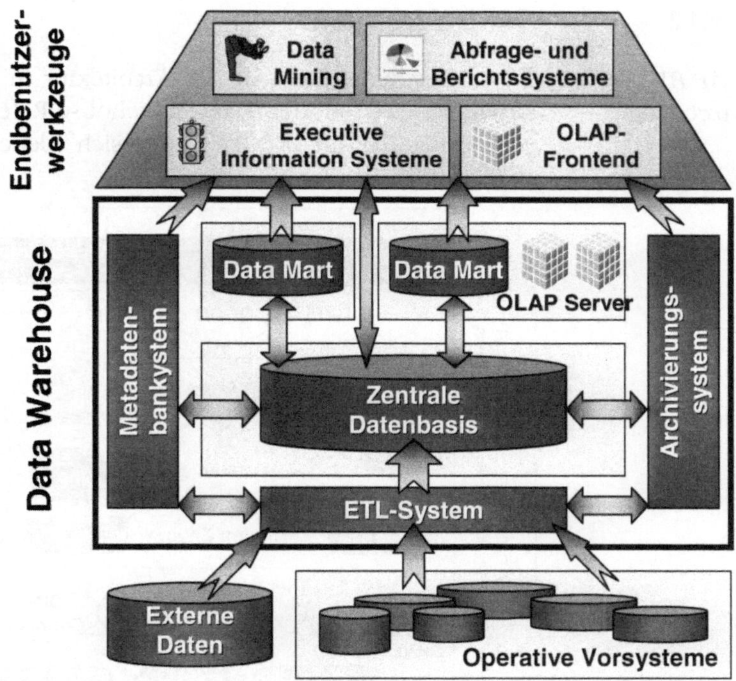

Abbildung 205: Data Warehouse-Architektur

mehr-dimensionale Datenbanken

Im Data Warehouse werden die Daten in einer großen zentralen Datenbasis gesammelt. Zur besseren Unterstützung der Eigenschaften eines Data Warehouse-Systems werden dabei insbesondere mehrdimensionale Datenbanken unterstützt. Da diese Datenbanken sehr große Datenmengen enthalten (im Giga- bzw. Terrabyte-Bereich), werden für bestimmte abgrenzbare Analysebereiche oftmals sogenannte Data Marts bereitgestellt. Darunter versteht man Extrakte aus der zentralen Datenbasis für bestimmte Themenbereiche, wie z. B. Controlling oder Vertrieb.

Endbenutzerwerkzeuge

Zum Benutzer hin werden entsprechende Endbenutzerwerkzeuge zum Reporting, OLAP oder Data Mining bereitgestellt. Diese Werkzeuge haben die Analyse und Handhabung von großen, mehrdimensionalen Datenmengen sicherzustellen.

Meta Data Repository

Neben diesen drei Ebenen ist noch, wie in konventionellen Datenbanken, ein Verzeichnissystem (Meta Data Repository) mit Metadaten bereit zu stellen, damit die Suche und Analyse in diesem riesigen Datentopf effektiv erfolgen kann.

6.1.3   SAP BW-Architektur

SAP BW-Architektur

Die Darstellung der SAP BW-Architektur in der Abbildung 206 orientiert sich an der Data Warehouse-Referenzarchitektur aus Abbildung 205. Im SAP BW lassen sich wieder drei Ebenen identifizieren.

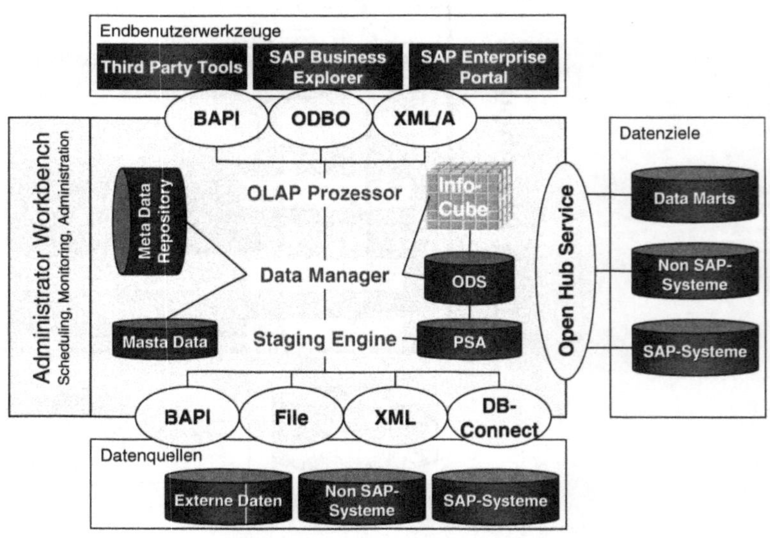

Abbildung 206: SAP BW-Architektur

Staging Engine

Zu den Datenquellen hin lassen sich die ETL-Werkzeuge finden, die im SAP BW in der Staging Engine zusammengefasst werden.

Datenquellen können sowohl SAP-Systeme, wie auch Non-SAP-Systeme oder externe Datenquellen sein.

Interfaces

Für die Anbindung von SAP-Systemen werden in der Regel BAPI (Business Application Programming Interface) als Schnittstelle genutzt. Daneben werden aber auch Flat Files (strukturierte Dateien), XML oder die direkte Anbindung von Datenbanken mit DB-Connect unterstützt.

Persistent Staging Area (PSA)

Die Persistent Staging Area (PSA) bietet innerhalb des SAP BW die Möglichkeit, die Daten zunächst so abzulegen, wie sie von den Quellsystemen geliefert wurden.

InfoCube

Die eigentliche Datenablage im SAP BW sind die sogenannten InfoCubes. Dies sind die mehrdimensionalen Würfel, die später die Grundlage für die Analysen bilden. Auf dem Weg in die InfoCubes wird evtl. der Operational Data Store (ODS) als Zwischenablage genutzt.

Stammdaten

Stammdaten (Master Data) werden in einem eigenen Bereich abgelegt, weil sie dadurch von mehreren InfoCubes genutzt werden können. Der Überblick über die vorhandenen Datenobjekte und ihre Nutzung erfolgt durch das Meta Data Repository.

Business Explorer

Der Anwender greift zur Durchführung seiner Analyseaufgaben nicht direkt auf das SAP BW zu, sondern benutzt dazu entsprechende Endbenutzerwerkzeuge, wie z. B. den Business Explorer. Dieses OLAP-Werkzeug wird mit dem SAP BW ausgeliefert. Es wird benutzt, um über vorbereitete Anfragen (Queries) Daten für Analyseaufgaben direkt aus den InfoCubes bereitgestellt zu bekommen. Über die von SAP BW bereitgestellten Schnittstellen lässt sich aber auch eine große Anzahl von OLAP-Tools anderer Hersteller nutzen.

Administrator Workbench

Neben diesen drei Ebenen werden mit der Administrator Workbench die Werkzeuge bereitgestellt, die notwendig sind, um die SAP BW-Komponenten zu administrieren und zu steuern. Hier finden sich die Bereiche zur Definition der benötigten Datenobjekte und zur Steuerung und Überwachung der Ladeprozesse, die häufig zeitgesteuert (täglich, wöchentlich, monatlich) ablaufen.

SAP BW als Datenquelle

Das SAP BW stellt seinerseits Mechanismen zur Verfügung, um selbst als Datenquelle, z. B. für Data Marts oder übergeordneten Data Warehouse-Systemen dienen zu können.

6.2 Benutzung von SAP BW

BW-IDES

Die Benutzung des SAP BW-Systems wird im folgenden auf der Grundlage des BW-IDES-Systems (IDES= Internet Demonstration and Evaluation System) gezeigt. SAP BW lässt sich im Wesentlichen wie die übrigen SAP-Komponenten bedienen (vgl. Kapitel 3). Hier sollen nur einige der vorhandenen Unterschiede behandelt werden.

Start von SAP BW

Der Start von SAP BW wird auf der Betriebssystemebene des Arbeitsplatzrechners auch durch einen Doppelklick auf das SAP-Logon-Symbol eingeleitet. Aus der Liste der angebotenen SAP-Systeme ist diesmal das SAP BW auszuwählen. Es erscheint ein Anmeldebild (vgl. Abbildung 18), in das die personenbezogenen Daten (Mandant, Benutzeridentifikation, Kennwort und Sprachenschlüssel) zu erfassen sind.

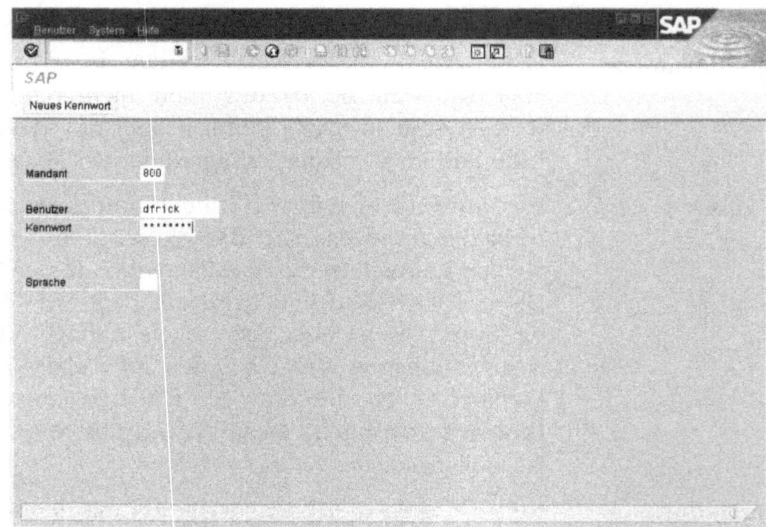

Abbildung 207: Anmeldebild SAP BW(©SAP AG)

Mandanten-konzept

Der Mandant beinhaltet das technische System, in dem gearbeitet wird. Die Mandantennummer kann je nach Installation unterschiedlich sein. Im Gegensatz zu den übrigen SAP-Systemen unterstützt das SAP BW allerdings nicht das Mandantenkonzept. Konkret bedeutet dies, dass für jedes SAP BW-System nur ein Mandant (in der Regel der Mandant 800) zur Verfügung steht.

Benutzerober-fläche

Die SAP BW-Benutzeroberfläche (vgl. Abbildung 208) unterscheidet sich nicht von den anderen SAP-Systemen.

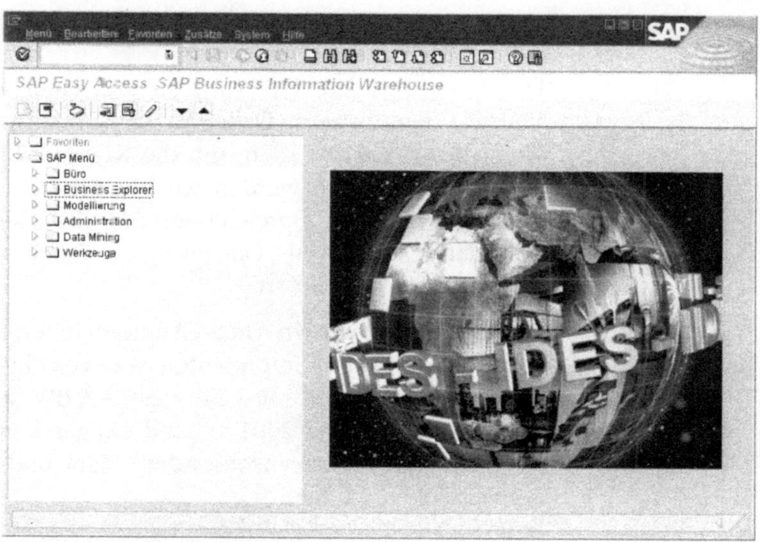

Abbildung 208: SAP BW-Menü (©SAP AG)

SAP Menü

Alle Funktionen des SAP BW-Systems lassen sich über eine geschachtelte Menüstruktur ansteuern. Die Einträge im SAP Menü unterscheiden sich natürlich von den bisher beschriebenen SAP R/3 Enterprise-Version, weil ganz andere Prozesse unterstützt werden sollen. In der nachfolgenden Fallstudie werden wir uns insbesondere in den Funktionsbereichen Modellierung und Business Explorer bewegen.

6.3   SAP BW-Fallstudie: Vertriebskennzahlen

Die Arbeit und die Funktionsweise des SAP BW lassen sich sehr anschaulich an einer Fallstudie aus dem Vertriebsbereich demonstrieren. Dabei sollen alle Ebenen der SAP BW-Architektur angesprochen werden. Zunächst ist aber eine inhaltliche Beschreibung der Problemstellung sinnvoll. Aufgrund der inhaltlichen Beschreibung wird anschließend eine Modellierung vorgenommen. Mit Hilfe des Star Schema wird definiert, welche Objekte zu den Fakten bzw. zu den Dimensionen der geplanten Auswertungen gehören. Anhand dieser Modellierung können dann die notwendigen Objekte im SAP BW-System eingerichtet werden. Sind die notwendigen Objekte vorbereitet, dann können im nächsten Schritt zunächst die Stammdaten und anschließend die operativen Bewegungsdaten in das SAP BW-System geladen werden. Abschließend stehen dann die Daten für die Analyseaufgaben im Business Explorer bereit.

6.3.1 Fallstudie Vertrieb

Die Arbeit mit SAP BW wird anhand einer Fallstudie aus dem Vertrieb demonstriert. Dabei ist der Umfang der Fallstudie bewusst beschränkt worden, um die Komplexität möglichst gering zu halten. Dennoch werden wir bei der Umsetzung der Fallstudie alle wichtigen Bereiche im SAP BW kennen lernen. Die Quelldaten werden als Flat Files (csv-Dateien) aus den operativen Systemen angeliefert.

Handelsunternehmen

Wir gehen von einem Handelsunternehmen aus, das überwiegend PC-Hardwarekomponenten von verschiedenen Herstellern bundesweit vertreibt. Mit Hilfe des SAP BW sollen die Verkaufszahlen aus dem Jahr 2004 anhand einiger Kennzahlen analysiert werden. Dabei sollen insbesondere Plan- und Istwerte miteinander verglichen werden.

Filialstruktur

Unser Handelsunternehmen ist im gesamten Bundesgebiet mit eigenen Filialen vertreten. Jede Filiale hat eine eigene Filial-ID und ist einer Region (Bundesland) zugeordnet. Die nachfolgende Abbildung 209 zeigt einen Ausschnitt aus der Tabelle aller 32 derzeit vorhandenen Filialen.

	A	B	C	D	E	F	G
1	Filial-ID	Verkaufsleiter	Anschrift	Filiale-PLZ	Filiale-Ort	Region	Land
2	1	Rainer Schmidt	Stuttgarter Landstr. 164	70123	Stuttgart	BW	DE
3	2	Roland Mendel	Kirchgasse 6	74523	Schwäbisch-Hall	BW	DE
4	3	Thomas Disl	Geislweg 14	80805	München	BAY	DE
5	4	Fitz Oberreuter	Berliner Platz 43	90123	Nürnberg	BAY	DE
6	5	Heinz Müller	Obere Str. 57	12209	Berlin	BER	DE
7	6	Dieter Schneider	Tegeler Str. 102	12435	Berlin	BER	DE
8	7	Peter Messner	Berliner Str. 175	14345	Potsdam	BRA	DE
9	8	Renate Franken	Ebert-Str. 10	15456	Frankfurt a.d.O.	BRA	DE
10	9	Daniel Scholz	Hafenstr. 12	28133	Bremen	BRE	DE
11	10	Rita Müller	Werftstr. 145	27322	Bremerhaven	BRE	DE
12	11	Peter Winter	Am Jachthafen 33	21129	Hamburg	HH	DE
13	12	Paula Sommer	Harburger Hauptdeich 14	21079	Hamburg	HH	DE
14	13	Peter Franken	Karl-Boos-Str. 24	65195	Wiesbaden	HE	DE
15	14	Maria Bertrand	Fritz-Dächert-Weg 37	64297	Darmstadt	HE	DE

Abbildung 209: Ausschnitt aus der Tabelle „Filialen"

Produktstruktur

Neben den Filialen sind auch die Produkte bekannt, die unser Unternehmen vertreibt. Die Produkte lassen sich über eine eindeutige Produkt-ID identifizieren. Die nachfolgende Abbildung 210 zeigt einen Ausschnitt aus der Tabelle aller Produkte.

	A	B	C	D	E	F	G	H
1	Produkt-ID	ProduktKat	Hersteller	Einheit	Stückkosten in EUR			
2	1	Desktop	Disney Electronics	ST	699			
3	2	Desktop	Medion AG	ST	829			
4	3	Desktop	Medion AG	ST	1099			
5	4	Desktop	Medion AG	ST	529			
6	5	Desktop	Medion AG	ST	399			
7	6	Desktop	Medion AG	ST	679			
8	7	Desktop	Medion AG	ST	1049			
9	8	Desktop	Medion AG	ST	869			
10	9	Desktop	Medion AG	ST	649			

Abbildung 210: Ausschnitt aus der Tabelle „Produkte"

Derzeit hat unser Unternehmen 74 verschiedene Produkte im Programm. Die Produktkategorie klassifiziert unsere Produkte nach verschiedenen Gruppen (Desktop, Notebook, PDA). Die letzte Spalte enthält den Einkaufspreis (Produktstückkosten) der einzelnen Produkte.

Bezeichnungen   Zu beiden Tabellen stehen uns noch jeweils Tabellen mit den Bezeichnungen zu den einzelnen Filialen und den einzelnen Produkten zur Verfügung. Bei den Produkten liefern uns die Quellsysteme jeweils eine Kurz- und eine Langbezeichnung. Die Kurzbezeichnung enthält den Produktnamen und die Langbezeichnung eine kurze Beschreibung des Produkts.

Vertriebsdaten   Abschließend benötigen wir noch die eigentlichen Vertriebsdaten. Auch diese Daten erhalten wir wieder als Flat File (csv-Datei) angeliefert. Die nachfolgende Abbildung 211 zeigt einen Ausschnitt aus dieser Datei.

	A	B	C	D	E	F	G	H
1	Filiale-ID	Zeit-ID	Produkt-ID	Menge Ist	Einheit	Menge Soll	Preis Pro Ein	Waehrung
2	25	12004	1	29	ST	24	737,53	EUR
3	25	22004	1	39	ST	35	737,53	EUR
4	25	22004	1	95	ST	88	737,53	EUR
5	25	32004	1	48	ST	57	737,53	EUR
6	25	42004	1	49	ST	43	737,53	EUR
7	25	52004	1	51	ST	55	737,53	EUR
8	25	62004	1	29	ST	23	737,53	EUR
9	25	72004	1	48	ST	39	737,53	EUR
10	25	72004	1	22	ST	21	737,53	EUR
11	25	82004	1	49	ST	56	737,53	EUR
12	25	92004	1	44	ST	48	737,53	EUR
13	25	102004	1	47	ST	50	737,53	EUR
14	25	112004	1	30	ST	30	737,53	EUR
15	25	122004	1	41	ST	39	737,53	EUR

Abbildung 211: Ausschnitt aus der Tabelle „Verkaufsdaten"

Die Spalte „Zeit-ID" enthält den Verkaufsmonat (12004 steht für Januar 2004). Die Spalte „Preis pro Einheit" enthält den Verkaufspreis, der je nach Monat oder Filiale variieren kann. Die Spalte „Menge Ist" enthält die tatsächlich verkaufte Menge und die Spalte „Menge Soll" die Planmenge. Dabei sind sowohl Über- als auch Unterschreitungen der jeweiligen Planmenge möglich.

AUFGABENSTELLUNG

Die Analyse soll die Umsatz- und Mengenabweichungen hinsichtlich verschiedener Dimensionen (z. B. Zeit, Filiale, Region, Produkt) ermöglichen.

6.3.2 Modellierung mit dem Star Schema

Die Datenmodellierung dient bei der Entwicklung von klassischen Datenbankanwendungen dazu, die in einem Geschäftsprozess relevanten Datenobjekte zu identifizieren. Gleichartige Datenobjekte lassen sich dabei zu sogenannten Objekttypen zusammenfassen und können mit ihren wesentlichen Attributen beschrieben werden. Diese Objekttypen stehen dabei in der Regel in ganz bestimmten Beziehungen zu anderen Objekttypen.

Entity-Relationship-Modell

Diese Vorgehensweise nennt man semantische Datenmodellierung. Häufig benutzt man dazu das Entity-Relationship-Modell zur Darstellung. Das Entity-Relationship-Modell definiert die Informationsobjekte (engl.: entity) mit ihren Attributen, die in einem Datenbanksystem gespeichert werden sollen, sowie die Beziehungen (engl.: relationship) zwischen diesen Datenelementen. Die Abbildung 212 zeigt dies an einem Beispiel.

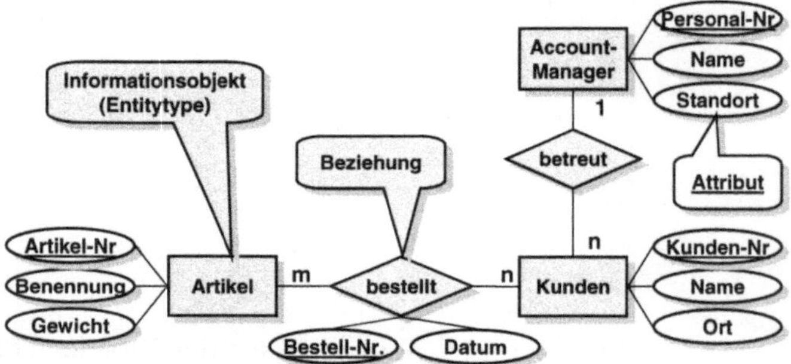

Abbildung 212: ER-Modell einer Kundenbetreuung

Auf unsere Fallstudie übertragen, lassen sich die Zusammenhänge wie im nachfolgenden ER-Modell (vgl. Abbildung 213) darstellen.

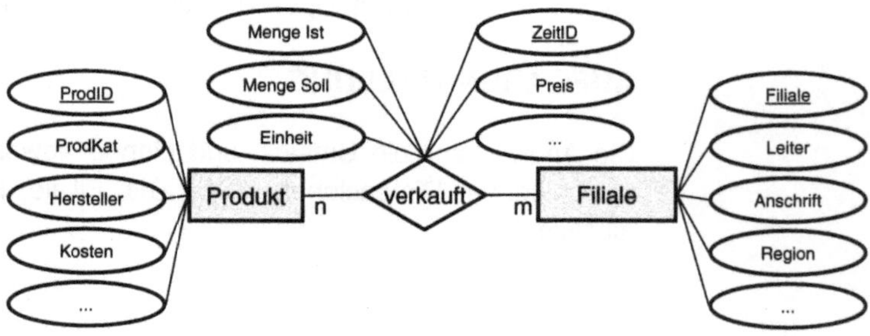

Abbildung 213: ER-Modell der Fallstudie Vertrieb

Das ER-Modell eignet sich allerdings nicht für die Modellierung eines Data Warehouse-Systems. In der Literatur wird eine Vielzahl von grafischen Notationen für die Abbildung von mehrdimensionalen Datenstrukturen behandelt. Für die Abbildung in relationalen Systemen, wie das SAP BW, wird das Star Schema favorisiert.

Star Schema

Beim Star Schema werden die quantifizierbaren Informationen (Fakten) im Zentrum und die Dimensionen sternförmig um diese Fakten angeordnet. Daher auch die Bezeichnung Star Schema.

Auf unsere Fallstudie bezogen rückt die Beziehung „Verkauft" mit ihren Informationen als Faktentabelle in den Mittelpunkt. Die Dimensionen für die geplanten Analysen, wie z. B. Produkt und Filiale können also sternförmig um die Faktentabelle angeordnet werden. Da die Zeit immer eine wichtige Dimension in der Analyse darstellt, sollte die Zeit auch entsprechend aus der Faktentabelle herausgelöst werden. Die Abbildung 214 zeigt das entsprechende Star Schema.

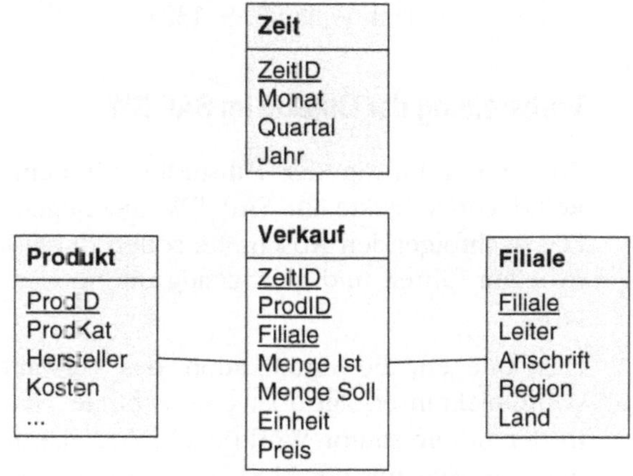

Abbildung 214: Star Schema der Fallstudie Vertrieb

Erweitertes Star Schema

Die Dimensionen enthalten die Stammdaten der Fallstudie. Damit diese Stammdaten auch für andere Faktentabellen genutzt werden können, hat SAP das erweiterte Star Schema geschaffen. Die eigentlichen Stammdaten (Texte, Attribute) werden dabei aus der Dimensionstabelle herausgelöst und in einer getrennten Stammdatentabelle abgelegt. Die Dimensionstabelle dient also nur noch als Verbindung zwischen den Stammdatentabellen und der zentralen Faktentabelle. Da in SAP BW der InfoCube als zentraler

Ort für die Datenspeicherung fungiert, lässt sich dieser Zusammenhang wie in Abbildung 215 darstellen.

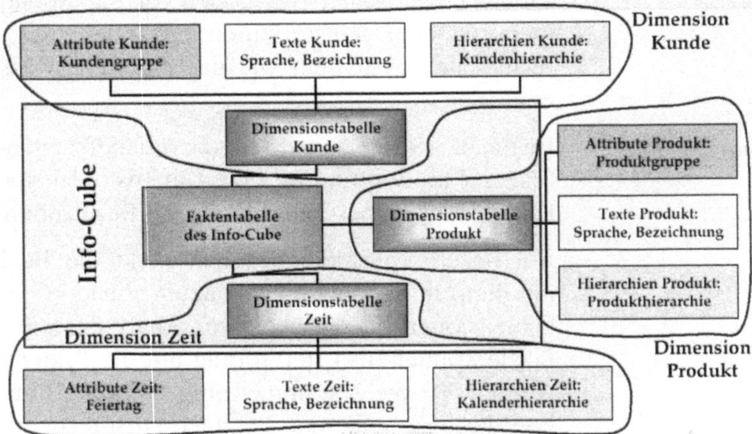

Abbildung 215: Erweitertes Star Schema im SAP BW (Quelle: Hahne, 2005, S. 132)

6.3.3   Vorbereitung der Objekte im SAP BW

Zur Durchführung der Fallstudie mit dem SAP BW sind eine Reihe von Objekte im SAP BW anzulegen bzw. zu definieren. Die nachfolgenden Abschnitte sollen durch diese vorbereitenden Arbeiten führen und gleichzeitig die notwendigen Objekte erläutern.

Administrator Workbench Modellierung

Das Anlegen, die Modifikation, das Verwalten und das Löschen von Objekten erfolgt über eine zentrale Transaktion im SAP BW. In der Administrator Workbench Modellierung sind alle Funktionen, die sich mit der Modellierung der Objekte im SAP BW beschäftigt, zusammengefasst. Nach dem Start der Transaktion werden die übrigen Arbeiten von dort aus ausgeführt.

Menüpfad   **SAP Menü ⇒ Modellierung**

Transaktion   **RSA1 – Administrator Workbench Modellierung**

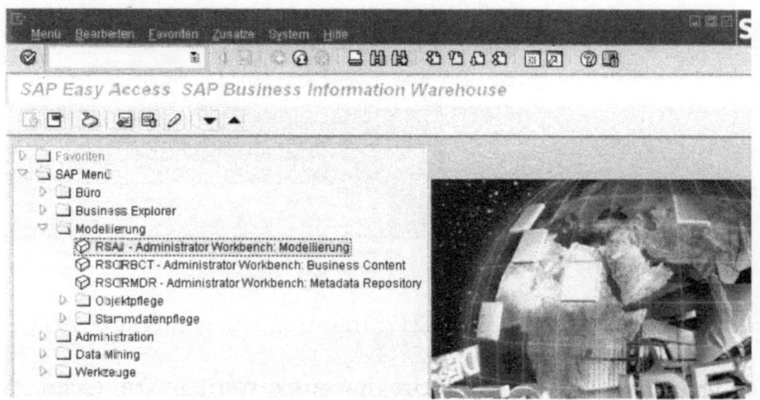

Abbildung 216: Start der Administrator Workbench Modellierung
(©SAP AG)

6.3.3.1   InfoArea anlegen

Nach dem Start der Transaktion erreicht man zunächst die Gruppe der *InfoProvider*. Hier werden die Objekte zusammengeführt, die Informationen für die Analyseaufgaben bereitstellen. Im Rahmen der Fallstudie werden wir hier später einen *InfoCube* definieren, der sämtliche Daten für die Analyse über den Business Explorer liefert.

InfoArea

Da das SAP BW kein Mandantenkonzept unterstützt, werden in diesem Bereich sämtliche InfoProvider zusammengeführt. Dies kann sehr schnell unübersichtlich werden. Wir werden daher zunächst eine Ordnungsstruktur benutzen, um unsere InfoProvider von den übrigen zu trennen. Dazu legen wir eine *InfoArea* an.

AUFGABENSTELLUNG

Legen Sie eine neue InfoArea „BW-Fallstudie Vertrieb" unterhalb des Knotens „BW Training HS Niederrhein" an.

LÖSUNG

Positionieren Sie den Cursor auf der InfoArea „BW Training HS Niederrhein" und betätigen Sie die rechte Maustaste (Kontext-Menü).

Transaktion   **Anlegen**

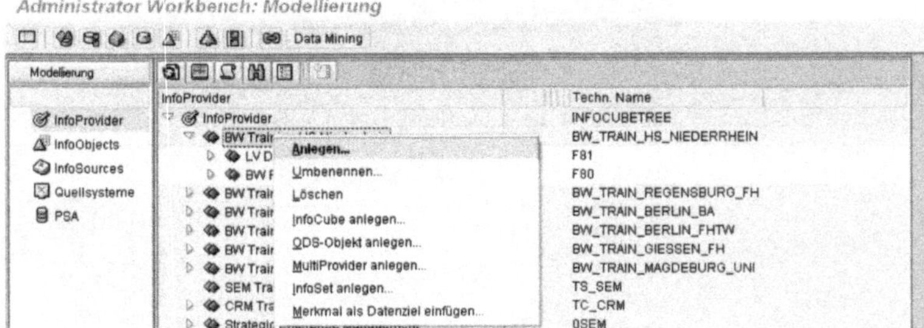

Abbildung 217: InfoArea anlegen (©SAP AG)

Techn. Name und Beschreibung

Für die neue InfoArea werden ein techn. Name (eindeutiger interner Bezeichner) und eine beliebige Beschreibung benötigt. Für die Vergabe von technischen Namen wird man einen Projektstandard benutzen, der genau beschreibt, wie diese Namen aufzubauen sind. In unserem Beispiel werden sämtliche techn. Namen mit der Präfix „F80" beginnen. Die techn. Namen der Objekte, die von der SAP im Business Content ausgeliefert werden, beginnen alle mit dem Präfix „0".

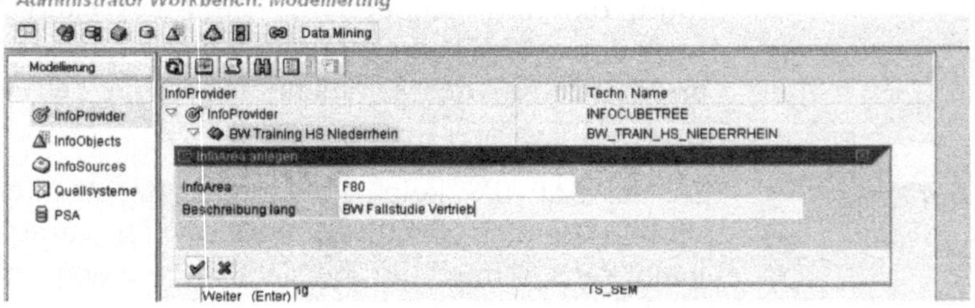

Abbildung 218: InfoArea definieren (©SAP AG)

Mit dem nebenstehenden Button bestätigen Sie die Angaben und die neue InfoArea wird angelegt. Sie können anschließend die neue Struktur im Baum betrachten.

6.3.3.2 InfoObject-Kataloge anlegen

InfoObject

Bevor wir unseren InfoCube anlegen können, müssen wir erst die Objekte (Kennzahlen, Merkmale, Dimensionen) definieren, aus denen unser InfoCube bestehen soll. Dazu wechseln wir in den Bereich der **InfoObjects** (durch anklicken im linken Fenster). Dort finden wir die gleiche Strukturierung durch die Info-Areas vor. Auch unsere vorher angelegte InfoArea ist bereits vorhanden.

AUFGABENSTELLUNG

Legen Sie für die benötigen InfoObjects zwei InfoObject-Kataloge in der InfoArea „BW-Fallstudie Vertrieb" an.

LÖSUNG

Positionieren Sie den Cursor auf der InfoArea „BW-Fallstudie Vertrieb" und betätigen Sie die rechte Maustaste (Kontext-Menü).

Transaktion

InfoObjectCatalog

InfoObjectCatalog anlegen

Aus der Transaktion lässt sich bereits erkennen, dass die InfoObjects in Kataloge (*InfoObjectCatalog*) zusammengefasst werden. Dabei werden die Kataloge nach der weiteren Verwendung der InfoObjects in die Bereiche Merkmale und Kennzahlen unterschieden. Kennzahlen beschreiben die Fakten und Merkmale beschreiben die Dimensionen.

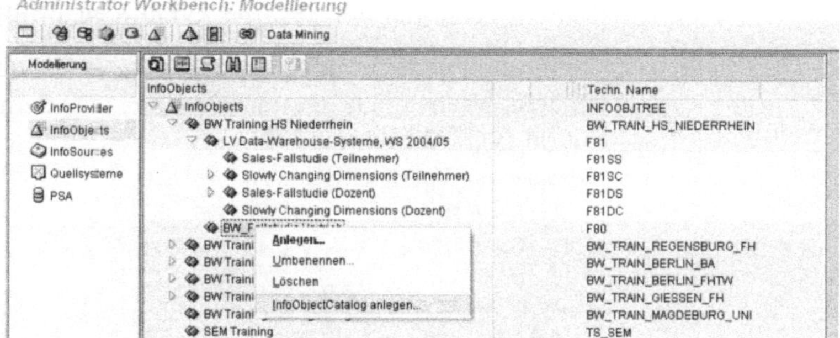

Abbildung 219: InfoObjectCatalog anlegen (©SAP AG)

Zunächst legen wir den InfoObjectCatalog für die Kennzahlen an. Als techn. Namen benutzen wir „F80VK" und als Beschreibung „Fallstudie Vertrieb Kennzahlen". Bitte achten Sie darauf, dass als InfoObjectType Kennzahlen ausgewählt wird (Abbildung 220).

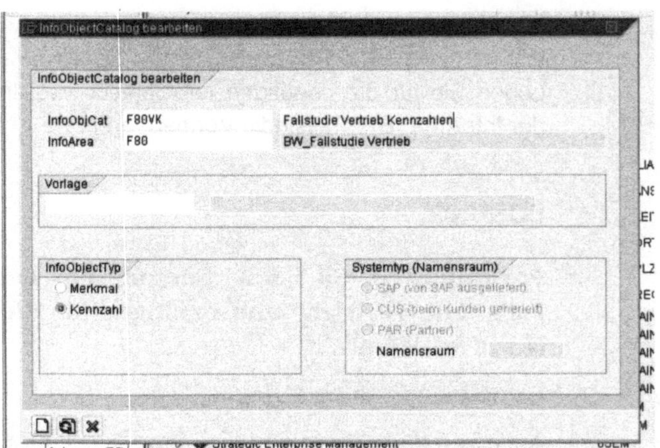

Abbildung 220: InfoObjectCatalog definieren (©SAP AG)

Mit dem nebenstehenden Button wird der InfoObjectCatalog angelegt. Der Katalog ist zunächst leer (vgl. Abbildung 221). Aus den vorhandenen InfoObjects (z. B. des mitgelieferten Business Content) könnten wir unseren Katalog jetzt füllen.

Wir wollen jedoch neue InfoObjects definieren und aktivieren zunächst den noch leeren Katalog mit dem nebenstehenden Button (vgl. Abbildung 221).

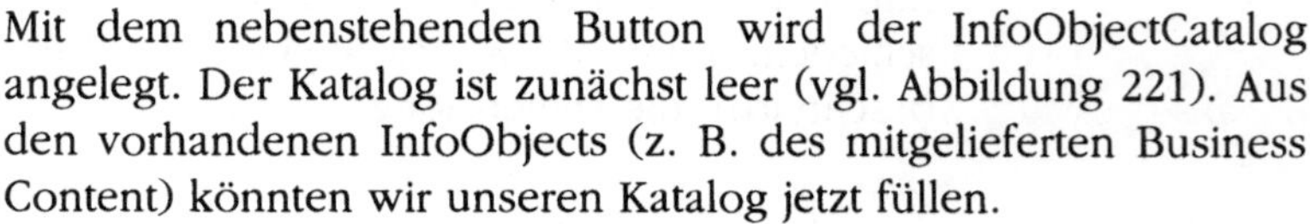
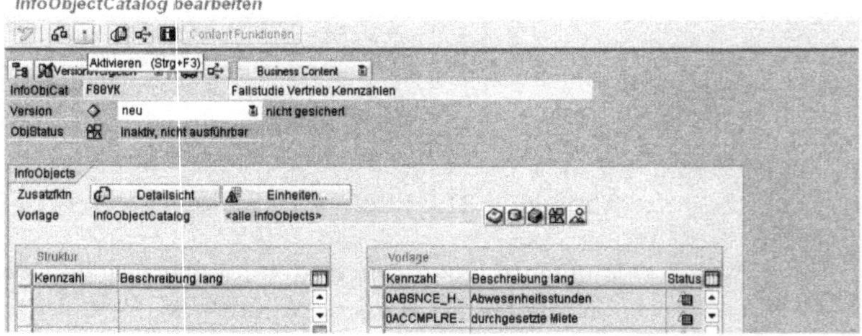

Abbildung 221: InfoObjectCatalog aktivieren (©SAP AG)

In der Statuszeile erhalten wir die nachfolgende Meldung:

In der gleichen Art und Weise können wir nun anschließend einen InfoObjectCatalog für die Merkmale anlegen. Als techn. Namen vergeben wir diesmal „F80VM" und die Bezeichnung lautet „Fallstudie Vertrieb Merkmale". Achten Sie darauf, dass Sie diesmal als InfoObjectType „Merkmal" selektieren.

Der noch leere InfoObjectCatalog wird wieder sofort aktiviert und wir erhalten als Meldung des Systems:

Anschließend sollten beide InfoObject-Kataloge in unserer Info-Area sichtbar sein (vgl. Abbildung 222).

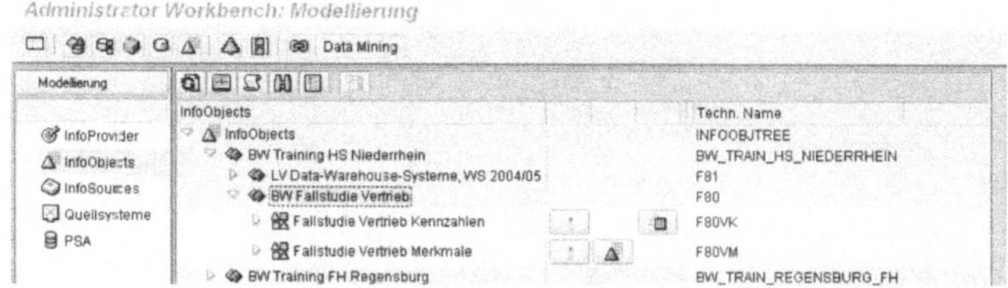

Abbildung 222: InfoObject-Kataloge in der InfoArea (©SAP AG)

6.3.3.3   InfoObjects anlegen

InfoObject

Nach diesen Vorarbeiten können wir jetzt die eigentlichen *In-foObjects* anlegen. Die InfoObjects werden im SAP BW nach Merkmale (Dimensionen) und Kennzahlen unterschieden:

- InfoObject vom Typ Kennzahl
- InfoObject vom Typ Merkmal

AUFGABENSTELLUNG

Legen Sie das InfoObject „Produktgesamtkosten" vom Typ Kennzahl im InfoObjectCatalog „Fallstudie Vertrieb Kennzahlen" an.

LÖSUNG

Positionieren Sie den Cursor auf dem InfoObjectCatalog „Fallstudie Vertrieb Kennzahlen" und betätigen Sie die rechte Maustaste (Kontext-Menü).

Transaktion   **InfoObject anlegen**

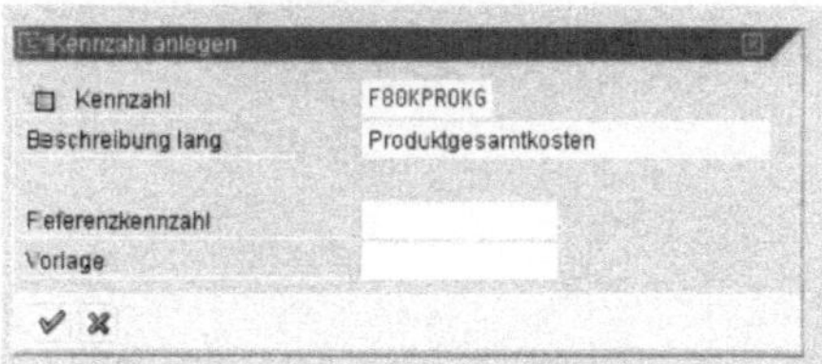

Abbildung 223: InfoObject Kennzahl anlegen (©SAP AG)

Für das neue InfoObject ist ein techn. Name (hier „F80KPROKG") und eine Bezeichnung (hier „Produktgesamtkosten") anzugeben (vgl. Abbildung 223). Mit dem nebenstehenden Button werden die Angaben bestätigt.

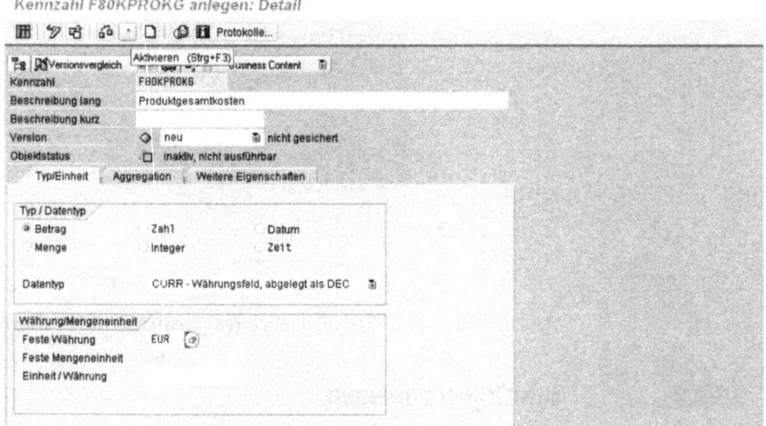

Abbildung 224: InfoObject Kennzahl definieren (©SAP AG)

Für das InfoObject ist ein Typ (hier „Betrag") und ein Datentyp (hier „CURR" für Währungsfeld) anzugeben. Für das Währungsfeld kann eine feste Währung (hier „EUR") oder ein Platzhalter für die möglichen Landeswährungen (z. B. „0CURRENCY" aus dem Business Content) vorgegeben werden. Für unsere Aufgabenstellung reicht die Angabe einer festen Währung (vgl. Abbildung 224).

Mit dem nebenstehenden Button können wir das InfoObject „Produktgesamtkosten" aktivieren und erhalten vom System folgende Meldung:

Mit der gleichen Vorgehensweise sind noch die nachfolgenden Kennzahlen als InfoObjects zu definieren. Die dazu notwendigen Angaben sind jeweils aufgeführt:

InfoObject	Produktstück-kosten	Produktpreis je Einheit	Umsatz Ist
Techn. Name	F80KPROKS	F80KPROP	F80KUMSI
Bezeichnung	Produktstück-kosten	Produktpreis je Einheit	Umsatz Ist
Typ/ Datentyp	Betrag CURR	Betrag CURR	Betrag CURR
Einheit	Feste Währung EUR	Feste Währung EUR	Feste Währung EUR

InfoObject	Umsatz Soll	Verkaufs-menge Ist	Verkaufs-menge Soll
Techn. Name	F80KUMSS	F80KMENGI	F80KMENGS
Bezeichnung	Umsatz Soll	Verkaufs-menge Ist	Verkaufs-menge Soll
Typ/ Datentyp	Betrag CURR	Menge QUAN	Menge QUAN
Einheit	Feste Währung EUR	Einheit 0BASE_UOM	Einheit 0BASE_UOM

Die letzten beiden Kennzahlen („Verkaufsmenge Ist" und Ver-kaufsmenge Soll") erhalten als Typ „Menge" mit dem Datentyp „QUAN". Um nicht nur eine Einheit (z. B. „ST") benutzen zu können, wird als Einheit der Platzhalter „0BASE_UOM" aus dem Business Content weitere mögliche Einheiten eingetragen.

Abschließend sind alle benötigten Kennzahlen als InfoObjects im InfoObject-Katalog angelegt und Sie müssten folgende Übersicht (vgl. Abbildung 225) vorliegen haben:

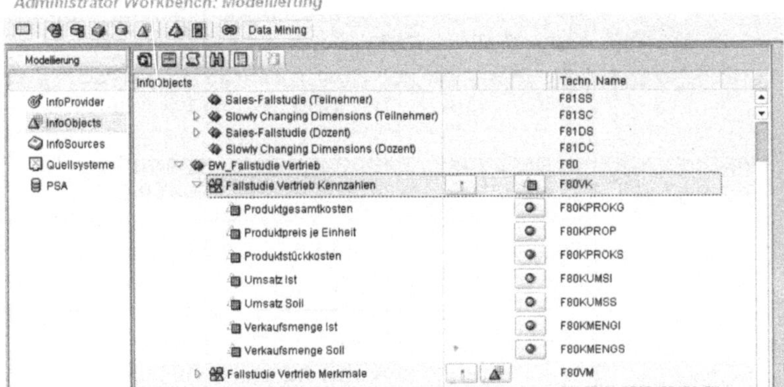

Abbildung 225: InfoObjects im InfoObject-Katalog „Kennzahlen"
(©SAP AG)

Nach den Kennzahlen können wir nun die InfoObjects für die
Merkmale anlegen. Die Merkmale werden später die Dimensio-
nen des InfoCubes bilden. Die Definition der InfoObjects für die
Merkmale wird wieder an einem Beispiel aufgezeigt.

AUFGABENSTELLUNG

Legen Sie das InfoObject „Filiale Anschrift" vom Typ Merkmal im InfoObjectCatalog „Fallstudie Vertrieb Merkmale" an.

LÖSUNG

**Positionieren Sie den Cursor auf den InfoObjectCatalog
„Fallstudie Vertrieb Merkmale" und betätigen Sie die rechte
Maustaste (Kontext-Menü).**

Transaktion   **InfoObject anlegen**

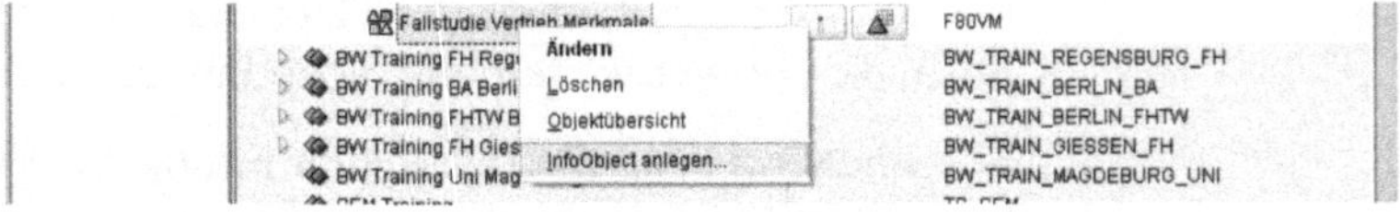

Abbildung 226: InfoObject anlegen (©SAP AG)

Das neue InfoObject erhält den techn. Namen „F80MFANS" und
die Bezeichnung „Filiale Anschrift". Mit dem nebenstehenden
Button werden die Angaben bestätigt (vgl. Abbildung 227).

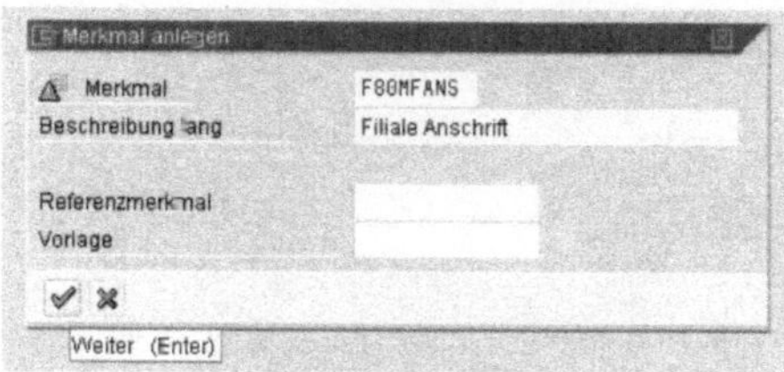

Abbildung 227: InfoObject Merkmal anlegen (©SAP AG)

Für die Definition eines InfoObjects Merkmal sind mehr Angaben notwendig als für eine Kennzahl. Auf der Registerkarte „Allgemeines" definieren wir den Datentyp (hier „CHAR) und die Länge (hier „50"). Außerdem aktivieren wir noch Kleinbuchstaben (vgl. Abbildung 228).

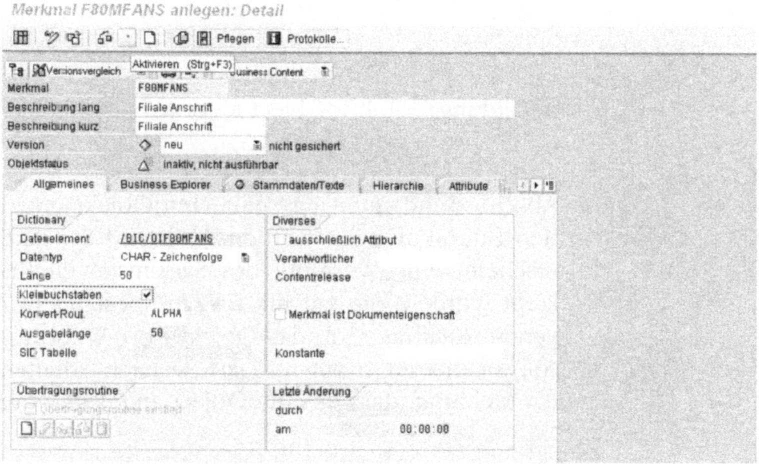

Abbildung 228: InfoObject Merkmal Allgemeines definieren (©SAP AG)

Für dieses Merkmal werden keine eigenen Stammdaten und Texte benötigt. Diese Angaben erfolgen in der Registerkarte „Stammdaten/Texte". Die vorhandenen Häkchen müssen entfernt werden (vgl. Abbildung 229).

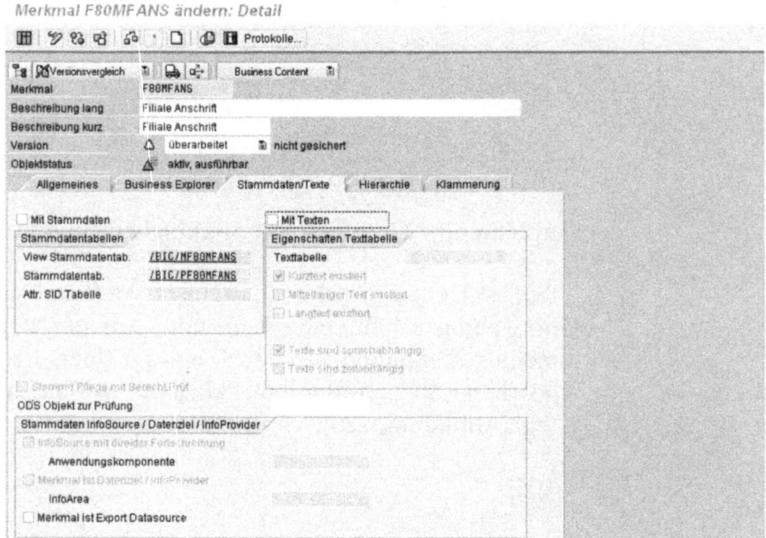

Abbildung 229: InfoObject Merkmal Stammdaten/Texte definieren (©SAP AG)

Abschließend muss das neue InfoObjekt mit dem nebenstehenden Button aktiviert werden. Während des Aktivierungsvorgangs erscheint eine Warnung des Systems, weil Kleinbuchstaben erlaubt wurden, die wir mit **ENTER** bestätigen. Auch die nachfolgende Rückfrage, ob das Objekt trotz Warnung angelegt werden soll, beantworten wir mit „Ja". Danach erhalten wir vom System die Meldung, dass das InfoObject angelegt wurde:

Dieser Vorgang ist für die nachfolgenden InfoObjects zu wiederholen:

InfoObject	Filiale Ort	Filiale PLZ	Filiale Leiter	Filiale Region
Techn. Name	F80MFORT	F80MFPLZ	F80MFLEIT	F80MFREG
Bezeichnung	Filiale Ort	Filiale PLZ	Filiale Leiter	Filiale Region
Datentyp	CHAR	CHAR	CHAR	CHAR
Länge	20	5	20	3

Mit Klein-buchstaben	☑	☑	☑	
Stammda-ten	nein	nein	nein	ja
Texte	nein	nein	nein	Kurztext

AUFGABENSTELLUNG

Legen Sie das InfoObject „Filiale" im InfoObjectCatalog „Fallstudie Vertrieb Merkmale" an.

LÖSUNG

Positionieren Sie den Cursor auf den InfoObjectCatalog „Fallstudie Vertrieb Merkmale" und betätigen Sie die rechte Maustaste (Kontext-Menü).

Transaktion   **InfoObject anlegen**

Die bisher angelegten InfoObjects gehören alle zu der Dimension „Filiale". In dem entwickelten Star Schema (vgl. Abbildung 214) sind diese InfoObjects als Attribute dieser Dimension aufgeführt. Wir müssen also noch ein InfoObject Merkmal „Filiale" als Klammer anlegen. Die bisherigen InfoObjects zu dieser Dimension werden als Attribute hinzugefügt.

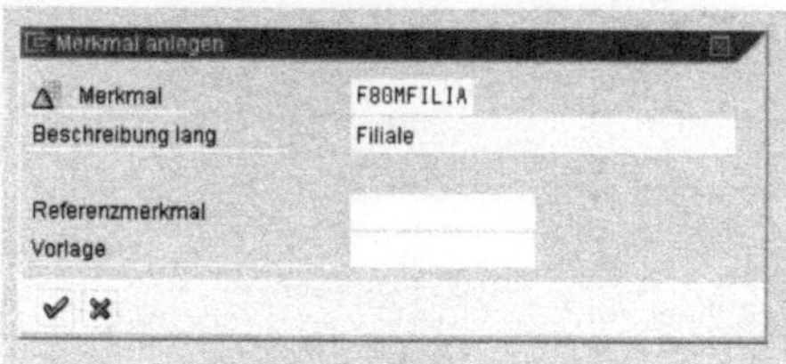

Abbildung 230: InfoObject Merkmal anlegen (©SAP AG)

Zunächst sind wieder erst der techn. Name (hier „F80MFILIA") und Bezeichnung (hier „Filiale") zu definieren (vgl. Abbildung 230). Anschließend werden die Definitionen auf der Registerkarte „Allgemeines" vorgenommen. Dort wird der Datentyp (hier „NUMC") und die Länge (hier „2") für die FilialID eingetragen (vgl. Abbildung 231).

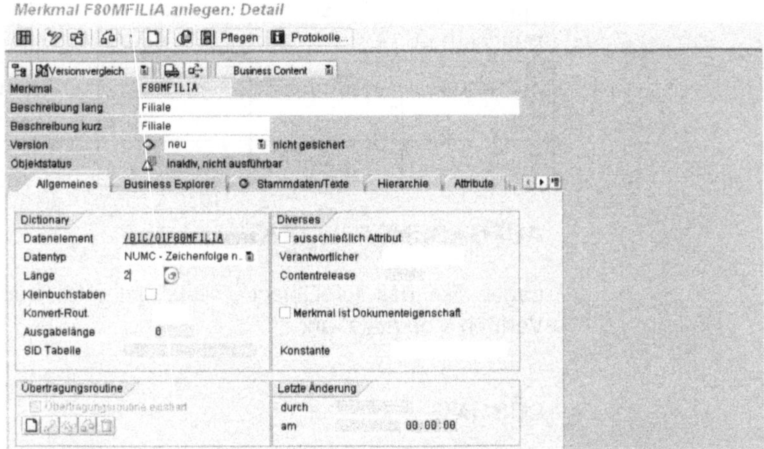

Abbildung 231: InfoObject Merkmal Allgemeines (©SAP AG)

Auf der Registerkarte „Stammdaten/Texte" sind die Häkchen bei
Stammdaten und bei Texten zu setzen, weil die entsprechenden
Daten in das SAP BW geladen werden sollen. Bei den Texten
selektieren wir „Langtext existiert", d.h. der Text zur Beschreibung der Filiale kann max. 60 Zeichen lang sein. Der Text ist
nicht sprachabhängig.

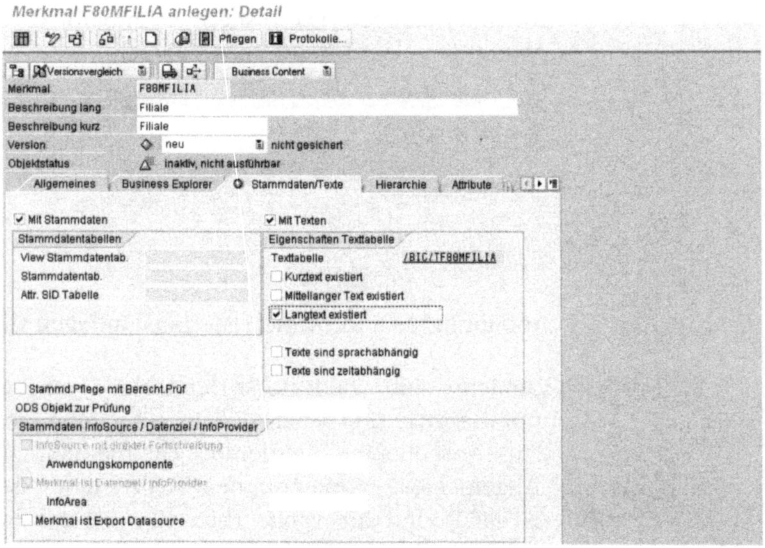

Abbildung 232: InfoObject Merkmal Stammdaten/Texte (©SAP
AG)

Auf der Registerkarte „Attribute" werden alle die InfoObjekts eingetragen, die wir vorher angelegt und die zur Dimension „Filiale" gehören. Zu jedem Attribut ist in der Spalte „Typ" anzugeben, ob dass Attribut später nur angezeigt („DIS") oder auch zur Navigation („NAV") benutzt werden kann. Mit dem nebenstehenden Button kann zwischen den beiden Typen gewechselt werden. Bei den Navigationsattributen können Texte für die Beschreibung angegeben werden. Mit dem Häkchen in der Spalte Texte werden die Bezeichnungen aus dem entsprechenden InfoObject übernommen (vgl. Abbildung 233).

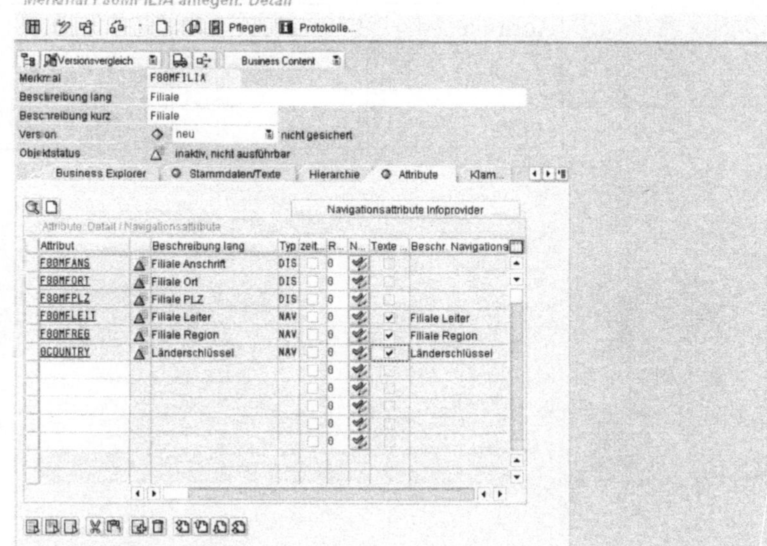

Abbildung 233: InfoObject Merkmal Attribute (©SAP AG)

Mit dem nebenstehenden Button wird das neue InfoObject aktiviert und wir erhalten vom System die nachfolgende Meldung:

In der gleichen Art und Weise sind noch die InfoObjects zur Dimension „Produkt" zu definieren. Die notwendigen Angaben dazu finden Sie in der nachfolgenden Tabelle.

Bezeichnung	Produkt-hersteller	Produkt-kategorie	Produkt
Datentyp	CHAR	CHAR	NUMC
Länge	10	10	3
Mit Kleinbuch-staben	☑	☑	
Stammdaten	nein	Nein	Ja
Texte	nein	Kurztext	Kurztext Langtext
Attribute			F80MPKAT F80MPHERS 0BASE_UOM F80KPROKS

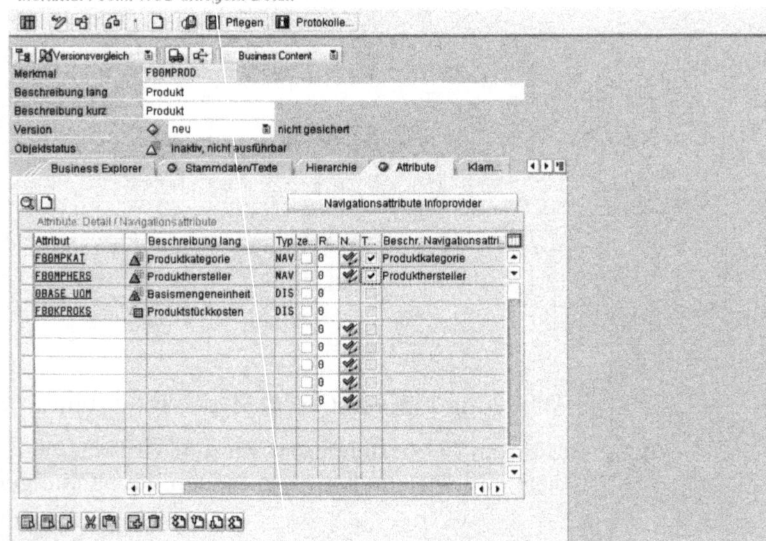

Abbildung 234: InfoObject Merkmal Attribute (©SAP AG)

Dabei ist zu beachten, dass Sie für das InfoObject „Produkt" in der Registerkarte „Stammdaten/Texte" Kurz- <u>und</u> Langtext selektieren. Zu den Produkten erhalten wir nämlich sowohl einen Produktnamen als auch eine Kurzbeschreibung angeliefert. Auf der Registerkarte „Attribute" tragen wir wieder die InfoObjects der Dimension „Produkt" ein. Hier ist zu beachten, dass wir zusätzlich noch die Einheit („0BASE_UOM") und die Kennzahl

Produktstückkosten („F80KPROKS") eintragen. Diese beiden InfoObjects können allerdings nicht zur Navigation benutzt werden (vgl. Abbildung 234).

In dem InfoObjectCatalog „Fallstudie Vertrieb Merkmale" sollten jetzt alle benötigten InfoObjects enthalten sein (vgl. Abbildung 235). Für die Dimension „Zeit" müssen keine InfoObjects angelegt werden, weil diese schon im Business Content enthalten sind.

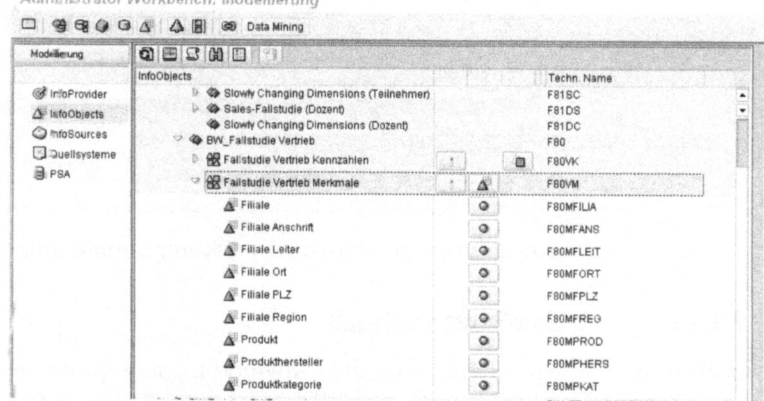

Abbildung 235: InfoObjectCatalog „Fallstudie Vertrieb Merkmale" (©SAP AG)

6.3.4   Laden der Stammdaten

6.3.4.1   Anwendungskomponenten anlegen

Anwendungs-
komponente

Bevor wir mit dem Laden der Stammdaten und Texte beginnen können, ist erst noch zu definieren, welche InfoObjects als Info-Sources dienen sollen. Dazu wechseln wir im linken Fenster in den Bereich InfoSources. Die InfoSources sind in sogenannte ***Anwendungskomponenten*** gegliedert.

AUFGABENSTELLUNG

Legen Sie die neue Anwendungskomponente „Fallstudie Vertrieb" unterhalb der bestehenden Anwendungskomponente „BW Training HS Niederrhein" an.

LÖSUNG

Positionieren Sie den Cursor auf die Anwendungskomponente „BW Training HS Niederrhein" und betätigen Sie die rechte Maustaste (Kontext-Menü).

Transaktion

Anlegen

Der neuen Anwendungskomponente geben wir den techn. Namen „F80" und die Bezeichnung „Fallstudie Vertrieb" (vgl. Abbildung 236)

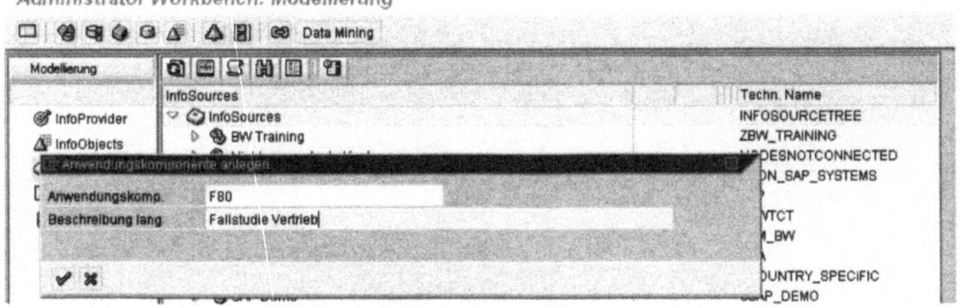

Abbildung 236: Anwendungskomponente anlegen (©SAP AG)

6.3.4.2   InfoSource anlegen

InfoSource

Nachdem wir die Anwendungskomponente angelegt haben, können wir jetzt die InfoSources innerhalb der Anwendungskomponente anlegen. In einer *InfoSource* werden die aufbereiteten Daten von Quellsystemen für die Nutzung innerhalb des SAP BW bereitgestellt.

AUFGABENSTELLUNG

Legen Sie in der Anwendungskomponente „Fallstudie Vertrieb" die InfoSource „Filiale" an.

LÖSUNG

Positionieren Sie den Cursor auf die Anwendungskomponente „Fallstudie Vertrieb" und betätigen Sie die rechte Maustaste (Kontext-Menü).

Transaktion

InfoSource anlegen

In der sich öffnenden Dialogbox selektieren wir „Direkte Fortschreibung von Stammdaten, da wir die InfoSource zum Laden von Stammdaten benutzen wollen. Für die Selektion des InfoObjects benutzen wir die F4-Hilfe und suchen das bereits angelegte InfoObject „F80MFILIA" (vgl. Abbildung 237). Wir können also eine InfoSource immer nur auf der Basis eines bereits vorhandenen InfoObjects oder eines InfoProviders anlegen.

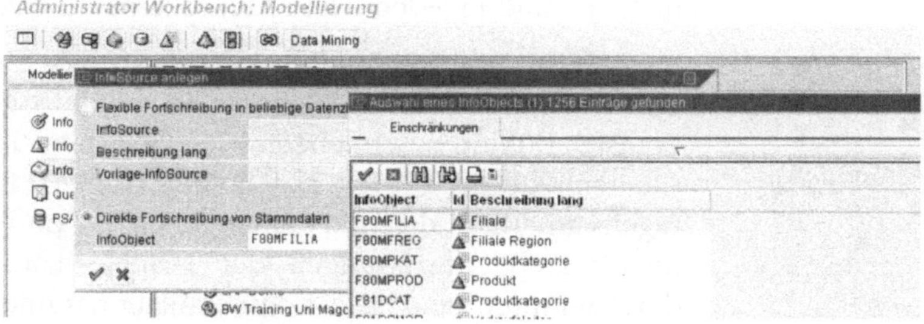

Abbildung 237: InfoSource anlegen (©SAP AG)

Anschließend erhalten wir vom System die Meldung, dass die InfoSource in der Anwendungskomponente angelegt wurde (vgl. Abbildung 238).

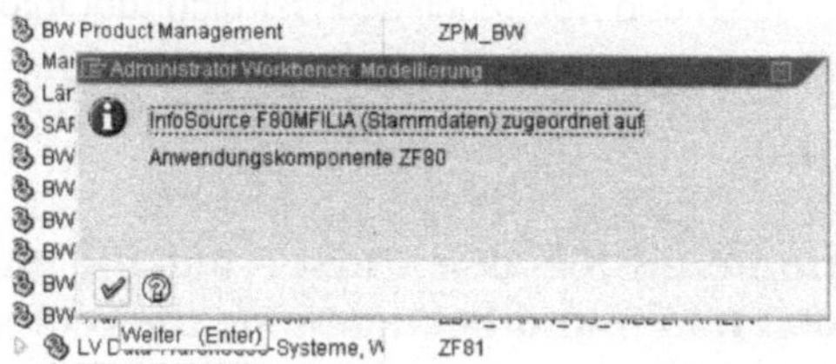

Abbildung 238: Zuordnung der InfoSource zur Anwendungskomponente (©SAP AG)

Anschließend legen wir noch zwei weitere InfoSources auf der Basis der InfoObjects „Filiale Region" („F80MFREG") und „Produkt" („F80MPROD") an. In unserer Anwendungskomponente sind jetzt also drei InfoSources enthalten (vgl. Abbildung 239).

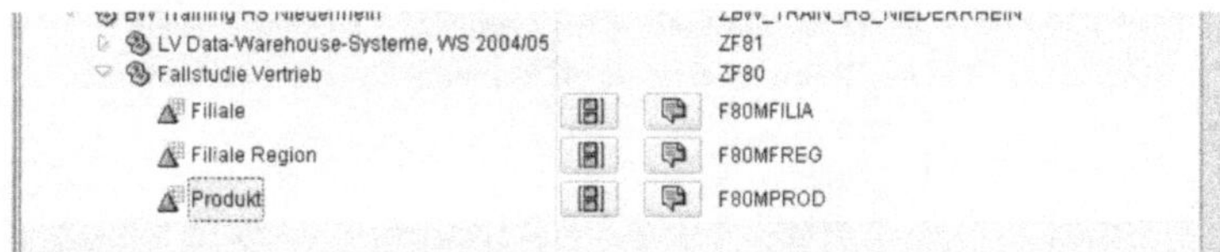

Abbildung 239: InfoSourcen in der Anwendungskomponente „Fallstudie Vertrieb" (©SAP AG)

6.3.4.3   Quellsystem (DataSource) zuweisen

In unserer Fallstudie erhalten wir die Daten der Quellsysteme als Flat Files (csv-Dateien) angeliefert. Wir müssen uns also nicht mehr um die Extraktion in den Quellsystemen kümmern. Wir müssen aber dafür sorgen, dass die angelieferten Daten korrekt in das SAP BW übernommen werden. Dazu sind evtl. Transformations- und in jedem Fall Ladeprozesse durchzuführen.

DataSource

Im SAP BW fungiert das Objekt **DataSource** als Verbindung der Quellsysteme zu der InfoSource. In der InfoSource wird in der Transferstruktur beschrieben, wie die Daten angeliefert werden (Reihenfolge der Felder, Datentypen, Länge). Die Übertragungsregeln innerhalb der InfoSource geben an, ob evtl. Transformationen (z. B. Anpassungen der Datenformate, Berechnungen) durchzuführen sind. Die Kommunikationsstruktur zeigt die Verbindung zu den Feldern der InfoSource.

AUFGABENSTELLUNG

Weisen Sie der InfoSource „Filiale" („F80MFILIA") das Quellsystem (DataSource) „PC_FILE" zu und prüfen Sie Transferstruktur, Übertragungsregeln und Kommunikationsstruktur der InfoSource.

LÖSUNG

Positionieren Sie den Cursor auf die InfoSource „Filiale" („F80MFILIA") und betätigen Sie die rechte Maustaste (Kontext-Menü).

Transaktion

DataSource zuweisen

In der sich öffnenden Dialogbox wählen wir mit der F4-Hilfe das Quellsystem „PC_FILE" (vgl. Abbildung 240). Dieses Quellsystem ist bereits im SAP BW vorbereitet. Die Definition eigener Quellsysteme erfolgt über den Bereich „Quellsystem" im linken Fenster.

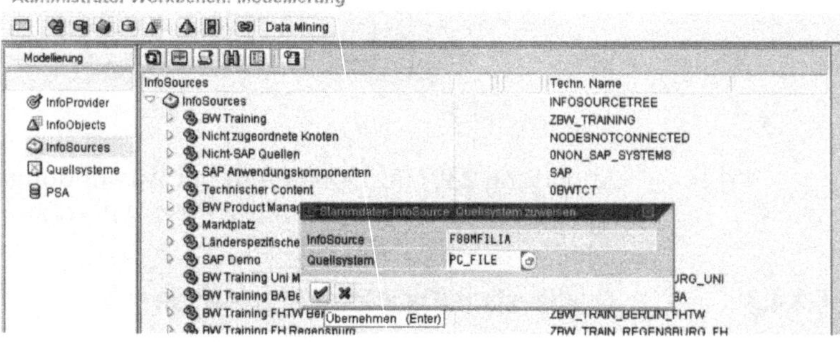

Abbildung 240: Datenquelle der InfoSource zuweisen (©SAP AG)

Nach der Zuweisung der Datenquelle zur InfoSource wird vom System noch eine Bestätigung angefordert, die Sie mit **ENTER** vornehmen können. Danach öffnet sich ein Fenster mit den bisher generierten Inhalten der InfoSource.

Im unteren Bereich befinden sich die Angaben zur Transferstruktur und den Übertragungsregeln. Im oberen Bereich befinden sich die Angaben zur Kommunikationsstruktur. Die beiden Bereiche lassen sich auf- bzw. zuklappen. Wir sollten zunächst die Transferstruktur überprüfen und selektieren dazu die Registerkarte Transferstruktur im unteren Bereich.

Hier müssen wir insbesondere die Reihenfolge, den Typ und die Länge der Felder in der Transferstruktur mit der Quelldatei (csv-Datei) vergleichen. Die Felder müssen in der gleichen Reihenfolge definiert werden, wie sie auch in der Quelldatei vorhanden sind. Die vom SAP BW vorgeschlagene Reihenfolge lässt sich über die Schaltknöpfe verändern. In der Abbildung 241 sind die Felder schon in die richtige Reihenfolge gebracht worden.

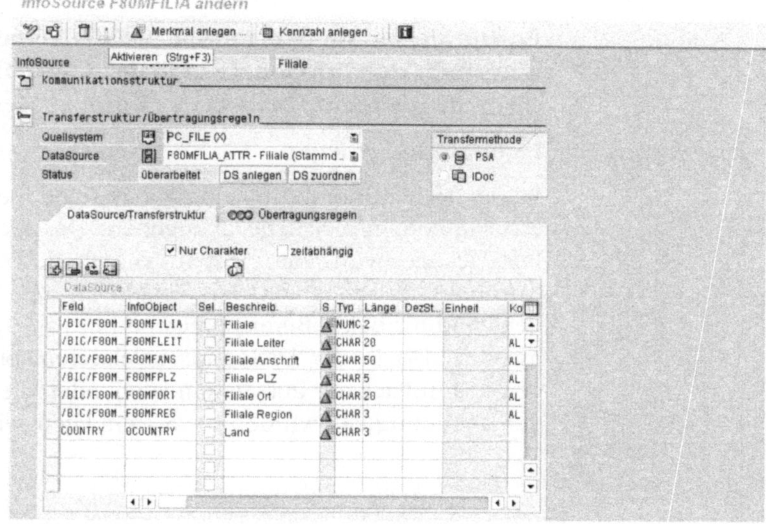

Feld	InfoObject	Sel..	Beschreib.	S.	Typ	Länge	DezSt..	Einheit	Ko
/BIC/F80M_	F80MFILIA		Filiale		NUMC	2			
/BIC/F80M_	F80MFLEIT		Filiale Leiter		CHAR	20			AL
/BIC/F80M_	F80MFANS		Filiale Anschrift		CHAR	50			AL
/BIC/F80M_	F80MFPLZ		Filiale PLZ		CHAR	5			AL
/BIC/F80M_	F80MFORT		Filiale Ort		CHAR	20			AL
/BIC/F80M_	F80MFREG		Filiale Region		CHAR	3			AL
COUNTRY	0COUNTRY		Land		CHAR	3			

Abbildung 241: Transferstruktur der InfoSource „Filiale" (©SAP AG)

Da die Felder ohne Transformation übernommen werden können, ist eine weitere Anpassung der Übertragungsregeln und der Kommunikationsstruktur nicht notwendig. Mit dem nebenstehenden Button kann also die InfoSource aktiviert werden.

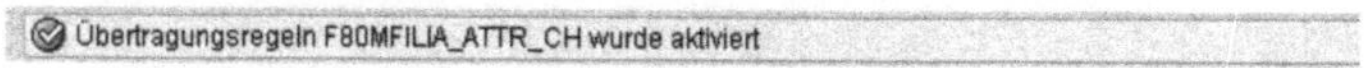

Für die beiden übrigen InfoSources „Filiale Region" und „Produkt" ist der Vorgang zu wiederholen. Damit sind auch die InfoSources für die Stammdaten entsprechend vorbereitet. Im nächsten Schritt kann dann das eigentliche Laden der Daten erfolgen.

6.3.4.4 InfoPackage anlegen

InfoPackage

Mit dem Objekt ***InfoPackage*** wird der eigentliche Ladevorgang der Daten aus einem Quellsystem durchgeführt. Hier sind alle notwendigen Angaben für diesen Ladeprozess zu hinterlegen.

AUFGABENSTELLUNG

Legen Sie zu der DataSource „PC_FILE" der InfoSource „Filiale" („F80MFILIA") jeweils ein InfoPackage für das Laden der Stammdaten (Attribute) und für das Laden der Texte an. Beide Quelldateien liegen als csv-Dateien im lokalen Dateisystem des Client bereit.

LÖSUNG

Positionieren Sie den Cursor auf die DataSource „PC_FILE" unterhalb der InfoSource „Filiale" („F80MFILIA") und betätigen Sie die rechte Maustaste (Kontext-Menü).

Transaktion **InfoPackage anlegen**

In der sich öffnenden Dialogbox ist eine Bezeichnung des zu erstellenden InfoPackage anzugeben. Der techn. Name für das InfoPackage wird vom System vergeben. Da die Stammdaten (Attribute) getrennt von den Texten im SAP BW abgelegt werden, sind für beide Bereiche eigene InfoPackages anzulegen. Wir müssen also in der Dialogbox selektieren, ob sich das anzulegende InfoPackage auf Stammdaten oder die Texte bezieht. In der Abbildung 242 wurden die Stammdaten selektiert.

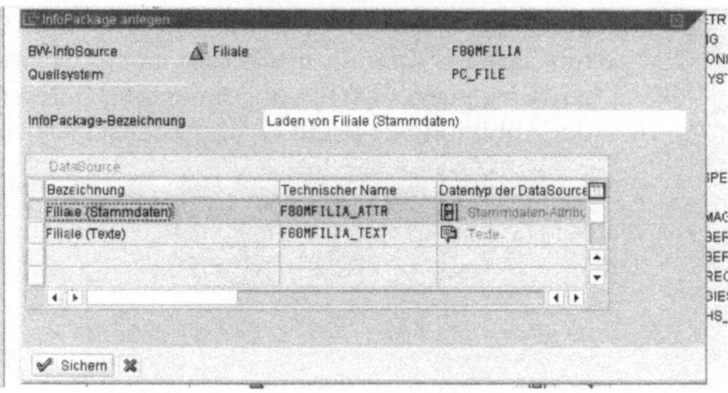

Abbildung 242: InfoPackage anlegen (©SAP AG)

Nach der Betätigung des Sichern-Buttons verzweigt das System direkt in den Scheduler und das InfoPackage kann gepflegt werden. Auf der Registerkarte „Datenselektion" kann eine Beschränkung der Daten aus dem Quellsystem vorgenommen werden. Dies ist aber in unserem Fall nicht notwendig. Auf der nächsten Registerkarte „Fremddaten" müssen wir noch Angaben zu unserem Flat File machen (vgl. Abbildung 243). Wir geben an, dass sich die Datei auf der Client-Workstation befindet und dass es sich dabei um eine csv-Datei handelt. Wichtig ist, dass das Dezimalzeichen richtig gesetzt ist. Sonst werden Beträge nicht richtig geladen. Da unsere Quelldaten eine Kopfzeile mit den Spaltenangaben enthalten, müssen wir beim Laden diese Kopfzeile ignorieren.

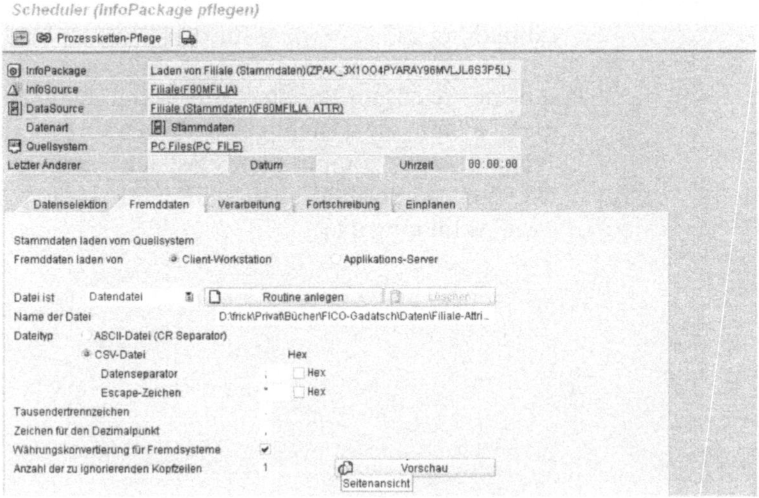

Abbildung 243: Registerkarte „Fremddaten" (©SAP AG)

Mit dem Button „Vorschau" lässt sich der Ladevorgang simulieren. Dazu ist in einer Dialogbox noch die Anzahl der Datensätze zu bestimmen, die für die Simulation gelesen werden sollen. In der Abbildung 244 sind es die Datensätze 1 bis 5.

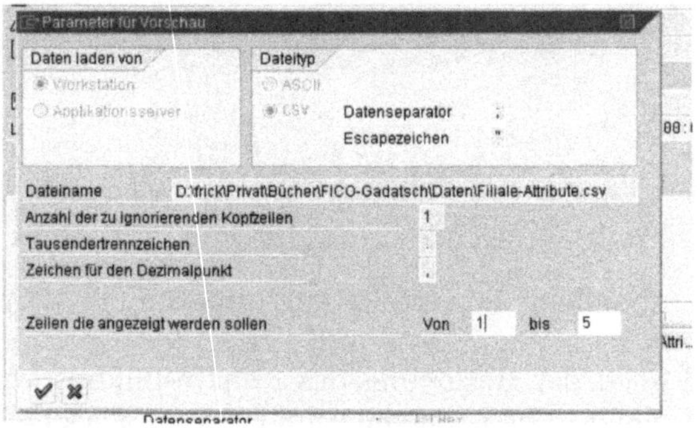

Abbildung 244: Parameter für die Vorschau (©SAP AG)

Die nachfolgende Abbildung 245 zeigt, dass die Daten korrekt in das SAP BW-System geladen wurden.

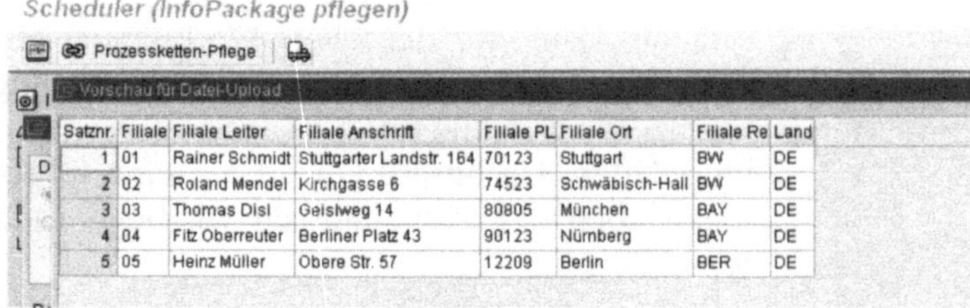

Satznr.	Filiale	Filiale Leiter	Filiale Anschrift	Filiale PL	Filiale Ort	Filiale Re	Land
1	01	Rainer Schmidt	Stuttgarter Landstr. 164	70123	Stuttgart	BW	DE
2	02	Roland Mendel	Kirchgasse 6	74523	Schwäbisch-Hall	BW	DE
3	03	Thomas Disl	Geislweg 14	80805	München	BAY	DE
4	04	Fitz Oberreuter	Berliner Platz 43	90123	Nürnberg	BAY	DE
5	05	Heinz Müller	Obere Str. 57	12209	Berlin	BER	DE

Abbildung 245: Vorschau für den Datei-Upload (©SAP AG)

Auf der nächsten Registerkarte „Verarbeitung" können wir angeben, wohin die Daten geladen werden. In der PSA (Persistent Staging Area) können die gelesenen Daten zwischengespeichert werden. Wir wählen also „PSA und danach in das InfoObject" (vgl. Abbildung 246).

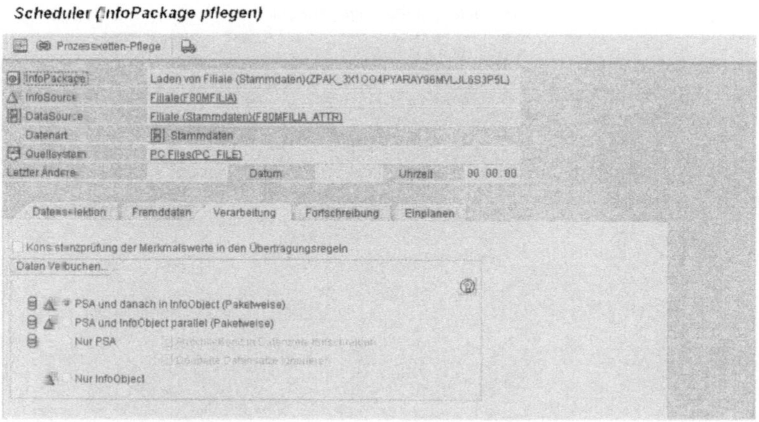

Abbildung 246: Registerkarte „Verarbeitung" (©SAP AG)

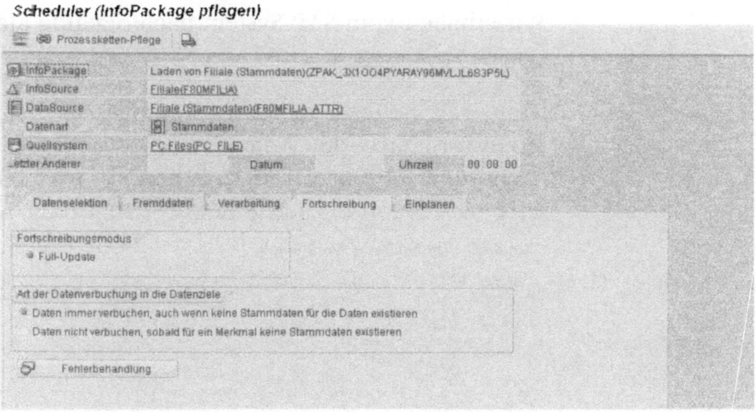

Abbildung 247: Registerkarte „Fortschreibung" (©SAP AG)

Auf der Registerkarte „Fortschreibung" selektieren wir Full Update, da wir die gesamten Stammdaten für dieses Merkmal laden wollen (vgl. Abbildung 247). Abschließend ist noch in der Registerkarte „Einplanen" zu definieren, wann der Ladejob zeitlich durchgeführt werden soll. Wir wählen „Datenladen sofort starten" und betätigen den Start-Button (vgl. Abbildung 248).

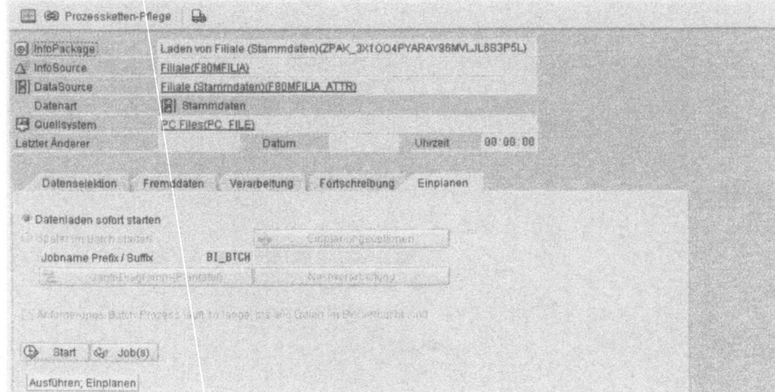

Abbildung 248: Registerkarte „Einplanen" (©SAP AG)

Wir erhalten vom SAP-System nachfolgende Meldung:

 Über den nebenstehenden Monitor-Button können wir in den Monitor-Bereich der Administrator Workbench verzweigen und nachsehen, ob unser Lade-Job bereits verarbeitet wurde. Im Monitor wird sofort der letzte Request angezeigt.

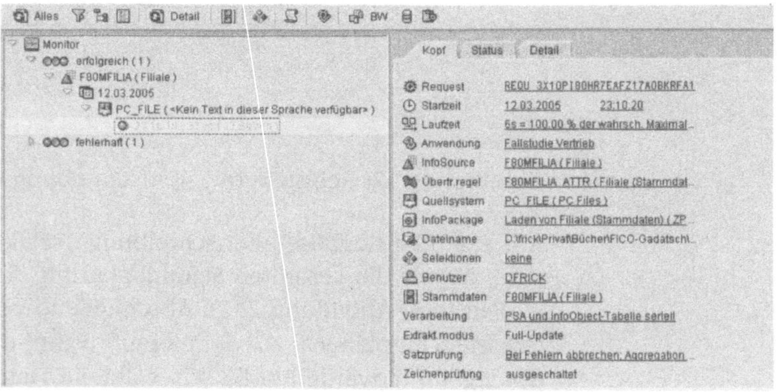

Abbildung 249: Monitor zum InfoPackage (©SAP AG)

Die Registerkarten enthalten sämtliche Informationen zu unserem Request. Im Status (linke Seite) können wir sehen, dass alle 32 Datensätze erfolgreich gelesen wurden (vgl. Abbildung 249).

Wenn wir diesen Ladevorgang auch analog für die Texte durchgeführt haben, dann können wir beim InfoObject „Filiale" („F80MFILIA") nachsehen, ob auch wirklich alle Quelldaten richtig angekommen sind. Dazu wechseln wir wieder in den Bereich der InfoObjects (Administrator Workbench Modellierung).

AUFGABENSTELLUNG

Prüfen Sie in der InfoSource „Filiale" („F80MFILIA"), ob die Stammdaten (Attribute) und die Texte korrekt geladen wurden.

LÖSUNG

Positionieren Sie den Cursor auf die InfoSource „Filiale" („F80MFILIA") und betätigen Sie die rechte Maustaste (Kontext-Menü).

Transaktion   **Stammdaten pflegen**

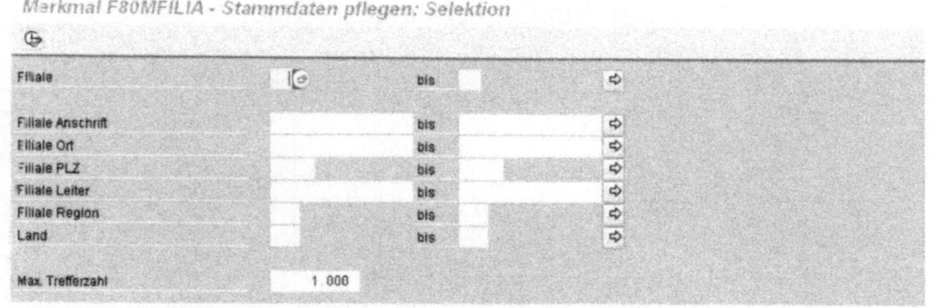

Abbildung 250: Stammdaten pflegen (Selektion) (©SAP AG)

In der nachfolgenden Selektionsmaske können Kriterien zur Eingrenzung der zu pflegenden Stammdaten erfasst werden (vgl. Abbildung 250). Da wir einfach nur nachsehen wollen, ob alle Daten korrekt eingelesen wurden, geben wir keine Selektionskriterien an und führen den Report mit dem nebenstehenden Button aus. Wir erhalten die Liste der Stammdaten zum InfoObject (vgl. Abbildung 251).

Filiale	Filiale Anschrift	Filiale Ort	Filiale PL	Filiale Leiter	Filiale Re	Land	Beschreibung lang
1	Stuttgarter Landstr. 164	Stuttgart	70123	Rainer Schmidt	BW	DE	Filiale Stuttgart
2	Kirchgasse 6	Schwäbisch-Hall	74523	Roland Mendel	BW	DE	Filiale Schwäbisch-Hall
3	Geislweg 14	München	80805	Thomas Disl	BAY	DE	Filiale München
4	Berliner Platz 43	Nürnberg	90123	Fitz Oberreuter	BAY	DE	Filiale Nürnberg
5	Obere Str. 57	Berlin	12209	Heinz Müller	BER	DE	Filiale Berlin-Süd
6	Tegeler Str. 102	Berlin	12435	Dieter Schneider	BER	DE	Filiale Berlin-Nord
7	Berliner Str. 175	Potsdam	14345	Peter Messner	BRA	DE	Filiale Potsdam
8	Ebert-Str. 10	Frankfurt a.d.O.	15456	Renate Franken	BRA	DE	Filiale Frankfurt a.d.O.

Abbildung 251: Stammdaten pflegen (Liste) (©SAP AG)

AUFGABENSTELLUNG

Lassen Sie sich den Datenfluss der InfoSource „Filiale" („F80MFILIA")
anzeigen.

LÖSUNG

**Positionieren Sie den Cursor auf die InfoSource „Filiale"
(„F80MFILIA") und betätigen Sie die rechte Maustaste (Kontext-Menü).**

Transaktion   **Datenfluß anzeigen**

In der Abbildung 252 ist der Datenfluss dargestellt. Man kann
erkennen, dass die Stammdaten getrennt von den Texten in das
InfoObjekt geladen wurden. Die PSA-Datentöpfe sind direkt vor
dem InfoObject eingezeichnet.

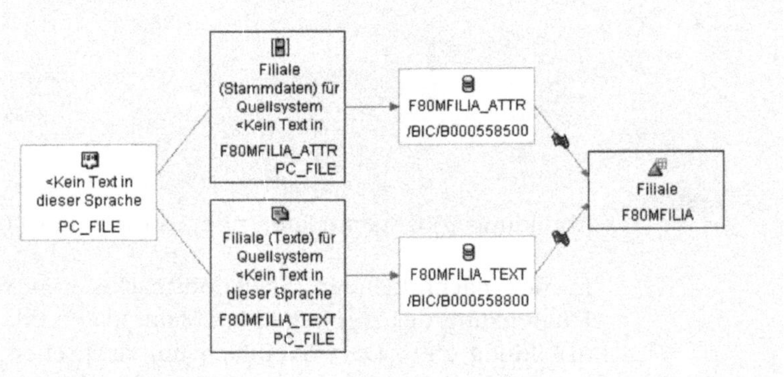

Abbildung 252: Datenfluss zum InfoObject (©SAP AG)

Abbildung 253: InfoPackages für die Stammdaten (©SAP AG)

Diese Vorgehensweise ist noch für die InfoObjects „Filiale Region" und „Produkt" zu wiederholen. Nach Abschluss der Ladevorgänge sollten sich die in der Abbildung 253 dargestellten InfoPackages im Bereich der InfoSources finden lassen.

6.3.5 InfoCube erstellen

InfoCube

Nachdem wir jetzt die Stammdaten erfolgreich in das SAP BW geladen haben, können wir nun mit den Bewegungsdaten (Kennzahlen) beginnen. Für die Kennzahlen hatten wir bereits im Abschnitt 6.3.3 die notwendigen InfoObjects angelegt. Nun wollen wir diese InfoObjects zu einer multidimensionalen Struktur zusammenfügen, die SAP *InfoCube* nennt.

AUFGABENSTELLUNG

Legen Sie einen InfoCube „Vertriebs-InfoCube" („F80V1") an. Definieren Sie die Dimensionen „Filiale", „Produkt" und „Zeit" entsprechend dem entwickelten Star Schema. Ordnen Sie dem neuen InfoCube die benötigten Kennzahlen zu.

LÖSUNG

Im Bereich der InfoProvider positionieren Sie den Cursor auf die InfoArea „BW Fallstudie Vertrieb" („F80") und betätigen Sie die rechte Maustaste (Kontext-Menü).

Transaktion   **InfoCube anlegen**

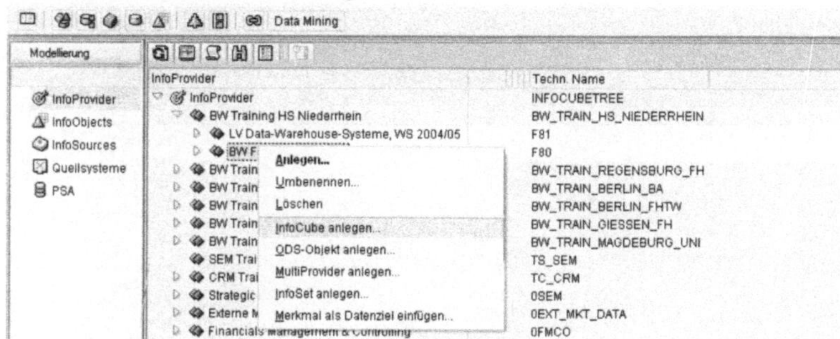

Abbildung 254: InfoCube anlegen (©SAP AG)

Im nachfolgenden Fenster ist der techn. Name (hier „F80V1") und eine Bezeichnung (hier „Vertriebs-InfoCube") anzugeben (vgl. Abbildung 254). Der Typ des neuen InfoCube ist „BasisCube".

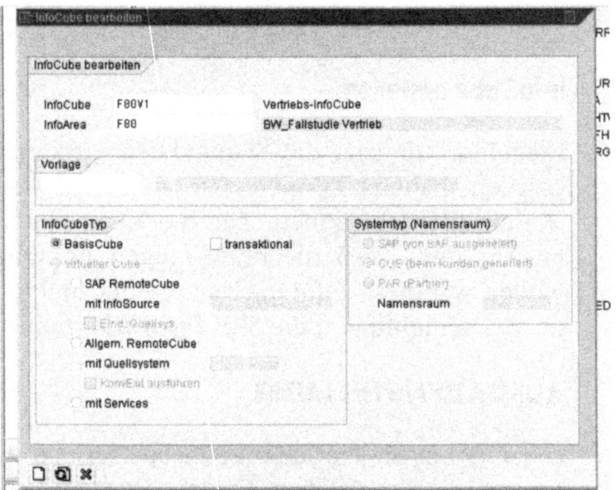

Abbildung 255: InfoCube bearbeiten (©SAP AG)

Mit dem nebenstehenden Button wird der InfoCube angelegt und muss nun entsprechend dem entwickelten Star Schema (vgl. Abbildung 214) ausgeprägt werden.

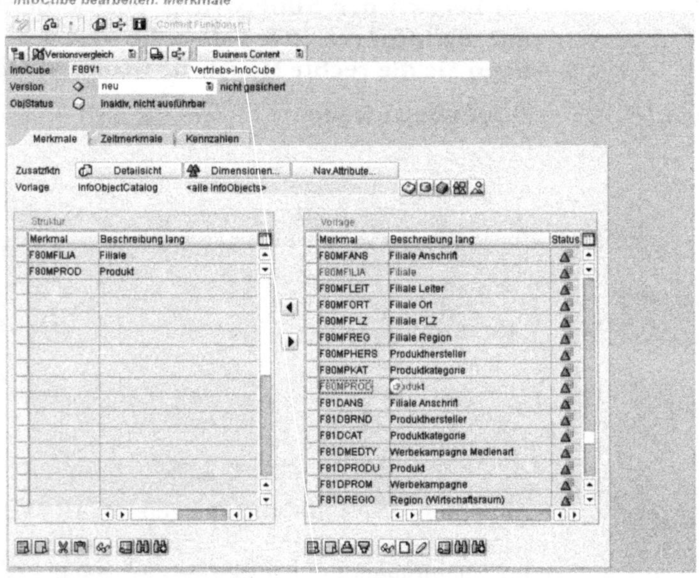

Abbildung 256: InfoCube Merkmale bearbeiten (©SAP AG)

Auf der Registerkarte „Merkmale" müssen wir die InfoObjects eintragen, die zu den Dimensionen unseres InfoCubes gehören sollen. Über den Vorlagebereich (rechte Spalte) können wir die InfoObjects selektieren und mit dem Pfeil-Button in die Struktur übertragen (vgl. Abbildung 256).

Bei den Merkmalen ist noch zu definieren, welche Attribute auch für die Navigation benutzt werden können. Wir hatten dazu bereits bei den InfoObjects entsprechende Schalter gesetzt. Da die InfoObjects aber in verschiedenen InfoCubes benutzt werden können und die Notwendigkeit der Navigation je nach InfoCube differieren kann, ist dies hier für unseren InfoCube zu wiederholen. Wir bekommen alle möglichen Navigationsattribute angeboten und können hier evtl. eine Einschränkung vornehmen. In unserem Fall kreuzen wir alle Navigationsattribute an (vgl. Abbildung 257).

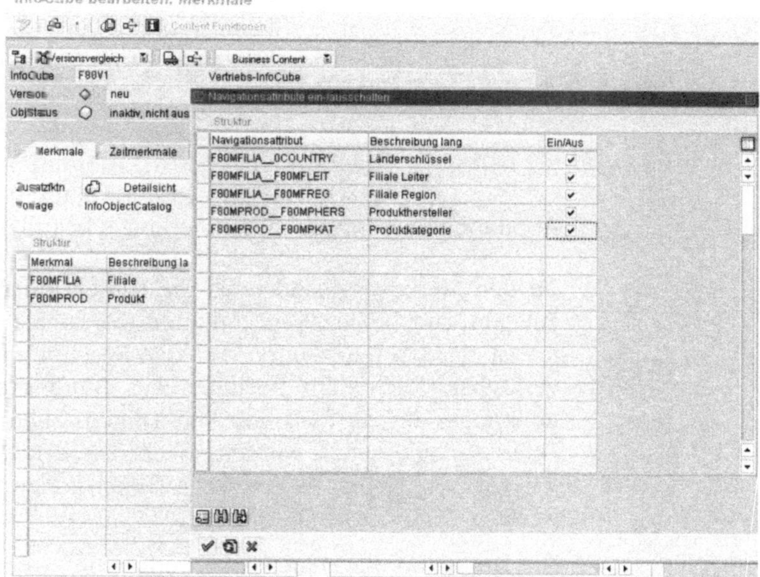

Abbildung 257: Navigationsattribute ein-/ausschalten (©SAP AG)

Die Dimension „Zeit" ist in SAP BW immer zu definieren. Dazu gehen wir auf die Registerkarte „Zeitmerkmale" und tragen dort die InfoObjects aus der Business Content ein, die wir später für die Analysen zu Grunde legen wollen. In unseren Fall selektieren wir die InfoObjects „0CALMONTH", „0CALQUARTER" und „0CALYEAR" für die Zeitmerkmale Monat, Quartal und Jahr. Die Übernahme in die Struktur unseres InfoCubes erfolgt wieder über den Pfeil-Button (vgl. Weitere zeitliche Differenzierungen sollen nicht vorgenommen werden.

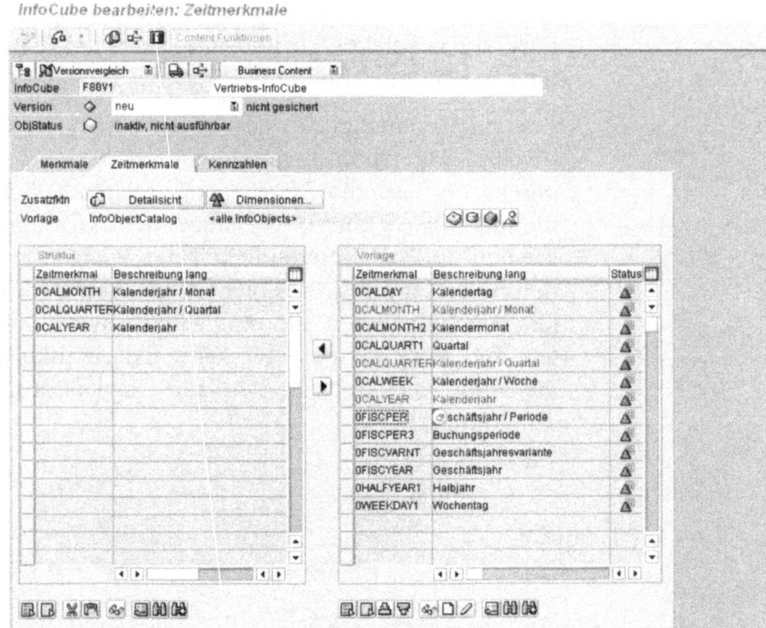

Abbildung 258: InfoCube Zeitmerkmale bearbeiten (©SAP AG)

Zu den Merkmalen sind noch die Dimensionen im SAP BW anzulegen. Auf beiden Registerkarten (Merkmale und Zeitmerkmale) ist dazu je ein Button mit der Beschriftung „Dimensionen" verfügbar. Nach dem Betätigen des Buttons erhalten wir eine Rückfrage des Systems, ob die Dimensionen automatisch aus einer Vorlage erstellt werden sollen. Diese Rückfrage beantworten wir mit „Nein", weil wir die Dimensionen manuell erstellen wollen.

Die Definition der Dimensionen erfolgt in zwei Schritten. Auf der ersten Registerkarte („Definieren") des nachfolgenden Dialogs sind zunächst die benötigten Dimensionen anzulegen. In unserem Fall sind das die Dimensionen „Filiale" und „Produkt". Dazu ist jeweils der Button „Anlegen" zu betätigen und die Beschreibung anzugeben. SAP BW vergibt den techn. Namen (Spalte Dimension) selbst (vgl. Abbildung 259). Drei weitere Dimensionen werden immer fest zugeordnet. Es handelt sich dabei um die Dimensionen „Zeit", Datenpaket" und „Einheit". Der von uns angelegte InfoCube erhält also 5 Dimensionen.

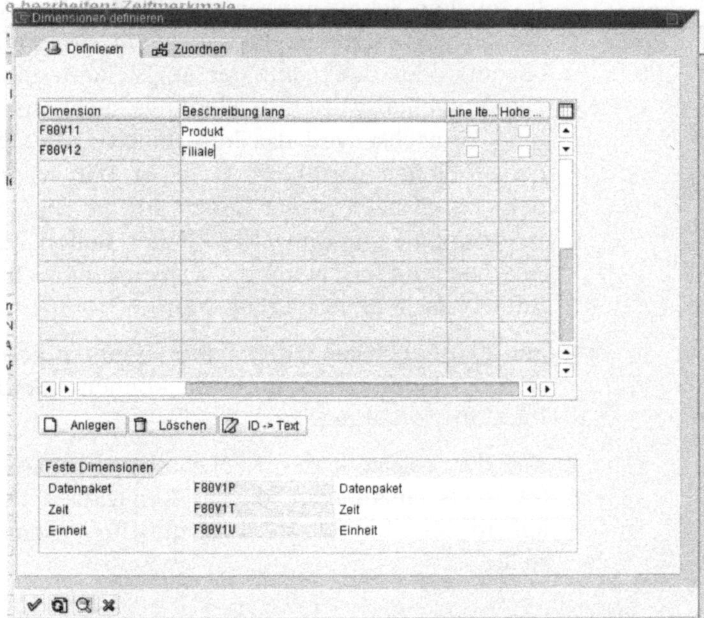

Abbildung 259: Dimensionen definieren (©SAP AG)

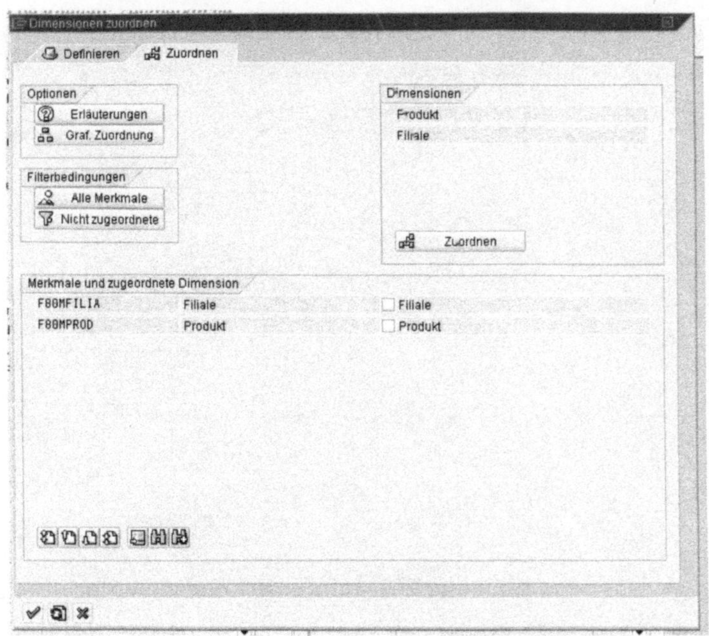

Abbildung 260: Dimensionen zuordnen (©SAP AG)

Im zweiten Schritt müssen wir die definierten Dimensionen den Merkmalen zuordnen. Dies kann in der grafischen Darstellung (Baum) oder direkt auf der Registerkarte „Zuordnen" erfolgen. Die Vorgehensweise ist allerdings nicht unbedingt selbsterklärend. Zunächst wird das InfoObjekt (z. B. „F80MFILIA") mit einem Häkchen versehen, das einer Dimension zugeordnet werden soll. Danach ist der Cursor auf die Dimension (z. B. Filiale) zu positionieren. Danach wird der Button „Zuordnen" betätigt. Anschließend erscheint die Dimension auch in der Zeile des InfoObjects (vgl. Abbildung 260).

Mit dem nebenstehenden Button werden die definierten Dimensionen übernommen und wir können mit der Definition des InfoCube fortfahren.

Auf der Registerkarte „Kennzahlen" sind abschließend die InfoObjects einzutragen, die als Kennzahlen benutzt werden sollen. In der Abbildung 261 ist dies für unseren InfoCube dargestellt.

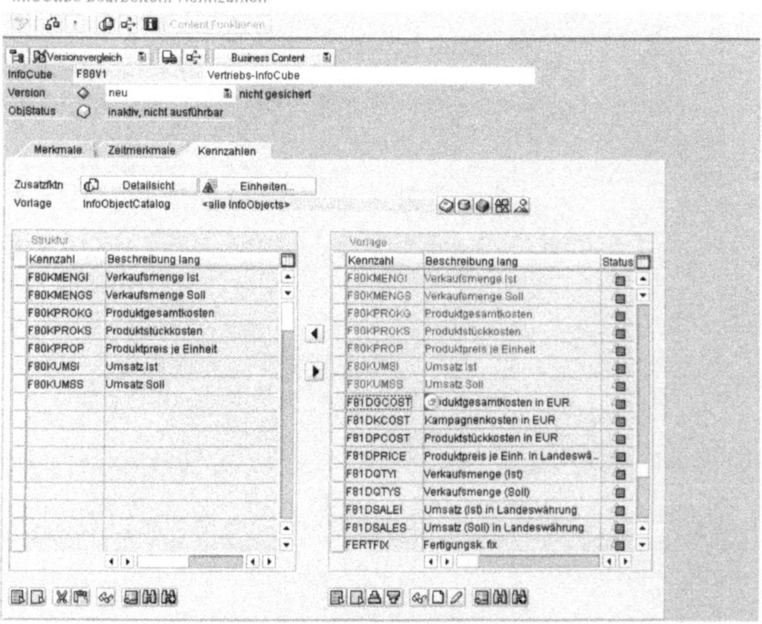

Abbildung 261: InfoCube Kennzahlen bearbeiten (©SAP AG)

Nachdem nun die Struktur des InfoCubes vollständig definiert ist, kann er mit dem nebenstehenden Button aktiviert werden. Wir erhalten vom System die folgende Meldung:

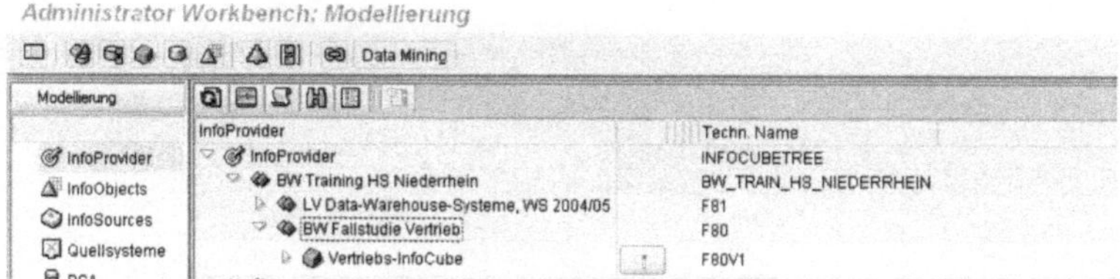

Im Bereich der InfoProvider und in der InfoArea „BW Fallstudie Vertrieb" müsste jetzt also der neu angelegte InfoCube zu finden sein (vgl. Abbildung 262

Abbildung 262: InfoCube in der InfoArea „BW Fallstudie Vertrieb" (©SAP AG)

Der InfoCube ist damit vollständig angelegt und wir können das Laden der Bewegungsdaten vornehmen.

6.3.6   Laden der Bewegungsdaten

6.3.6.1   InfoSource anlegen

InfoSource

Auch zum Laden der Bewegungsdaten ist zunächst eine ***Info-Source*** anzulegen. Dazu gehen wir wieder in den Bereich Info-Sources (linkes Fenster).

AUFGABENSTELLUNG

Legen Sie in der Anwendungskomponente „Fallstudie Vertrieb" eine InfoSource mit dem techn Namen „F80VS1" und der Bezeichnung „Fallstudie Vertrieb Bewegungsdaten" an.

LÖSUNG

Positionieren Sie den Cursor auf die Anwendungskomponente „Fallstudie Vertrieb" und betätigen Sie die rechte Maustaste (Kontext-Menü).

Transaktion   **InfoSource anlegen**

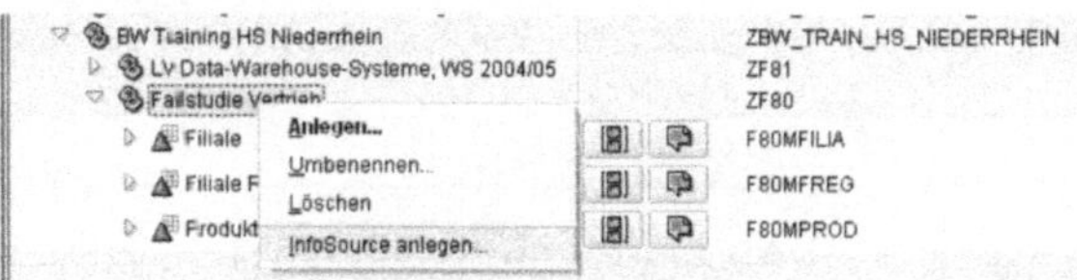

Abbildung 263: InfoSource anlegen (©SAP AG)

Da wir diesmal keine Stammdaten laden wollen, wählen wir „Flexible Fortschreibung in beliebige Datenziele" und geben als techn. Namen „F80VS1" und als Beschreibung „Fallstudie Vertrieb Bewegungsdaten" an (vgl. Abbildung 264). Mit dem Betätigen der **ENTER**-Taste wird dann die InfoSource angelegt.

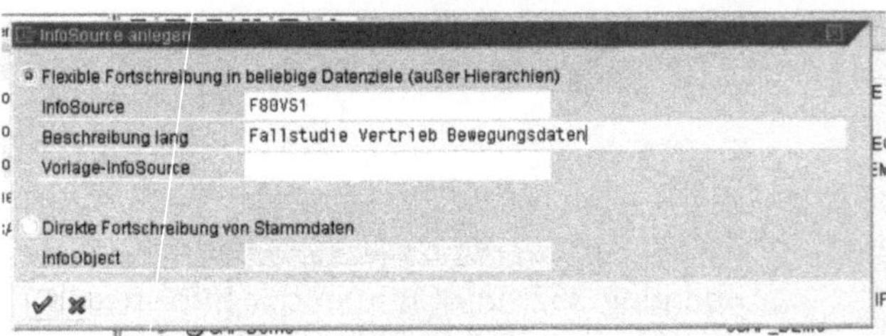

Abbildung 264: InfoSource definieren (©SAP AG)

6.3.6.2   Quellsystem (DataSource) zuweisen

DataSource

Wir hatten schon bei dem Laden der Stammdaten gesehen, das die **DataSource** als Verbindung der Quellsysteme zu der Info-Source dient.

AUFGABENSTELLUNG

Weisen Sie der InfoSource „Fallstudie Vertrieb Bewegungsdaten" („F80VS1") das Quellsystem (DataSource) „PC_FILE" zu und prüfen Sie Transferstruktur, Übertragungsregeln und Kommunikationsstruktur der InfoSource.

LÖSUNG

Positionieren Sie den Cursor auf die InfoSource „Filiale" („F80MFILIA") und betätigen Sie die rechte Maustaste (Kontext-Menü).

Transaktion   **DataSource zuweisen**

In der sich öffnenden Dialogbox wählen wir mit der F4-Hilfe das Quellsystem „PC_FILE" (vgl. Abbildung 265).

Abbildung 265: Quellsystem zuweisen (©SAP AG)

Nach der Zuweisung des Quellsystems ist die Kommunikationsstruktur, die Übertragungsregeln und die Transferstruktur zu
pflegen. In dem sich öffnenden Fenster werden die Kommunikationsstruktur im oberen Bereich und die Transferstruktur/Übertragungsregeln in unteren Bereich angeboten.

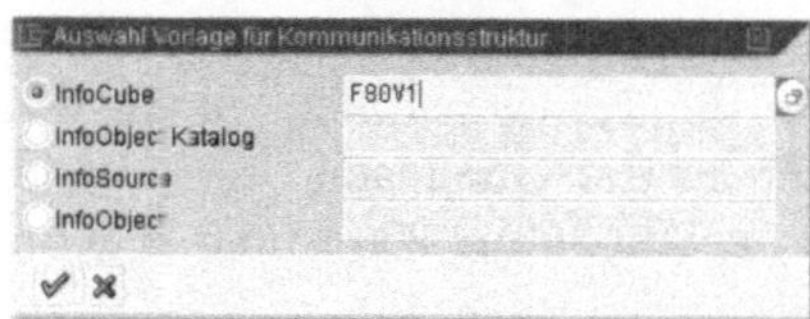

Abbildung 266: Vorlage für Kommunikationsstruktur (©SAP AG)

Zunächst pflegen wir die Kommunikationsstruktur, die zunächst
leer ist. Mit dem Button „Übernahme" erhalten wir eine zweite
(rechte) Tabelle für die Vorlagen. Mit dem Button „Vorlage"
können wir dort Strukturen als Vorlage laden. Als Vorlage wählen wir unseren InfoCube „F80V1" (vgl. Abbildung 266).

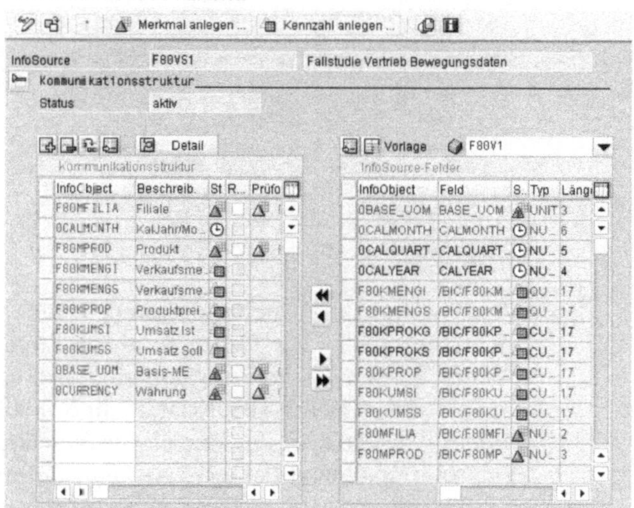

Abbildung 267: InfoSource Kommunikationsstruktur (©SAP AG)

Aus der Vorlage (InfoCube) übernehmen wir die in der
Abbildung 267 dargestellten InfoObjects in die Kommunikationsstruktur. Die InfoObjects „0CALQUARTER" und „0CALYEAR"
benötigen wir nicht, weil wir sie über das InfoObject
„0CALMONTH" mit Daten versorgen können. Für die InfoObjects
„F80KPROKG" und „F80KPROKS" haben wir zur Zeit keine Da-

ten aus den Quellsystemen verfügbar. Sie werden daher nicht in die Kommunikationsstruktur übernommen.

Als nächstes prüfen wir die Transferstruktur. Bei den Stammdaten hatten wir schon gesehen, dass die Transferstruktur genau der Satzstruktur der Quelldatei entsprechen muss. Die Bewegungsdaten werden als csv-Datei angeliefert. Wir tragen die InfoObjects in die Transferstruktur genau in der Reihenfolge ein, wie sie auch in der Quelldatei (vgl. Abbildung 211) angeliefert werden. In der Abbildung 268 ist das Ergebnis abgebildet.

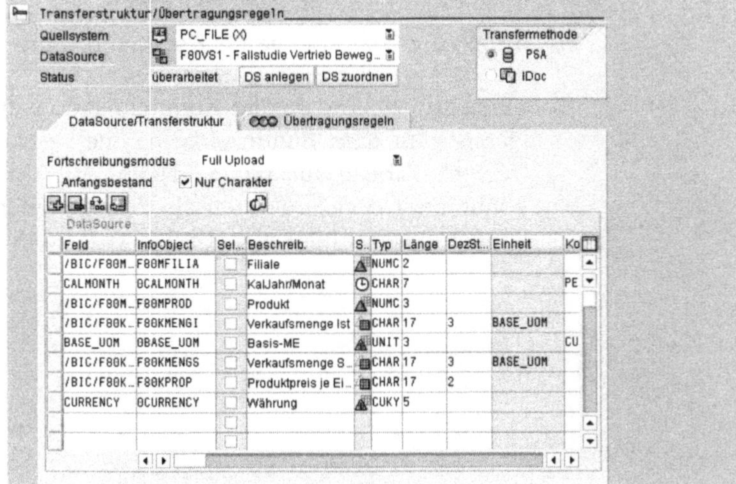

Feld	InfoObject	Sel...	Beschreib.	S..	Typ	Länge	DezSt...	Einheit	Ko
/BIC/F80M...	F80MFILIA		Filiale		NUMC	2			
CALMONTH	0CALMONTH		KalJahr/Monat		CHAR	7			PE
/BIC/F80M...	F80MPROD		Produkt		NUMC	3			
/BIC/F80K...	F80KMENGI		Verkaufsmenge Ist		CHAR	17	3	BASE_UOM	
BASE_UOM	0BASE_UOM		Basis-ME		UNIT	3			CU
/BIC/F80K...	F80KMENGS		Verkaufsmenge S...		CHAR	17	3	BASE_UOM	
/BIC/F80K...	F80KPROP		Produktpreis je Ei...		CHAR	17	2		
CURRENCY	0CURRENCY		Währung		CUKY	5			

Abbildung 268: InfoSource Transferstruktur (©SAP AG)

Wenn wir nun die Übertragungsregeln für diese InfoSource prüfen, dann stellen wir fest, dass das System bereits einige Vorschläge für die Zuordnung generiert hat (vgl. Abbildung 269). Für die InfoObjects „F80KUMSI" und F80KUMSS" fehlt diese jedoch, weil dazu in der Transferstruktur keine Felder enthalten sind. Die Quelldatei liefert dazu keine Informationen. Wir müssen also entscheiden, ob wir diese Informationen zur Zeit nicht bedienen wollen, wie wir es bei den „Produktstückkosten" gemacht haben, oder, ob wir die Werte auf einem anderen Weg erhalten können. Da wir die Verkaufspreise („F80KPROP") kennen, können wir die Umsätze berechnen (z. B. Menge Ist * Verkaufspreis). Solche Formeln lassen sich direkt in der Übertragungsregel hinterlegen.

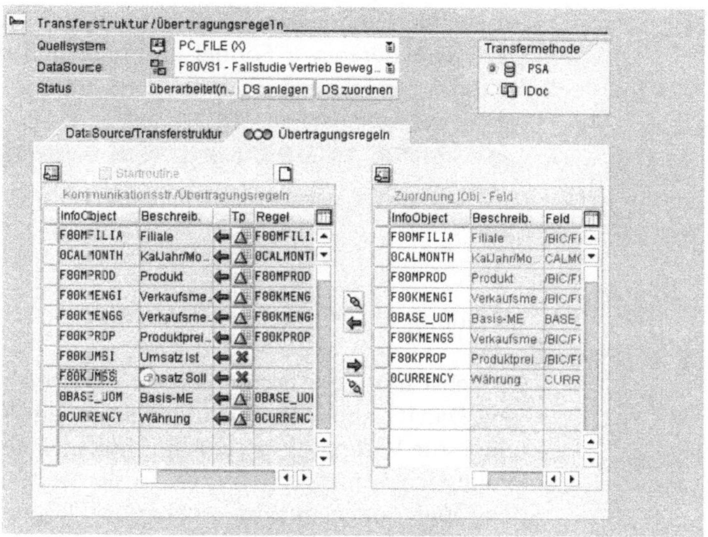

Abbildung 269: InfoSource Übertragungsregeln (©SAP AG)

Wenn wir auf nebenstehenden Button in der Zeile der Übertragungsregel klicken, dann können wir diese Übertragungsregel bearbeiten (vgl. Abbildung 270). Dabei haben wir vier verschiedene Möglichkeiten:

- Ein Feld aus der Transferstruktur wird übernommen (Standardfall),

- eine Konstante wird zugeordnet,

- eine (ABAP-) Routine wird zur Ermittlung des Wertes ausgeführt oder

- das Ergebnis einer Formel wird zugeordnet.

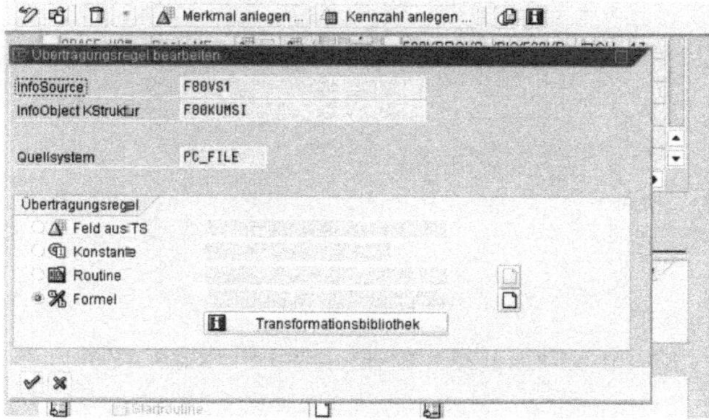

Abbildung 270: Übertragungsregel bearbeiten (©SAP AG)

Wir wählen den letzten Fall und wollen eine Formel anlegen. Dazu selektieren wir Formel und betätigen den nebenstehenden Button.

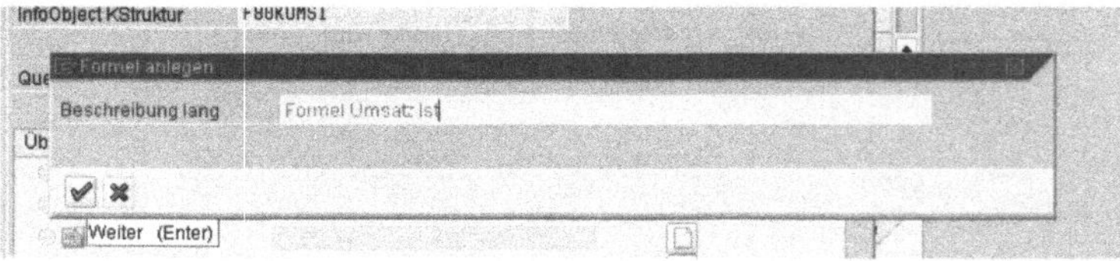

Abbildung 271: Formel anlegen (©SAP AG)

Zunächst muss die Formel mit einer Bezeichnung versehen werden. Danach erhalten wir in einem neuen Fenster einen Formeleditor zur Verfügung gestellt. Im linken Teil wurde die Transferstruktur zur Anzeige gebracht. In der Mitte sind die Knöpfe mit den Operationen und im rechten Teil können Funktionen selektiert werden. Durch anklicken der Operanden und der Operatoren lassen sich beliebige Formeln zusammenstellen. Für die Berechnung „Umsatz Ist" ist die fertige Formel in der Abbildung 272 dargestellt.

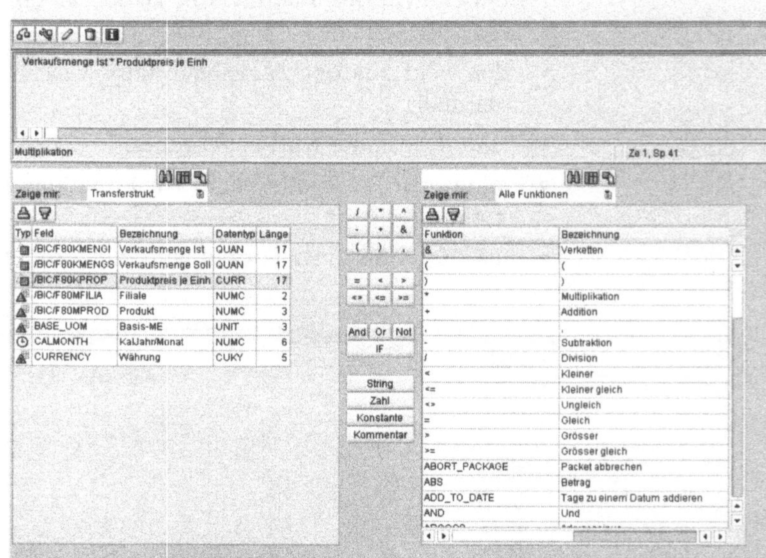

Abbildung 272: Formeleditor (©SAP AG)

Über den Zurück-Button (F3) kehren wir zum Ausgangsbild (vgl. Abbildung 270) zurück und bestätigen die neue Übertragungsregel mit der **ENTER**-Taste. Die Übertragungsregel erhält das Symbol für eine Formel und die Bezeichnung der Formel wird in der Spalte Regel eingetragen (vgl. Abbildung 273).

Abbildung 273: InfoSource Übertragungsregeln (©SAP AG)

Die InfoSource ist nun vollständig definiert und kann mit dem nebenstehenden Button aktiviert werden. Wir erhalten vom System die folgende Meldung:

Im Bereich der InfoSources (im linken Fenster selektieren) müsste jetzt die in der Abbildung 274 dargestellte Struktur enthalten sein.

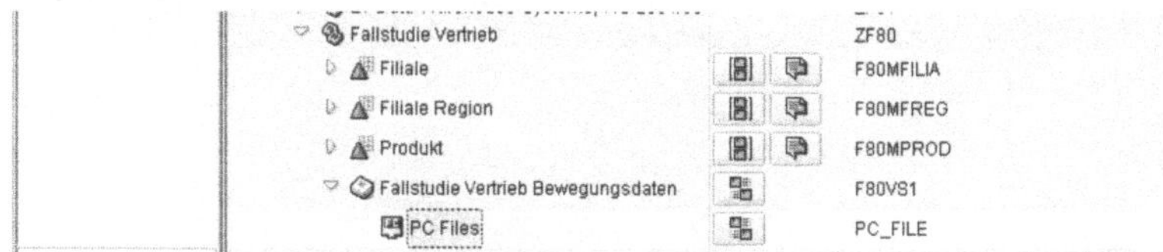

Abbildung 274: Struktur InfoSources (©SAP AG)

Wir haben also damit die Strukturen vorbereitet und können im nächsten Schritt zum eigentlichen Laden der Bewegungsdaten übergehen.

6.3.6.3   InfoPackage anlegen (1. Teil)

InfoPackage

Wir haben bereits bei dem Laden der Stammdaten gesehen, dass mit dem Objekt ***InfoPackage*** der eigentliche Ladevorgang der Daten aus einem Quellsystem durchgeführt wird. Hier sind also alle notwendigen Angaben für diesen Ladeprozess zu hinterlegen.

AUFGABENSTELLUNG

Legen Sie zu der DataSource „PC_FILE" der InfoSource „Fallstudie Vertrieb Bewegungsdaten" („F80VS1") ein InfoPackage für das Laden der Bewegungsdaten an. Die Quelldatei liegt als csv-Datei im lokalen Dateisystem des Client bereit.

LÖSUNG

Positionieren Sie den Cursor auf die DataSource „PC_FILE" unterhalb der InfoSource „Fallstudie Vertrieb Bewegungsdaten" („F80VS1") und betätigen Sie die rechte Maustaste (Kontext-Menü).

Transaktion

InfoPackage anlegen

In der sich öffnenden Dialogbox ist eine Bezeichnung des zu erstellenden InfoPackage anzugeben. Der techn. Name für das InfoPackage wird vom System vergeben. Im Dialog wird nur die InfoSource angeboten, die wir vorher angelegt haben. Wir selektieren die InfoSource und betätigen den Button „Sichern".

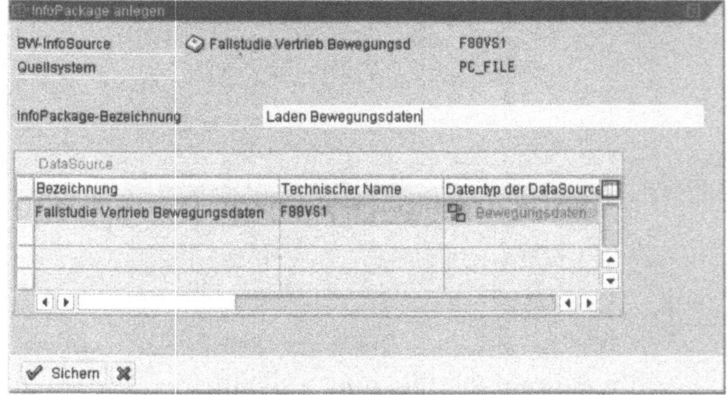

Abbildung 275: InfoPackage anlegen (©SAP AG)

Nachfolgend sind die Angaben für das InfoPackage zu definieren. Dabei sind wieder die verschiedenen Registerkarten zu bearbeiten. Zunächst ist in der Registerkarte der Ablageort der Quelldatei anzugeben und der Dateityp (csv) ist zu selektieren. Wichtig ist, dass das Zeichen für den Dezimalpunkt (Komma) richtig angegeben wird (Abbildung 276). Ansonsten werden die Werte mit Nachkommastellen nicht richtig übernommen. Über den Button „Vorschau" sollte man zunächst eine Simulation durchführen, um sich über die Richtigkeit der Datenübernahme zu überzeugen.

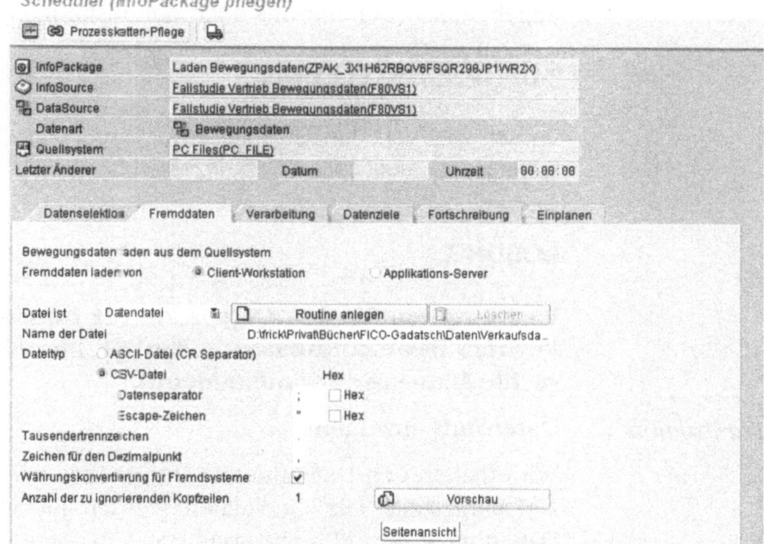

Abbildung 276: InfoPackage Fremddaten pflegen (©SAP AG)

Wenn die Einstellungen bisher richtig waren, dann sollten die ersten 5 Datensätze, wie in der Abbildung 277 dargestellt, in das SAP BW übernommen worden sein.

Satznr.	Filiale	KalJahr/Mo	Produkt	Verkaufsme	Basis-ME	Verkaufsme	Produktpre	Währung
1	25	200401	001	29	ST	24	737.53	EUR
2	25	200402	001	39	ST	35	737.53	EUR
3	25	200402	001	95	ST	88	737.53	EUR
4	25	200403	001	48	ST	57	737.53	EUR
5	25	200404	001	49	ST	43	737.53	EUR

Abbildung 277: Vorschau für Datei-Upload (©SAP AG)

Unser InfoPackage enthält jetzt eine Registerkarte, die wir beim Laden der Stammdaten noch nicht vorgefunden haben. Es handelt sich um die Registerkarte „Datenziele". Hier ist anzugeben, in welche Datenziele die Daten geladen werden sollen. Bei den

Stammdaten gab es nur ein Datenziel, nämlich das entsprechende InfoObject. Diesmal könnten wir gleich mehrere Datenziele (z. B. InfoCubes) über unsere InfoSource mit Daten versorgen. Dazu ist allerdings der InfoCube über eine sogenannte Fortschreibungsregel mit der InfoSource zu verbinden. Da wir dies bisher noch nicht vorgenommen haben, fehlt auf der Registerkarte „Datenziele" ein entsprechender Eintrag. Wir speichern unser bisheriges InfoPackage und müssen zunächst die Fortschreibungsregel definieren. Bevor wir dies im nächsten Abschnitt angehen, schauen wir uns noch den bisherigen Datenfluss an.

AUFGABENSTELLUNG

Lassen Sie sich den Datenfluss der InfoSource „Fallstudie Vertrieb Bewegungsdaten" („F80VS1") anzeigen.

LÖSUNG

Positionieren Sie den Cursor auf die InfoSource „Fallstudie Vertrieb Bewegungsdaten" („F80VS1") und betätigen Sie die rechte Maustaste (Kontext-Menü).

Transaktion　　**Datenfluß anzeigen**

Wir erhalten den Datenfluss zur InfoSource wie in der Abbildung 278 dargestellt. Die Quelldaten werden im SAP BW in einem Datentopf in der PSA (Persistent Staging Area) abgelegt. Dies ist in der Abbildung der letzte Block vor der InfoSource. Das Symbol zwischen der PSA und der InfoSource steht für die Übertragungsregeln, die die Transformation der Quelldaten beschreiben.

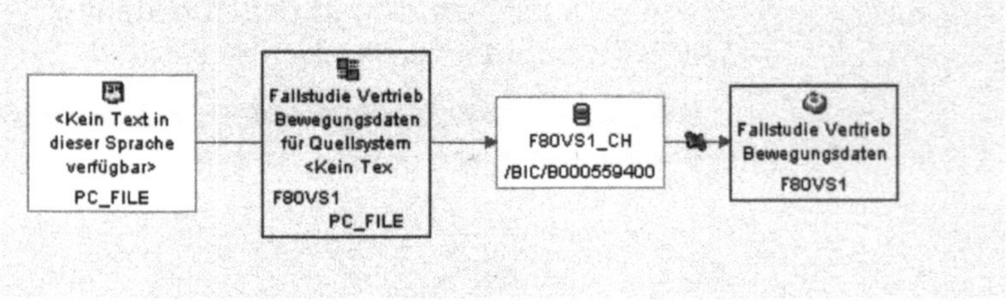

Abbildung 278: Datenfluss zur InfoSource „F80VS1" (©SAP AG)

6.3.6.4   Fortschreibungsregel anlegen

Fortschrei-
bungsregel

Fortschreibungsregeln verbinden InfoProvider (in unserem Fall der angelegte InfoCube) mit den InfoSourcen oder anderen Datenquellen. Eine InfoSource kann dabei die Daten an verschiedene InfoProvider weiterleiten. Zu jedem dieser InfoProvider existieren eigene Fortschreibungsregeln, die die Daten noch einmal für diesen speziellen InfoProvider transformieren können. Die Datentransformation kann also auf unterschiedlichen Ebenen erfolgen. Einmal durch die Übertragungsregel und später durch die Fortschreibungsregel.

Ein InfoCube kann über mehrere Fortschreibungsregeln mit Daten aus unterschiedlichen InfoSources versorgt werden. In unserem Fall haben wir nur eine InfoSource angelegt, weil sämtliche benötigten Daten aus einer Quelldatei geliefert werden.

AUFGABENSTELLUNG

Legen Sie zu dem InfoCube „Vertriebs-InfoCube" („F80V1") Fortschreibungsregeln an.

LÖSUNG

Bewegen Sie sich in den Bereich der InfoProvider durch Anklicken im linken Fenster. Positionieren Sie den Cursor auf den InfoCube „Vertriebs-InfoCube" („F80V1") innerhalb der InfoArea „Fallstudie Vertrieb" („F80") und betätigen Sie die rechte Maustaste (Kontext-Menü).

Transaktion

Fortschreibungsregeln anlegen

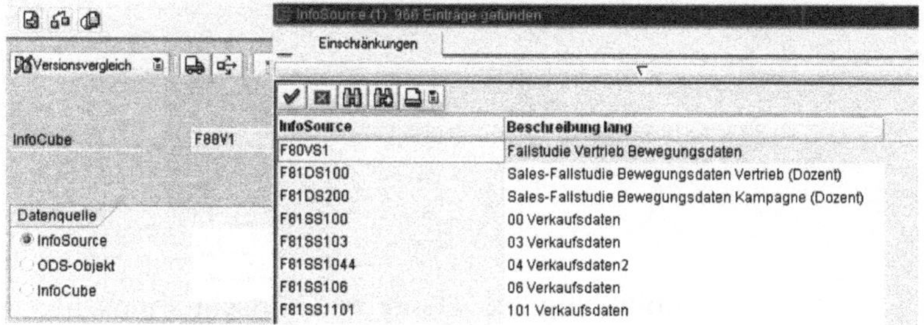

Abbildung 279: Fortschreibungsregeln anlegen (©SAP AG)

In dem sich öffnenden Fenster ist die Datenquelle zu bestimmten (vgl. Abbildung 279). Wir selektieren InfoSource und tragen entweder direkt oder über die F4-Hilfe die bereits angelegte InfoSource „F80VS1" ein. Mit **ENTER** werden die Daten übernommen und wir erhalten die nachfolgende Meldung vom System:

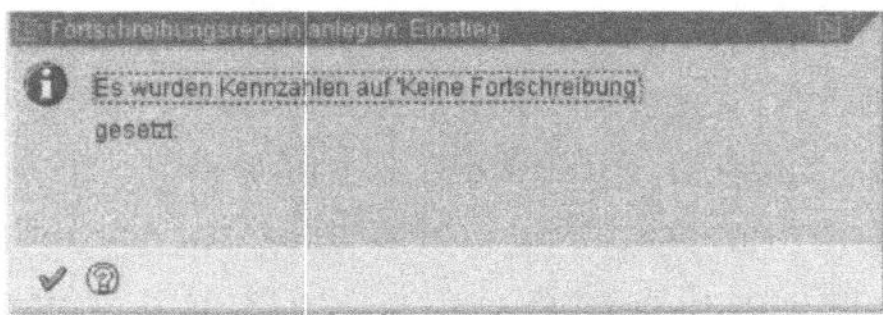

Abbildung 280: Fortschreibungsregeln Systemmeldung (©SAP AG)

Die Kennzahlen Produktgesamtkosten und Produktstückkosten wurden von uns nicht in die Kommunikationsstruktur der Info-Source übernommen. Vom System können also dazu keine Fortschreibungsregeln als Vorschlag generiert werden. Die generierten Fortschreibungsregeln sind in der Abbildung 281 abgebildet.

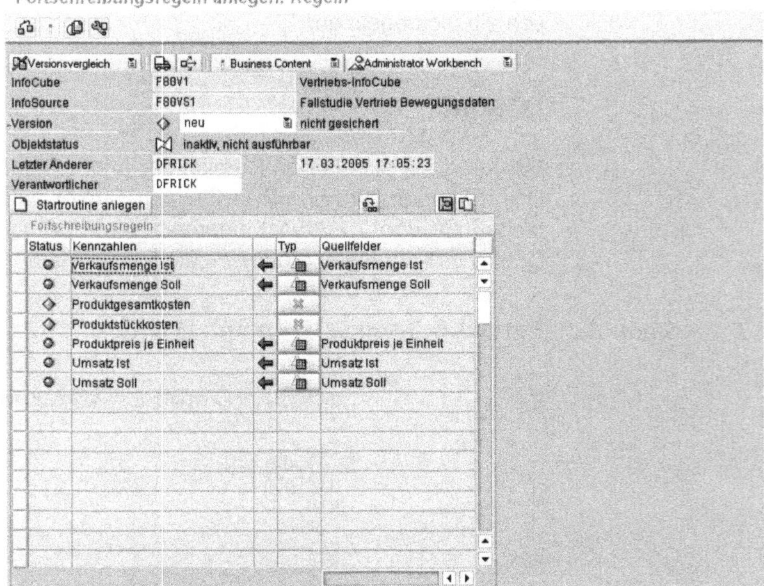

Abbildung 281: Generierte Fortschreibungsregeln (©SAP AG)

Wir könnten nun eigene Fortschreibungsregeln definieren oder die generierten Fortschreibungsregeln abändern. Dazu müssen wir auf den Button in der Zeile der Fortschreibungsregel klicken, die wir verändern wollen. Wir erhalten dann die in der

Abbildung 282 dargestellte Dialogbox. Für die Kennzahl „Produktgesamtkosten" ist bisher „Keine Forstschreibung" eingetragen.

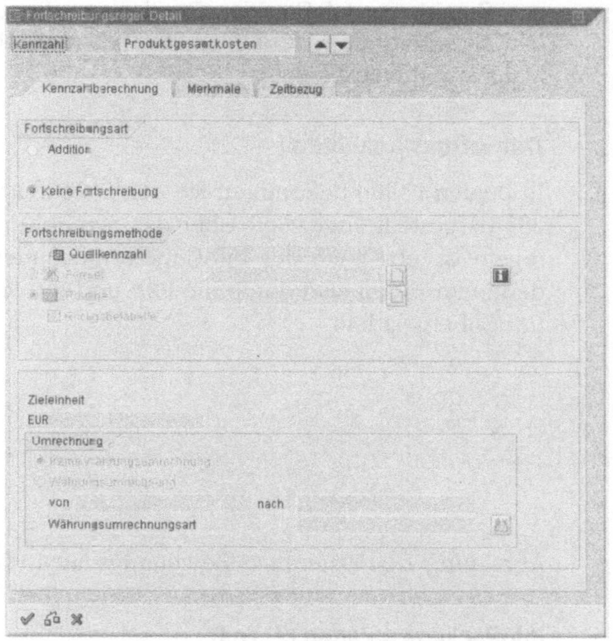

Abbildung 282: Fortschreibungsregeln anpassen (©SAP AG)

Wir belassen es bei den generierten Fortschreibungsregeln und müssen das Konstrukt noch mit dem nebenstehenden Button aktivieren. Anschließend erhalten wir vom System nachfolgende Meldung:

AUFGABENSTELLUNG

Lassen Sie sich den Datenfluss der InfoSource „Fallstudie Vertrieb Bewegungsdaten" („F80VS1") oder des InfoCubes „Vertriebs-InfoCube" („F80V1") anzeigen.

LÖSUNG

Für die Anzeige des Datenflusses zur InfoSource müssen Sie sich zunächst in den Bereich der InfoSourcen durch Anklicken der Info-Sources im linken Fenster bewegen. Positionieren Sie den Cursor auf die InfoSource „Fallstudie Vertrieb Bewegungsdaten" („F80VS1") und betätigen Sie die rechte Maustaste (Kontext-Menü).

Für die Anzeige des Datenflusses zum InfoCube bwegen Sie sich in den Bereich der InfoProvider. Positionieren Sie den Cursor auf den InfoCube „Vertrieb-InfoCube" („F80V1") und betätigen Sie die rechte Maustaste (Kontext-Menü).

Transaktion

Datenfluss anzeigen

In beiden Fällen bekommen Sie den Datenfluss wie in Abbildung 283 dargestellt angezeigt. Über das Symbol der Fortschreibungs-regeln ist jetzt auch der InfoCube angebunden. Die Daten wer-den beim Laden also durch die PSA und InfoSource direkt in den InfoCube geladen.

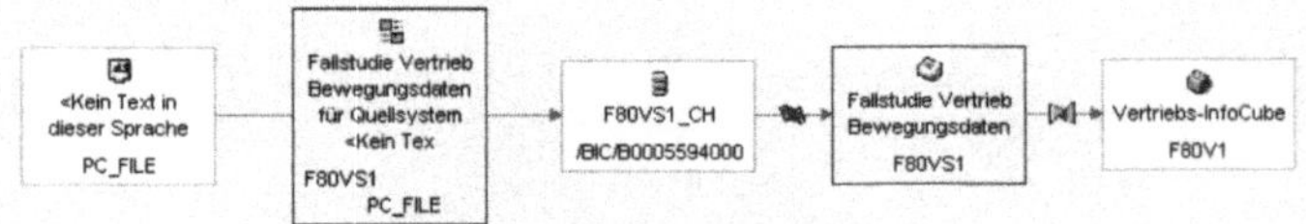

Abbildung 283: Datenfluss Bewegungsdaten (©SAP AG)

6.3.6.5 InfoPackage anlegen (2. Teil)

Nachdem nun die Fortschreibungsregeln aktiviert sind, können wir die Definition des InfoPackage vollenden, das wir im Ab-schnitt 6.3.6.3 begonnen haben.

AUFGABENSTELLUNG

Vervollständigen Sie die Definition des InfoPackage für das Laden der Bewegungsdaten. Das InfoPackage haben Sie zu der DataSource „PC_FILE" der InfoSource „Fallstudie Vertrieb Bewegungsdaten" („F80VS1") angelegt.

LÖSUNG

Zunächst müssen Sie in den Bereich der InfoSources durch anklicken im linken Fenster wechseln. Positionieren Sie den Cursor auf das InfoPackage, das wir im Abschnitt 6.3.6.3 angelegt haben und betäti-gen Sie die rechte Maustaste (Kontext-Menü).

Transaktion

Ändern

Wir selektieren anschließend die Registerkarte „Datenziele" und sehen, dass jetzt auch unser InfoCube als mögliches Datenziel angezeigt wird (vgl. Abbildung 284). Wir müssen jetzt nur das Häkchen setzten und damit ist der InfoCube als Datenziel bestätigt.

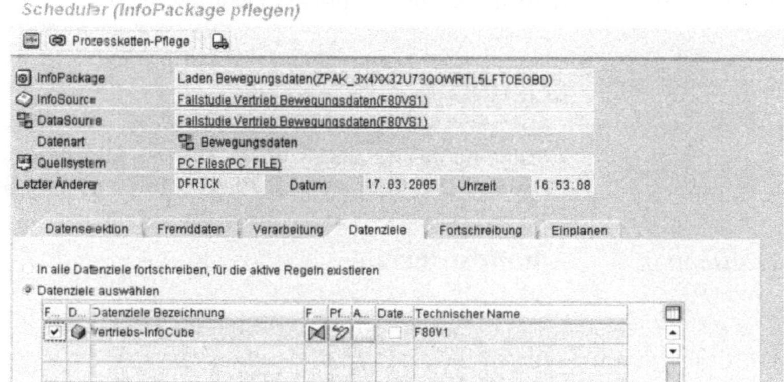

Abbildung 284: InfoPackage Datenziele (©SAP AG)

Auf der Registerkarte „Einplanen" wird dann im nächsten Schritt der Lade-Job eingeplant. Wir wählen wieder „Datenladen sofort starten" und betätigen den Start-Button. Vom System erhalten wir anschließend die nachfolgende Meldung:

Mit dem nebenstehenden Monitor-Button wechseln wir in den Monitoring-Bereich und schauen nach dem Status des gerade gestarteten Lade-Jobs (vgl. Abbildung 285). Dort erhalten wir alle Angaben zu dem Job. Wenn der Job erfolgreich durchgeführt wurde, dann sollten alle 7558 Datensätze aus der Quelldatei in das SAP BW geladen worden sein.

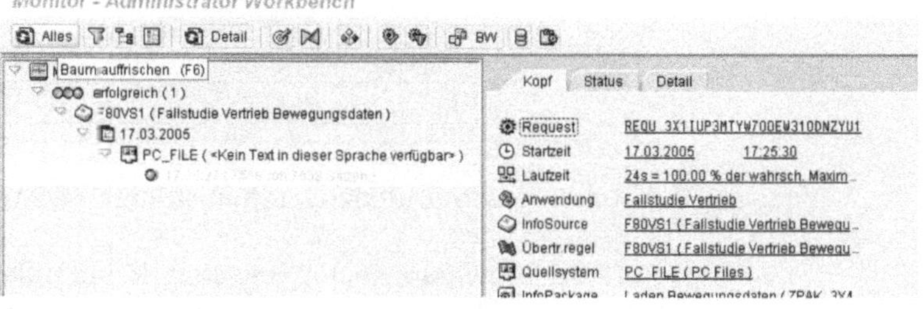

Abbildung 285: Monitor zum InfoPackage (©SAP AG)

Wir wollen uns davon überzeugen, dass alle Datensätze korrekt geladen wurden. Dazu müssen wir uns den Inhalt des InfoCube anzeigen lassen.

AUFGABENSTELLUNG

Prüfen Sie im InfoCube „Vertriebs-InfoCube" („F80V1"), ob die Bewegungsdaten korrekt geladen wurden.

LÖSUNG

Positionieren Sie den Cursor auf die InfoCube „Vertriebs-InfoCube" („F80V1") und betätigen Sie die rechte Maustaste (Kontext-Menü).

Transaktion   **Administrieren**

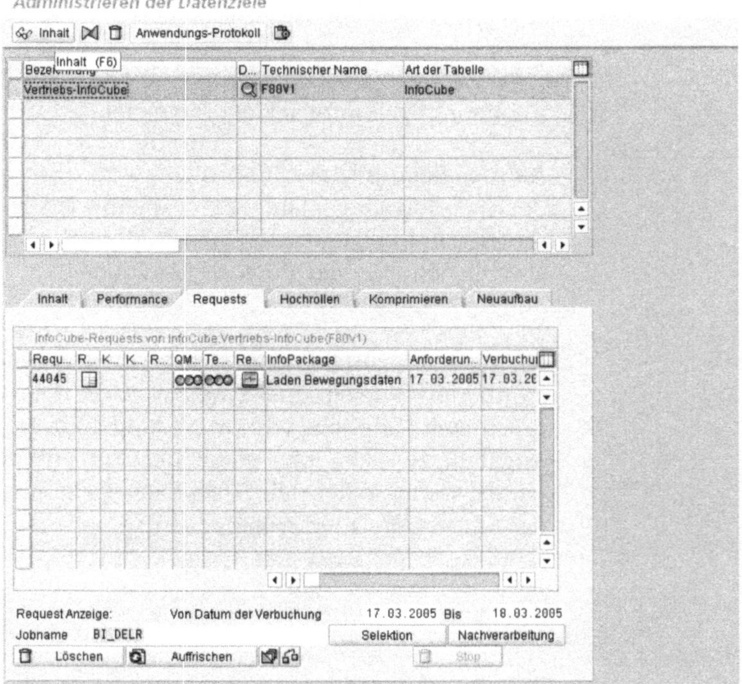

Abbildung 286: Datenziel administrieren (©SAP AG)

Für die Bewegungsdaten existiert keine Pflegetransaktion, wie wir sie bei den Stammdaten kennen gelernt haben. Wir können uns aber über die Administrationstransaktion u. a. auch den Inhalt des InfoCube anzeigen lassen.

Die Abbildung 286 zeigt den Inhalt des Administrationsfensters. Der untere Teil zeigt die Informationen zu unserem Lade-Job (Request). Die grüne Ampel zeigt an, dass der Ladeprozess ohne Fehler oder Warnungen beendet wurde. Über dieses Menü lassen sich gezielt einzelne Ladevorgänge zurücknehmen, indem der entsprechende Request gelöscht wird. Der obere Teil des enthält Information zum Datenziel (hier unser InfoCube). Wir selektieren den InfoCube und betätigen den Button „Inhalt".

In dem nächsten Fenster (vgl. Abbildung 287) können wir den Datenbereich für die Anzeige einschränken. InfoCubes und die übrigen Datenziele enthalten in der Regel eine sehr große Datenmenge, so dass eine Selektion immer sinnvoll erscheint.

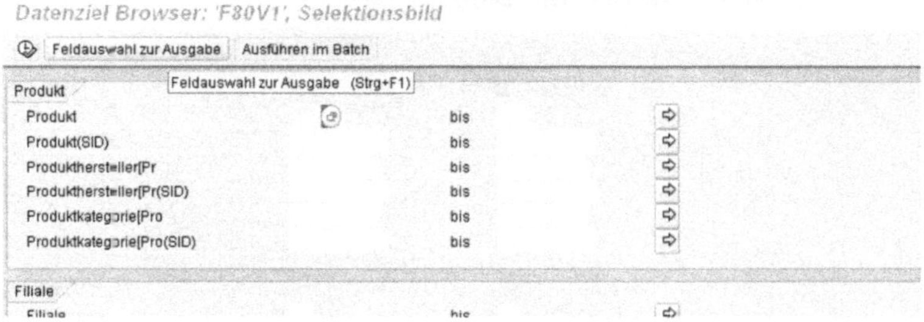

Abbildung 287: Selektionsbild Datenziel-Browser (©SAP AG)

Wir wollen jedoch zunächst nicht die Datenmenge, sondern die Felder für die Ausgabe einschränken. Wir betätigen dazu den Button „Feldauswahl zur Ausgabe" und erhalten ein Fenster, in dem wir die Felder anhaken können, die ausgegeben werden sollen (vgl. Abbildung 288).

Surrogat-ID

Dort sind zu den bekannten Attributen jeweils sogenannte SID (Surrogat-ID) wählbar. Die SID dient der Verbindung der Faktentabelle mit den Dimensionstabellen. Es wird also zur Verbindung nicht der Merkmalswert der Dimension (z. B. Produkt-Nr.) sondern ein künstlicher eindeutiger Schlüssel benutzt. Da dieser Schüssel für die Beurteilung der korrekten Datenübernahme wenig hilfreich ist, sind dort keine Häkchen zu setzen.

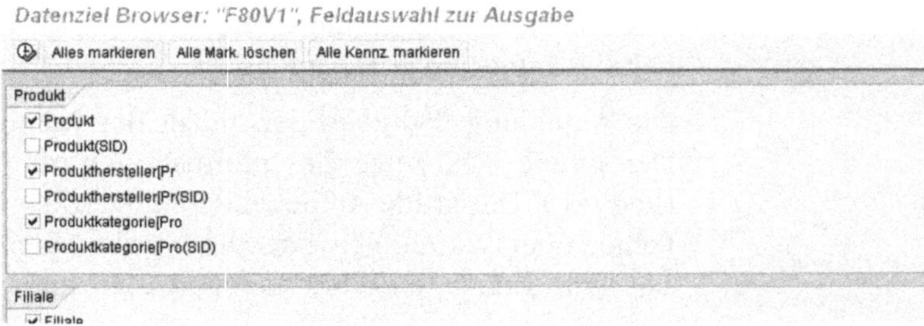

Abbildung 288: Selektionsbild Feldauswahl (©SAP AG)

Nach der Auswahl der Felder zur Ausgabe kommen durch die Betätigung des nebenstehenden Button zum ursprünglichen Selektionsbild zurück (Abbildung 287) und können dort auch mit dem nebenstehenden Button den Report generieren lassen (vgl. Abbildung 289).

Produkt	F80MPHERS	F80MPKAT	Filiale	Land|Filiale|	Filiale Leiter|Filia	F80MFREG	0CALMONTH	0CALQUARTE	0CALYEAR	F80KMENG
72	palmOne	PDA	30	DE	Christina Berglund	SH	200412	20044	2004	24,000
72	palmOne	PDA	30	DE	Christina Berglund	SH	200411	20044	2004	16,000
72	palmOne	PDA	30	DE	Christina Berglund	SH	200410	20044	2004	44,000
72	palmOne	PDA	30	DE	Christina Berglund	SH	200409	20043	2004	32,000
72	palmOne	PDA	30	DE	Christina Berglund	SH	200408	20043	2004	38,000
72	palmOne	PDA	30	DE	Christina Berglund	SH	200407	20043	2004	25,000
72	palmOne	PDA	30	DE	Christina Berglund	SH	200406	20042	2004	23,000
72	palmOne	PDA	30	DE	Christina Berglund	SH	200405	20042	2004	15,000
72	palmOne	PDA	30	DE	Christina Berglund	SH	200404	20042	2004	24,000
72	palmOne	PDA	30	DE	Christina Berglund	SH	200403	20041	2004	26,000
72	palmOne	PDA	30	DE	Christina Berglund	SH	200402	20041	2004	56,000
72	palmOne	PDA	30	DE	Christina Berglund	SH	200401	20041	2004	35,000
72	palmOne	PDA	22	DE	Christina Berglund	RP	200412	20044	2004	29,000

Abbildung 289: Inhalt des InfoCubes (©SAP AG)

Der Report zeigt sehr schön die Inhalte der einzelnen Attribute an. Wir können z. B. sehen, dass in der Dimension „Zeit" die InfoObjects „0CALQUARTER" und „0CALYEAR" korrekt gefüllt wurden, obwohl in der Quelldatei nur die Monatswerte enthalten waren.

Damit sind jetzt alle Daten der Fallstudie in das SAP BW geladen worden und wir können im nächsten Abschnitt zu den Analyseaufgaben übergehen.

6.3.6   Analyse der Daten mit dem Business Explorer

Business Explo-
rer

Das SAP BW wird mit dem OLAP-Werkzeug ***Business Explorer*** ausgeliefert. Mit der Installation der SAP GUI, die auch die BW-Ergänzungen beinhalten muss, wird der Business Explorer mit seinen verschiedenen Komponenten auf der Client-Workstation installiert. Wir werden uns im Rahmen dieser Fallstudie nur dem ***Business Explorer Analyzer*** zuwenden.

Die nachfolgende Abbildung 290 illustriert das Zusammenspiel der Komponenten. Wir haben bisher im Rahmen der Fallstudie Daten aus einem Quellsystem (Source) über einen ETL-Prozess in einen InfoCube geladen. Die Daten in dem InfoCube bilden die Basis für den jetzt folgenden Analyseprozess. Wir werden im ersten Schritt eine Query definieren, die auf die Daten des Info-Cube zugreift. Nachfolgend werden wir sehen, wie man die Queries nach verschiedenen Analysegesichtspunkten anpassen kann.

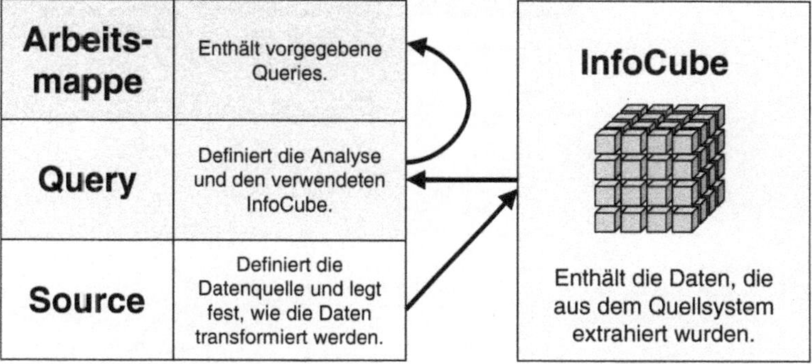

Abbildung 290: Zusammenspiel der Komponenten

In diesem Zusammenhang wird auch noch kurz auf die immer wieder genannten Analyseoperationen (Drill down, Drill up, Pivoting, Slicing, Dicing) eingegangen.

6.3.6.1 Grundlegende Analysen

Der Business Explorer Analyzer lässt sich entweder direkt aus dem Dateisystem der Client-Workstation oder aus dem SAP BW heraus aufrufen. Erfolgt der Aufruf aus dem Dateisystem der Client-Workstation, dann muss noch eine Anmeldung an das SAP BW erfolgen. Die Anmeldung entfällt natürlich, wenn der Business Explorer Analyzer aus dem SAP BW heraus aufgerufen wird.

AUFGABENSTELLUNG

Erstellen Sie eine Query „Fallstudie Vertrieb" („F80VQ1), die die Daten in folgender Form darstellt:

Spalten: Verkaufsmenge Ist, Verkaufsmenge Soll, Umsatz Ist, Umsatz Soll.

Zeilen: Filiale Region, Filiale, Produkt

Als freie Merkmale sollen noch die Produktkategorie und der Produkthersteller verfügbar sein.

LÖSUNG

SAP Menü ⇒ Business Explorer

Transaktion   **RRMX - Analyzer**

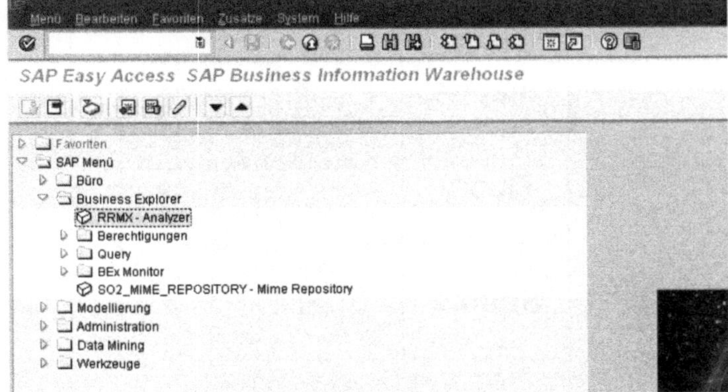

Abbildung 291: Start des Business Explorer Analyzer (©SAP AG)

Business Explorer Analyzer   Der Business Explorer Analyzer (BEx Analyzer) ist das Analyse- und Reportingwerkzeug des Business Explorer, das in Microsoft Excel eingebettet ist. Es wird also Microsoft Excel auf der Client-Workstation gestartet und innerhalb von Excel steht eine neue Symbolleiste mit den BEx-Funktionen zur Verfügung. Die neue Symbolleiste und die Bedeutung der einzelnen Symbole ist in der Abbildung 292 dargestellt.

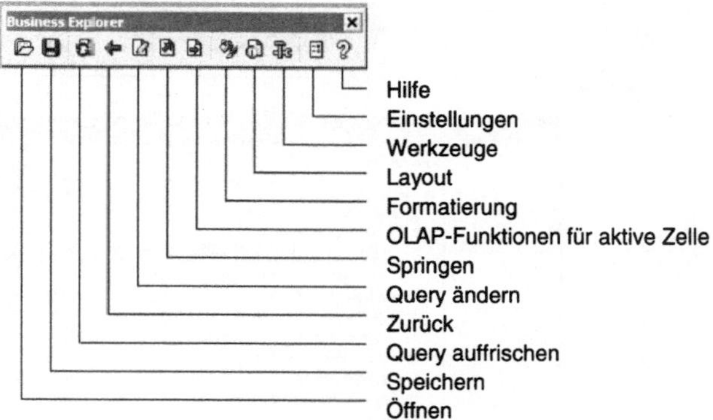

Abbildung 292: Symbolleiste des BEx Analyzer (©SAP AG)

Wir wollen eine neue Query erstellen und betätigen dazu Symbol „Öffnen" und dann Queries (vgl. Abbildung 293).

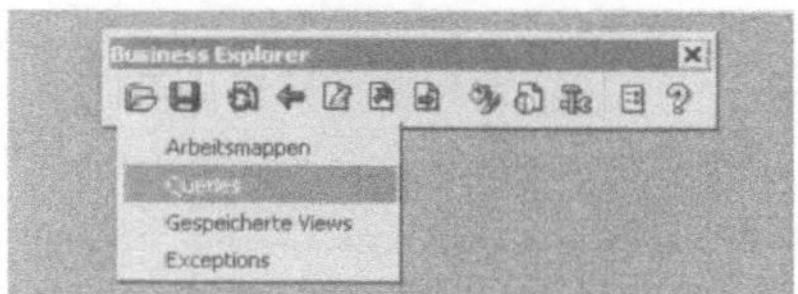

Abbildung 293: Queries öffnen (©SAP AG)

Anschließend öffnet sich eine Dialogbox, aus der eine der vorhandene Query zum Öffnen ausgewählt werden kann. Wir wollen jedoch eine neue Query erstellen und müssen dafür den nebenstehenden Button betätigen.

Basis für die neue Query ist immer ein InfoProvider. In unserer Fallstudie ist es der InfoCube „Vertriebs-InfoCube" („F80V1"), den wir im Abschnitt 6.3.5 erstellt haben. In der nächsten Dialogbox werden wir dem InfoProvider gefragt. Wir navigieren uns in die InfoArea „Fallstudie Vertrieb" und selektieren dort den InfoCube mit einem Doppelklick (vgl. Abbildung 294).

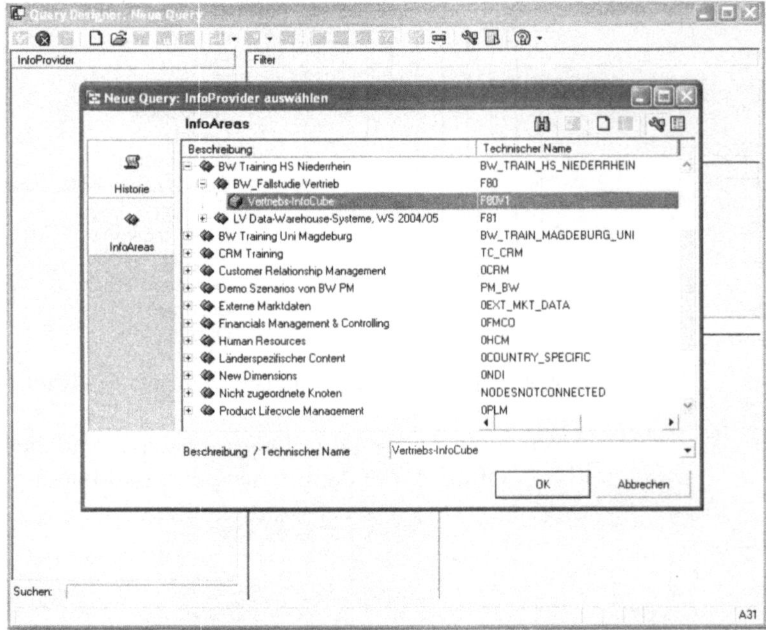

Abbildung 294: InfoProvider auswählen (©SAP AG)

QueryDesigner Wir erhalten im QueryDesigner den Inhalt des InfoCube angezeigt. Im linken Bereich sind sämtliche InfoObjects des InfoCubes in einer Hierarchie zusammengefasst. Die obersten Knoten sind die Kennzahlen und die Dimensionen. Wie im Dateimanager lassen sich die Konten durch anklicken des Pluszeichens weiter expandieren.

In den weiteren Bereichen lassen sich die Zeilen, Spalten, Filter und freien Merkmale definieren. Zeilen und Spalten müssen nicht weiter erläutert werden. Im Filter können einzelne InfoObject bezüglich ihres Wertebereichs eingeschränkt werden. Die freien Merkmale werden zunächst nicht in die Tabellenstruktur aufgenommen, sind aber im Navigationsblock enthalten. Sie können später noch in die Tabelle (Aufriss) aufgenommen werden.

Die einzelnen InfoObjects werden durch drag and drop an die entsprechende Position gezogen. Über das Kontext-Menü (rechte Maustaste) lassen sich die Einstellungen für die einzelnen InfoObjects noch weiter verfeinern. Wir ziehen die Objekte, wie in der Aufgabenstellung beschrieben auf ihre Positionen im Query-Designer (vgl. Abbildung 295).

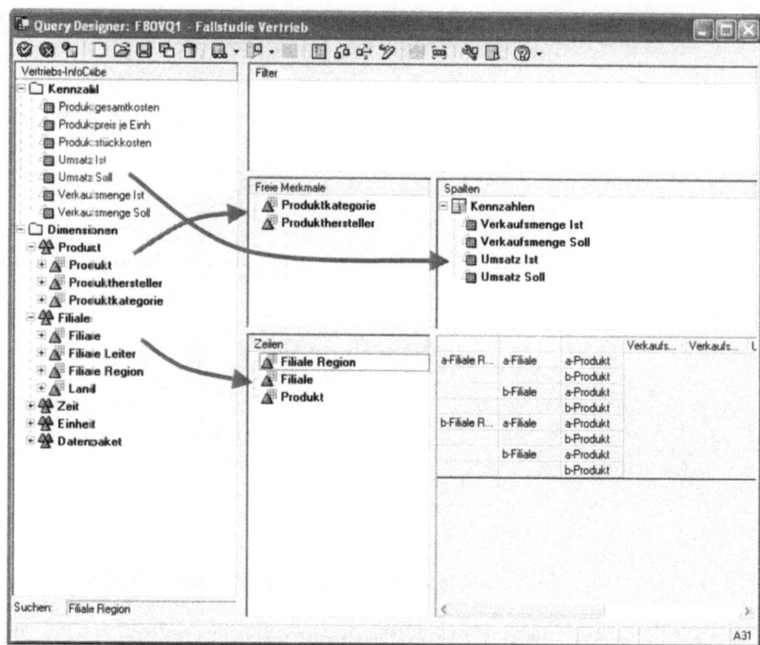

Abbildung 295: QueryDesigner (©SAP AG)

Mit dem nebenstehenden Button können wir den QueryDesigner verlassen und die neue Query benutzen. Bevor wir die Query angezeigt bekommen müssen wir sie allerdings noch abspeichern. Dazu wird eine Dialogbox vom System beöffnet, in der wir den techn. Namen und die Bezeichnung laut Aufgabenstellung erfassen.

Navigations-
block

Anschließend erhalten wir die Query mit den Werten aus dem InfoCube in Excel dargestellt. (vgl. Abbildung 296). In der Query ist ein Navigationsblock mit den Elementen vorhanden, die für die Navigation benutzt werden können. Dort finden wir auch die freien Merkmale.

Kontextmenü

Im Tabellenbereich ist das übliche Excel-Kontextmenü durch entsprechende Funktionen des SAP Business Explorer Analyzer ersetzt worden. Darüber lassen sich die typischen OLAP-Operationen durchführen. Die Aufnahme von weiteren Merkmalen (Hinzufügen zum Aufriss) entspricht dabei dem Drill down. Beim Drill up werden demgegenüber Attribute aus dem Aufriss entfernt. Das Vertauschen von Dimensionen in der Tabelle entspricht dem Pivoting, also dem Drehen des InfoCube. Das Slicing entspricht der Filterung einzelner Attribute. Ein Dicing, also das

227

Herausschneiden eines Teilwürfels, kann durchgeführt werden, indem mehrere Dimensionen mit einem Filter versehen werden.

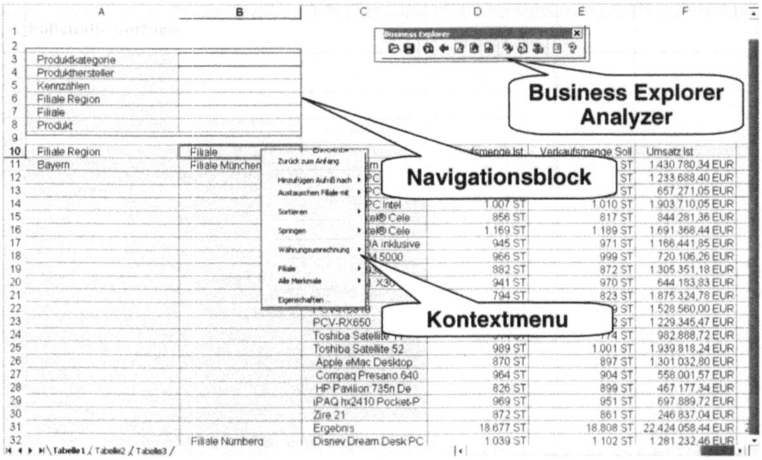

Abbildung 296: Query „Fallstudie Vertrieb"

Die im QueryDesigner erstellte Query kann über diese Funktionen weiter den eigenen Bedürfnissen angepasst werden. Die angepasste Analyse lässt sich abschließend als Arbeitsmappe in der SAP BW-Dokumentenablage ablegen und steht jederzeit für zukünftige Analysen bereit.

6.3.5.2   Weitere Analysemöglichkeiten

Wie bereits im vorherigen Abschnitt angedeutet, lassen sich mit den Möglichkeiten des Business Explorer Analyzer eine Vielzahl von Analysen auf der Basis von InfoProvider durchführen. Die Variationen der Analysen werden eigentlich nur die in den InfoProvider vorhandenen Daten beschränkt. Nachfolgend soll gezeigt werden, wie sich Kennzahlen auch noch in der Query berechnen lassen.

AUFGABENSTELLUNG

Verändern Sie die Query „Fallstudie Vertrieb" („F80VQ1") derart, dass die prozentuale Abweichung von Verkaufsmenge Ist zu Verkaufsmenge Soll und Umsatz Ist zu Umsatz Soll angezeigt wird.

Ermitteln Sie die Reihenfolge der Filialen hinsichtlich der Erreichung der Soll-Vorgabe.

LÖSUNG

SAP Menü ⇒ Business Explorer

Transaktion   **RRMX - Analyzer**

Starten Sie den Business Explorer Analyzer und öffnen Sie die im vorherigen Abschnitt definierte Query. Mit dem nebenstehenden Button (globale Definition) wechseln wir in den QueryDesigner. Dort nehmen wir „Verkaufsmenge Soll" und „Umsatz Soll" aus den Spalten, in dem wir die Objekte per drag and drop wieder in den linken Bereich ziehen.

Nun wollen wir eigene Kennzahlen berechnen lassen. Dazu positionieren wir den Cursor auf den Oberpunkt Kennzahlen und betätigen die rechte Maustaste. Aus dem Kontext-Menü wählen wir den Eintrag „Neue berechnete Kennzahl" aus. In der sich öffnenden Dialogbox erhalten wir einen Editor, mit dem wir die Berechnung der neuen Kennzahl definieren können (vgl. Abbildung 297).

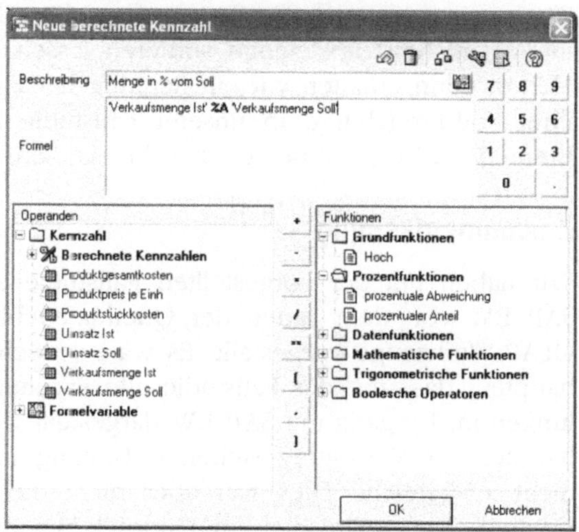

Abbildung 297: Neue berechnete Kennzahl definieren (©SAP AG)

Nach der Definition der beiden neuen berechneten Kennzahlen können diese, wie gewohnt, per drag and drop in die Spalten gezogen werden. Bei den Zeilen müssen wir nur noch „Filiale Region" und „Produkt" entfernen. Diese Objekte übernehmen wir in die freien Merkmale, um die Flexibilität in der Analyse zu erhalten. Die veränderte Query muss nur noch abgespeichert werden und steht dann im neuen Layout zur Verfügung (vgl. Abbildung 298).

	A	B	C	D	E
1					
2					Business Explorer
3	Produktkategorie				
4	Produkthersteller				
5	Kennzahlen				
6	Filiale Region				
7	Filiale				
8					
9					
10	Filiale	Verkaufsmenge Ist	Menge in % vom Soll	Umsatz Ist	Umsatz in % vom Soll
11	Filiale Bremen	1.226 ST	102,42 %	1.259.935,67 EUR	102,42 %
12	Filiale Schwerin	1.110 ST	101,74 %	1.160.760,46 EUR	101,74 %
13	Filiale Magdeburg	13.600 ST	101,50 %	15.666.557,42 EUR	101,50 %
14	Filiale Stuttgart	1.059 ST	100,86 %	1.190.696,68 EUR	100,86 %
15	Filiale Trier	8.732 ST	100,67 %	10.247.868,18 EUR	100,67 %
16	Filiale Saarlouis	6.163 ST	100,54 %	6.847.379,71 EUR	100,54 %
17	Filiale Jena	13.452 ST	100,51 %	16.611.595,44 EUR	100,51 %
18	Filiale Osnabrück	53.729 ST	100,49 %	64.094.289,33 EUR	100,49 %
19	Filiale Erfurt	10.883 ST	100,44 %	13.266.164,05 EUR	100,44 %
20	Filiale Lübeck	6.064 ST	100,23 %	7.168.118,69 EUR	100,23 %
21	Filiale Leipzig	13.628 ST	100,06 %	15.063.828,82 EUR	100,06 %
22	Filiale Mainz	11.040 ST	99,99 %	12.775.031,66 EUR	99,99 %
23	Filiale Kiel	6.087 ST	99,98 %	6.902.370,30 EUR	99,98 %
24	Filiale Düsseldorf	59.049 ST	99,97 %	71.103.399,60 EUR	99,97 %

Abbildung 298: Query „Fallstudie Vertrieb" nach der Änderung

Wenn wir dann noch die Werte entsprechend der Spalte „Menge in % vom Soll" absteigend sortieren lassen (über das Kontext-Menü), dann erhalten wir ein Ranking der Filialen entsprechend ihrer Soll-Erreichung. In unserer Fallstudie hat also die Filiale Bremen die Vorgabe besser erreicht, als die übrigen Filialen.

6.4 Zusammenfassung

Wir haben mit der vorgestellten Fallstudie die Arbeit mit dem SAP BW von dem Laden der Quelldaten bis zur Nutzung der OLAP-Werkzeuge vorgestellt. Es wäre jedoch vermessen zu behaupten, dass mit der Fallstudie alle Facetten und Problemstellungen im Umgang mit SAP BW dargestellt worden wären. Dazu hat der zur Verfügung stehende Umfang in diesem Lehrbuch nicht ausgereicht. Dies war aber nicht die Zielsetzung dieses Kapitels. Hier sollte nur ein Eindruck der Arbeit mit dem SAP BW vermittelt und die wesentlichen Konstrukte sollten kurz vorgestellt werden.

Einige wichtige Bereiche wurden jedoch nicht thematisiert. Damit deutlich wird, welche Bereiche wir bei der didaktischen Reduktion ausgeklammert haben, wollen wir einige wichtige Punkte in der nachfolgenden Auflistung zumindest benennen:

- ODS (Operational Data Storage)

- MultiProvider

- Einrichten von R/3-Quellsystemen
- Einrichtung von Hierarchien
- Aufbau von Aggregaten
- SAP BW-Produktivbetrieb

6.5   Kontrollfragen

- Was sind die wesentlichen Merkmale eines Data Warehouse-Systems?

- Beschreiben Sie die grundsätzliche Data Warehouse-Architektur

- Was sind die wesentlichen Aufgaben der Administrator Workbench im SAP BW?

- Wozu wird das Star Schema benutzt? Was sind die wesentlichen Elemente des Star Schema?

- Was ist ein InfoObject? Wonach lassen sich die InfoObjects unterscheiden?

- Welche Aufgabe hat eine InfoSource im SAP BW?

- Was versteht man unter einem InfoCube? Nennen Sie weitere InfoProvider.

- Welche Aufgabe hat ein InfoPackage?

- Lassen sich Queries ohne Bezug zu einem InfoProvider anlegen?

7 Anhang

7.1   Literaturverzeichnis

Freidank, C.-Ch.; Mayer, E. (Hrsg.): Controlling-Konzepte. Neue Strategien und Werkzeuge für die Unternehmenspraxis, Wiesbaden, 5. Aufl., 2001

Friedl, G.; Hilz, Ch.; Pedell, B.: Integriertes Controlling mit SAP-Software, in: Kostenrechnungspraxis, 46. Jg., 2002, Heft 3, S. 161-169

Gadatsch, A.: Grundkurs Geschäftsprozess-Management, 3. Aufl. Wiesbaden, 2004.

Gadatsch, A.: IT-gestütztes Prozessmanagement im Controlling. In: Freidank, C.-Ch.; Mayer, E. (Hrsg.) : Controlling Konzepte. Werkzeuge und Strategien für die Zukunft, 5. Auflage, Wiesbaden, 2001.

Gadatsch, A.; Mayer, E.: Masterkurs IT-Controlling, 2. Auflage, Wiesbaden 2005.

Hahne, M.: SAP Business Information Warehouse, Berlin et al. 2005

Immon, W.H.: Building the Data Warehouse, 2nd Ed., New York 1996

Maucher, I.: ERP-Einführung: Den komplexen Wandel bewältigen, in: Zeitschrift für industrielle Geschäftsprozessen, Heft 4, 2001, S. 23-26

Maurer, T.; Versteegen, G.: Werkzeuge für Geschäftsprozessoptimierung, ein Allheilmittel?, in: IT-Management, Heft 11, 2001, S. 26-34

Mauterer, H.: Der Nutzen von ERP-Systemen, Eine Analyse am Beispiel von SAP R/3, Wiesbaden 2002

Mauterer, H.; Martin, R.; Gemünden, H.: Nutzenorientierte Implementierung integrierter Standardsoftware, Glashütten, 29.03.2003, 5. Fachtagung Management und Controlling von IT-Projekten, Vortragsunterlagen

Mayer, E.; Liessmann, K.; Mertens, H.-W.: Kostenrechnung, 7. Aufl, Stuttgart, 1997

Pfänder, O.: Standardanwendungssoftware als Mittler zwischen Theorie und Praxis. Eine Untersuchung zum Lerntransfer von SAP R/3, Wiesbaden, 2000

7.2 Glossar

Begriff	Definition
ABAP/4	Advanced Business Application Programming Softwareentwicklungsumgebung der 4. Generation, die von der SAP AG speziell für die Entwicklung von SAP-R/3 und kundeneigenen Erweiterungen entwickelt wurde.
Abstimm-konto	Sachkonto der Finanzbuchhaltung, das parallel zu den Konten der Nebenbücher (z. B. Kreditoren- oder Anlagenbuchhaltung) mitgeführt wird. Das Abstimmkonto wird im Stammsatz eines Nebenbuchkontos vermerkt.
API	Application Programming Interface Programmierschnittellen zum Aufruf von Funktionen des SAP-Systems durch externe Programme, um z. B. einen Datenaustausch zu ermöglichen.
ASAP	Accelerated SAP: Werkzeuggestütztes Vorgehensmodell der Firma SAP, das die Einführung der betriebswirtschaftlichen Standardsoftware SAP-R/3 durch Muster, Vorlagen, Checklisten u. v. m. unterstützt.
B2B	Business to Business: Form des Electronic Commerce, der die Geschäftsprozesse zwischen Unternehmen betrifft (z. B. elektronischer Markt).
B2C	Business to Consumer: Form des Electronic Commerce, der die Geschäftsprozesse zwischen Unternehmen und Privatkunden betrifft (z. B. Internet-Shop).
B2E	Business to Employee: Form des Electronic Commerce, der sich zwischen dem Unternehmen und seinen Mitarbeitern abspielt (z. B. Job-Börse)
BAPI	Business Application Programming Interface. Schnittstelle für den Zugriff auf SAP Business Objekte und deren Methoden.
Batch-Input	Von der SAP AG entwickeltes Verfahren der Massen-Datenübernahme in das SAP-System. Bei die-

	ser Technik werden die gleichen Prüfungen wie bei der Online-Erfassung der Daten durchlaufen.
Beleg	Buchungen werden als Beleg gespeichert. Dies ist eine elektronische eindeutige Dokumentation eines betriebswirtschaftlichen Geschäftsvorfalls der Realität.
Buchungs-periode	Zeitraum, auf den sich eine Buchung im handelsrechtlichen Sinne bezieht.
Client /Server	Architekturkonzept. Unterschieden wird in Komponenten, die Dienste anbieten (Server), und Komponenten, die Dienste in Anspruch nehmen (Client).
CpD	Conto pro Diverse. Sammelkonto für Einmalkunden oder Einmallieferanten. Name und Anschrift werden nicht im Stammsatz, sondern im Buchungsbeleg gespeichert.
CRM	Customer-Relationship-Management. Computergestützte ganzheitliche Unterstützung von kundenorientierten Geschäftsprozessen.
Customizing	Kundenspezifische Ausprägung des SAP-Systems ohne Programmierung, sondern durch Einstellung spezieller Parameter und Steuertabellen.
EAI	Enterprise Application Integration. Software zur unternehmensweiten Integration von verschiedenartigen Anwendungen und Systemen.
Einführungsleitfaden (IMG)	Bestandteil des SAP-Systems zur Unterstützung der Customizing-Aktivitäten. Der SAP-Referenz-IMG enthält den vollständigen Funktionsumfang des Systems. Daneben werden unternehmens-, projekt- und releasespezifische IMG unterschieden, die jeweils Teilausschnitte des SAP-Referenz-IMG enthalten.
ERP	Enterprise Resource Planning: Betriebswirtschaftliche Standardsoftware, welche die wesentlichen Grundfunktionen eines Unternehmens in einer integrierten Softwarearchitektur mit einer gemeinsamen Datenbasis vereint.
Erweiterung	Kundenspezifische Anpassung des Systems, die über das Customizing hinausgehen. Erweiterungen

	können durch Customer-Exits (Funktionsbausteine, d. h. separate Programme) und andere Techniken realisiert werden, ohne das der Quellcode des SAP-Systems direkt verändert werden muss.
ETL	Extraktion, Transformation und Laden. Dieser Prozess beschreibt alle Aktivitäten, die notwendig sind, um Daten aus einem Quellsystem in ein Data Warehouse-System zu laden.
GoB	Grundsätze ordnungsgemäßer Buchführung
Hauptbuch	Gesamtheit der Sachkonten der Finanzbuchhaltung, die insgesamt die Basis für die Bilanz und GuV darstellen
IDES	Internet Demonstration and Evaluation System Beispielunternehmen der SAP AG, das mit dem System ausgeliefert wird und eine Möglichkeit zur Schulung und Einarbeitung in das SAP-System bietet.
IT	Informationstechnik
IV	Informationsverarbeitung
mySAP Business Suite	In dem Produktpaket mySAP Business Suite hat SAP alle betriebswirtschaftlich orientierten Einzellösungen (Komponenten) zusammengeführt.
ODS	Operational Data Store. Speicherbereich im SAP BW.
PLM	Product Lifecycle Management beinhaltet die Funktionalitäten, die für die Produktplanung, -entwicklung, –einführung usw. notwendig sind.
PSA	Persistent Staging Area. Speicherbereich im SAP BW.
Release	Stand eines Softwaresystems zu einem definierten funktionalen Inhalt. Größere funktionale oder technische Änderungen werden in neue Releases gebündelt.
SAP	Systeme, Produkte und Anwendungen in der Datenverarbeitung. Europas größtes Softwarehaus und weltweiter Marktführer für betriebswirtschaftliche Standardsoftware.

SAP All-in-One	Vorkonfiguriertes SAP-System für die mittelständische Industrie
SAP Business One	ERP-Lösung der SAP AG für die kleinere mittelständische Industrie
SAP BW	SAP Business Information Warehouse ist das Data Warehouse-Produkt der SAP AG.
SAP Netweaver	Produktpaket der SAP AG, das die technologischen Lösungskomponenten bündelt.
SAP R/2	Marktführende betriebswirtschaftliche Standardsoftware für Großrechner der 80er Jahre.
SAP R/3	Derzeit weltweit marktführende betriebswirtschaftliche Standardsoftware für Client-/Server-Rechner unterschiedlicher Größenklassen.
SCM	Supply Chain Management: Im Vordergrund steht der automatisierte überbetriebliche Logistikprozess.
SFA	Sales Force Automation: Computerunterstützung der Vertriebsmitarbeiter (z. B. Laptop-gestützter Außendienst im Geschäftskundenvertrieb). Kann als Teil des Customer-Relationship-Management aufgefasst werden.
SRM	Supplier Relationship Management liefert Erweiterungen zum Lieferantenmanagement.
Unix	Betriebssystem, das auf Computern unterschiedlicher Herstellern eingesetzt werden kann.
xApps	Unter dem Begriff xApps (Extented Applications) werden komponentenübergreifende betriebswirtschaftliche Lösungen auf der technologischen Basis von SAP Enterprise Portal zusammengefasst.

7.3   Sachwortverzeichnis

W

Währungen 113
Walterscheid 265
Wartungskosten 44
Wertefluss 44

X

xApps 29

Z

7.4   Über die Autoren

Prof. Dr. rer. oec. Detlev Frick
Professor für BWL, insb. Wirtschaftsinformatik
Hochschule Niederrhein
Niederrhein University of Applied Sciences
Fachbereich Wirtschaftswissenschaften
Webschulstraße 41 - 43
D-41065 Mönchengladbach

(Jahrgang 1956), Studium der Wirtschaftswissenschaften mit Schwerpunkt Wirtschaftsinformatik bei *Prof. Dr. Jörg Biethahn* an der *Universität Gesamthochschule Duisburg*, Abschluss als Diplom-Ökonom. Anschließend wiss. Mitarbeiter an der Ruhr-Universität Bochum am Lehrstuhl von *Prof. Dr. Roland Gabriel* und Promotion zum Dr. rer. oec. an der *Gerhard-Mercator-Universität Duisburg* (Gutachter: *Prof. Dr. Roland Gabriel* und *Prof. Dr. Bernd Rolfes*).

Tätigkeit als festangestellter und freiberuflicher SAP-Berater. Ab 1995 Projektleiter in der Softwareentwicklung (Individualsoftware). Beteiligung an Softwareprojekten in der Größenordnung von 10 bis 140 Mitarbeitern. Von 1999 bis 2001 verantwortlich für den Bereich Methoden und Standards der SAP-Systeme im zentralen Informationsmanagement des Konzerns Deutsche Telekom AG. Von 2001 bis 2004 Kompetenzmanager und Projektleiter der T-Systems Nova in der BU Essen und dort verantwortlich für den Themenbereich SAP. Durchführung von zahlreichen SAP-Projekten. Engagement beim Aufbau des Qualitätsmanagementsystems.

Lehraufträge an der FH Köln im Studiengang Betriebswirtschaftslehre (WS 2001/2002 – WS 2003/2004). Zum SS 2004 Berufung als Professor für Betriebswirtschaftslehre, insb. Wirtschaftsinformatik an die *HS Niederrhein*.

Die anwendungsbezogene Lehre und Forschung umfasst die Fachgebiete Standardanwendungssoftware (insb. SAP), Software Qualitätsmanagement, Projektmanagement, Informationsmanagement und Business Intelligence. Zahlreiche Beratungsprojekte, Vorträge, Seminare, Workshops und Publikationen zu den vorgenannten Fachgebieten.

Kontakt : <u>Detlev.Frick@hs-niederrhein.de</u>

Prof. Dr. rer. pol. Andreas Gadatsch
Professor für BWL, insb. Wirtschaftsinformatik
University of Applied Sciences (FH Bonn-Rhein-Sieg)
Grantham-Allee 20
D-53757 Sankt Augustin

(Jahrgang 1962), abgeschlossene Lehre zum Industriekaufmann, Erwerb der Fachhochschulreife, Studium der Betriebswirtschaftslehre mit Schwerpunkt Controlling und Rechnungswesen bei *Prof. Dr. Elmar Mayer* an der *FH Köln,* Abschluss als Diplom-Betriebswirt. Anschließend nebenberuflich Studium der Wirtschaftswissenschaften an der *FernUniversität Hagen,* Abschluss als Diplom-Kaufmann, Promotion als externer Doktorand zum Dr. rer. pol. am Lehrstuhl für Wirtschaftsinformatik bei *Prof. Dr. Hermann Gehring.*

Von 1986 bis 2000 in verschiedenen Unternehmen *(Jean Walterscheid GmbH, Lohmar; Uni Cardan Informatik GmbH, Rösrath; Klöckner Humboldt Deutz AG, Köln und Deutsche Telekom AG, Bonn)* als Berater, Projektleiter und IT-Manager tätig. Zahlreiche SAP-Projekte. Zuletzt tätig als Leiter SAP-Management und Leiter Arbeitsplatzsystem-Management und IT-Sicherheit im zentralen Informationsmanagement der Deutschen Telekom AG.

Zum WS 2000/2001 Berufung als Professor für Betriebswirtschaftslehre, insb. Organisation und Datenverarbeitung an die *FH Köln.* Zum SS 2002 Wechsel auf den Lehrstuhl für Betriebswirtschaftslehre, insb. Wirtschaftsinformatik am Fachbereich Wirtschaft der *FH Bonn-Rhein-Sieg* in Sankt Augustin. Lehraufträge an weiteren Hochschulen (seit WS 1996: FH Köln im Studiengang Betriebswirtschaftslehre, im SS 2001 und WS 2001/2002: Universität Siegen im Studiengang Wirtschaftsinformatik, ab WS 2004/2005 u. a.)

Die anwendungsbezogene Lehre und Forschung umfasst die Einsatzmöglichkeiten betriebswirtschaftlicher Standardanwendungssoftware (insb. SAP-Software), das Geschäftsprozess- und Workflow-Management und IT-Controlling.

Zahlreiche Beratungsprojekte, Vorträge, Seminare, Workshops und Konferenzleitungen für Unternehmen unterschiedlicher Branchen auf den vorgenannten Fachgebieten. Über 100 Publikationen, davon sieben Bücher.

Kontakt: <u>Andreas.Gadatsch@fh-bonn-rhein-sieg.de</u>

Denk 360°!

Überall Märkte, überall Business,
überall T-Systems.
In über 20 Ländern auf der ganzen Welt sorgen
wir für mehr Flexibilität unserer Kunden.
Wir kennen die Märkte und die
Branchen – und haben die Lösungen:
Informations- und Kommunikations-
technologie, die beweglich macht.
Unsere internationale Erfahrung
machen wir lokal nutzbar.
Für unsere Kunden eine runde Sache.

www.t-systems.com

Business flexibility

T··Systems··